¿Qué hay
Detrás
de tu
Nombre?

Sobre el libro

Cada nombre contiene escrito un destino. Las letras que lo forman esconden las características más importantes que darán rumbo a la existencia de cada ser. Igual que los poderes de los astros muestran la compatibilidad en las personas o los poderes de los Ángeles protegen y guían a cada ser humano, los nombres poseen leyes poderosas que rigen el universo. En esta obra, Mabel Iam revela el significado oculto en cada letra del abecedario así como las propiedades únicas y especiales de cientos de nombres, su Ángel correspondiente y su compatibilidad astrológica con otro signos. Además, ofrece el significado de los nombres y las características de una variedad de cristales, gemas, colores y esencias.

Esta obra reúne y sintetiza el conocimiento de diversas disciplinas como la Alquimia, la Astrología, la Psicología y la Angelología. El resultado es un libro perdurable y pleno de información práctica para los lectores.

Acerca de la autora

Mabel Iam nació en Argentina, es terapeuta, profesora de Astrología, Alquimia y Meditación. Desde jóven ha estudiado e investigado la psicología humana y los mitos universales como la Alquimia, la Cábala y la Teosofía.

Mabel ha sido conductora y productora de programas de televisión y radio. Su trabajo es reconocido en diferentes campos de la investigación científico-religiosa y por ello recibió el Premio a la mejor Astróloga en Argentina en 1995 y el Premio Mercosur en 1999.

Mabel es la autora de numerosos libros de Autoayuda, Astrología y Angelología. Con frecuencia participa en diversas video-conferencias para reconocidos sitios en la Red Mundial. Es experta en temas de Astrología y Sexología.

Correspondencia con la autora

Para contactarse o escribirle a la autora, o para obtener más información sobre este libro, envíe su correspondencia a Llewellyn Español para serle remitida al mismo. La casa editora y el autor agradecen su interés y sus comentarios sobre la lectura de este libro y sus beneficios obtenidos. Llewellyn Español no garantiza que todas las cartas enviadas serán contestadas, pero le asegura que serán remitidas al autor. Por favor escribir a:

Mabel Iam
yomabeliam@hotmail.com
℅ Llewellyn Español
P.O. Box 64383, Dep. 0-7387-0257-9
St. Paul, MN 55164-0383, U.S.A.

Incluya un sobre estampillado con su dirección y $US 1.00 para cubrir costos de correo. Fuera de los Estados Unidos incluya el cupón de correo internacional.

Mabel Iam

¿Qué hay Detrás de tu Nombre?

Descubre tu destino

Ángel protector

Compatibilidad astrológica

Colores, aromas y cristales

2003

Llewellyn Español

St. Paul, Minnesota 55164-0383, U.S.A.

PRIMERA EDICIÓN
Segunda impresión, 2003

Diseño de la portada: Kevin R. Brown
Diseño del interior: Alexander Negrete
Edición y coordinación general: Edgar Rojas

Library of Congress Cataloging-in-Publication Data.
Biblioteca del Congreso. Información sobre esta publicación.
Iam, Mabel.
   Qué hay detrás de tu nombre?: descubre tu destino, ángel protector, compatibilidad astrológica, colores, aromas y cristales / Mabel Iam.
      p. cm.
   ISBN 0-7387-0257-9
   1. Names, personal—Spanish—miscellanea. I. Title.
CS2377 .I26 2202
929.4'0946—dc21

2002070089

Llewellyn Español
Una división de Llewellyn Worldwide, Ltd.
P.O. Box 64383, Dep. 0-7387-0257-9
St. Paul, MN 55164-0383, U.S.A.
www.llewellynespanol.com

Impreso en los Estados Unidos de América.

Tabla de contenido

Dedicatoria

Dedico este libro:

A toda persona que considera su nombre como sagrado.

A toda que ama y recuerda el nombre de su amado como una sinfonía celestial.

A todos los niños del mundo.

A Florinda, mi madre, quien fue mi mejor maestra y que me enseñó que sólo la conciencia del amor puede crear tu destino.

A Salomón, mi padre, que me enseñó que el servicio y la aceptación son la base de la vida.

A María, mi abuela materna, que despertó en mi interior la devoción al Creador.

A María, mi abuela paterna, que con su sonrisa y humildad me enseñó que el único imán que se une a los demás es la dulzura.

A Rafael, mi abuelo paterno, que me esperaba desde lejos cuando salía del colegio y con su silencio sólo me reforzaba su amor.

A Adolfo, mi abuelo materno, que lo conocí sólo a través del relato de mi abuela. Con mi abuelo vivió la historia de amor más maravillosa y fiel que he conocido. Mis abuelos vivían en Argentina cuando mi abuela María decidió ir a su país natal con sus hijos para visitar a sus padres. Poco después se declaró la Primera Guerra Mundial y por siete años no pudo volver a la Argentina. Durante ese tiempo tuvieron dos hijos más y la última hija fue mi madre.

A Rafael, mi hermano, quien me permite disfrutar de sus tres hijos a quienes amo.

A Ezequiel, mi sobrino, que lo siento parte de mi corazón.

A Manuela, mi sobrina, quien es un canto de belleza, de inteligencia e intuición que me conecta con la vida.

A Caterina, mi sobrina, con su presencia me permite recordar que hay Ángeles caminando con toda la conquista y la energía divina sobre la tierra.

Agradezco a mis maestros en todos los planos, porque me brindan todo sin pedirme nada, más allá de toda palabra.

A María quien con su dulzura me acompaña y ha integrado mi país Argentina con el suyo, Estados Unidos, además de escucharme y darme siempre respuesta con su voz angelical.

A mi amado Greg que gracias a él pude descubrir el amor incondicional y el significado de la palabra "pareja". Simplemente, *nosotros.*

Este libro lo dedico como una reverencia a mi fiel presencia divina que me sostiene, me ama y conoce cada instante, porque convive con todas las geografías de mi ser que habitan en mi.

Y a mis lectores que son la causa que me guía a mover el teclado de los dictados de mi corazón.

Mi nombre y su destino

Yo soy el conocimiento de mi pesquisa,
y el hallazgo de los que me buscan,
y el dominio de los poderes de mi conocimiento
de los Ángeles que se han enviado con mi palabra,
y de los dioses en sus estaciones por mi consejo,
y de los espíritus de todo hombre que existe conmigo,
y de las mujeres que habitan dentro de mí.

—Del texto gnóstico: *El trueno, mente perfecta*

HISTORIA DE MI NOMBRE

Mi nacimiento, como bien marca mi carta natal, provocó conflictos en mi familia hasta para nombrarme. También el resultado del mismo señaló la preponderancia de la imagen de mi abuela materna sobre toda mi vida.

Mabel, mi nombre, tiene su origen en el idioma Inglés y significa entre otras cosas, *la que debe ser amada*. Mi familia no tiene nada que ver con ese país y sus costumbres, por lo tanto ese fue uno de los motivos por el cual siempre me sentí un poco extraña entre mis familiares.

Mi familia primaria tenía dos tendencias opuestas; mi madre creía y seguía las costumbres de origen judío europeo u occidental. Mi padre y su familia tenían creencias de origen oriental.

xi

Mis dos abuelas se llamaban María: su origen proviene del hebreo y significa *amada por Dios*. Mi abuela materna, María, creía que la primogénita nieta de cada hijo heredaba su nombre después de muerta. Mi abuela paterna en cambio pensaba que la primogénita nieta de cada uno de sus hijos tenía que llamarse "María", por supuesto como ella, con la condición que ella estuviera viva.

Mi padre y mi madre a esta altura no sabían a quien complacer. Al nombrarme "María", iban a matar a alguna de las dos. El conflicto entre vivir o no, siendo recién nacida, ya era una herencia muy pesada para mí.

Mi padre obtuvo la mejor al nombrarme Mabel. En este acto aparentemente elegido con libertad, o quizás no, o por algún susurro de mi madre, mató psicológicamente a mi abuela. Pero la historia continua. . .

Cuando fui adulta le pregunté a mi padre por qué eligió ese nombre siendo tan poco común en la Argentina. Ante mi sorpresa y asombro me contestó algo que nunca confesó a mi madre. Había elegido llamarme Mabel porque una joven con ese nombre había sido su primer amor del colegio "ese amor puro e inocente", aquel de la niñez que no tiene contacto corporal.

Por lo tanto él no sólo había transgredido las costumbres de su familia sino que había realizado una especie de conjuro que me provocó conflictos con mi madre de manera consciente e inconsciente. A través de la idealización de ese viejo amor proyectado en mí, también eligió matar a su esposa.

Mi abuela María, la madre de mi mamá, estaba sumamente contenta con la elección de mi padre. Quizás por eso o por otras razones mucho más profundas yo siempre fui su nieta preferida. Yo fui uno de los seres que más amó, y en mi corazón reside también un amor especial y único por ella.

Mi madre y la suya se peleaban y competían como dos gladiadores por mi amor, o por lo menos así yo lo sentía; como si todavía faltara algún conflicto más. Mi nombre junto a las características de mi día de nacimiento marcó tanto mis creencias ocultas que el conflicto se convirtió para mí en un juego para crecer. Creo que investigué la psicología, la metafísica, la astrología, angelología y otros temas para resolver y elevar la conciencia del real significado del nombre, tratando de limpiarlo de todos los mitos y cargas que generan a un niño antes de comenzar la vida que eligió para sí.

Creo que la libertad, el amor, la sabiduría y el poder son nuestro verdadero origen, familia, principio y fin y no los condicionamientos familiares, sociales o hereditarios que en síntesis casi siempre velan la esencia de nuestro verdadero ser.

Ahora soy yo

En el nombre del amor, la unidad y la vida brindo por el mío: IAM. Este es el nombre que elegí para mí y significa, en inglés, "yo soy", a lo que agrego y así termino con la posesión de mi padre que siempre me decía "tú eres mía".

Resuelvo los conflictos de mis abuelas. Mi ser interior me susurra que me aman incondicionalmente para siempre. Recuerdo un sueño que fue maravilloso y lo tuve después que adopté el nombre IAM. Mis padres ya no pertenecían a este mundo. En ese sueño veía una tierra volcánica. Parecía un lugar post-apocalíptico lleno de humo y vapor, y sentía la muerte a mí alrededor. Tenia una sensación que estaba rodeada de espíritus o espectros que se ocultaban detrás de esa neblina.

Yo me veía a mí misma de niña caminando por ese lugar, pero me llamaba la atención que mi cabello era pelirrojo igual al de mi abuela materna y parecía que buscaba entre los muertos a mis padres o a alguien que me pudiera proteger. Sentía que estaba perdida en ese lugar pero al mismo tiempo con la seguridad interna que iba a encontrar amor.

En otra escena de mi imagen onírica, aparece en ese lugar la imagen de mi figura como adulta, tomando a la niña y diciéndole: "Yo ya te prometí que nunca te iba a dejar, que siempre iba a acompañarte hasta nuestro final, no busques más entre los muertos. Yo estoy aquí para consolarte y protegerte, jamás te voy a abandonar. Yo te amo y siempre vamos a estar juntas".

Recuerdo que la niña me abrazó y esa dual imagen de mis dos partes se deshizo. Toda la imagen de mi sueño se convirtió en una sola expresión de un color blanco bellísimo. Me sentí muy feliz porque a través de ese sueño confirmé que todo mi trabajo interno en el plano psicológico y el trabajo de transformación meditando con mi carta natal había logrado una alquimia con la astrología como ciencia espiritual.

Y el nombre IAM se había grabado y sellado como sobre fuego en mi espíritu. Yo soy, ya era lo que siempre fui; un sol central que vive y late en mi corazón eterno.

Podríamos pensar que otra opción cuando nuestro nombre no tiene connotación sagrada, sería ser rebautizados o reelegir nuestro nombre. Pero primero debemos conocer el verdadero poder que tiene sobre nuestro destino, o también tenemos que aceptar el nombre y unirlo a otro elegido libre y conscientemente para que nuestro nombre y energía sea más fuerte que el amor.

Capítulo 1

Tu nombre es un don sagrado

El nombre está escrito a fuego en tu alma,
con toda su potencia y poder.
Es mucho más que la llama de luz
que identifica a tu espíritu. . .

En todas las religiones se utilizaron nombres para invocar a los Dioses, ya sea para orar o cantar en muestra de alabanza y devoción. Esta acción ha sido realizada desde el principio de los tiempos por necesidad casi instintiva del ser humano de comprender su esencia creadora y sagrada.

A través de los siglos han sido muy pocas las enseñanzas profundas que se han obtenido para entender, desde el punto de vista humano, nuestra participación en la creación cósmica. Por condicionamientos inconscientes, desconocidos o culturales, fuimos perdiendo el camino de nuestra visión interior, desconociendo o negando los mitos, sueños, deseos, pensamientos, capacidades mágicas o angelicales.

Quizás durante la niñez podíamos reconocer y redescubrir en forma cotidiana el don y el poder mágico del nombre. Hay idiomas donde las oraciones o nombres forman como en un holograma perfecto la totalidad del universo y por ello no se puede alterar o modificar el orden de las letras. Cada palabra es una llave divina que abre las infinitas puertas de los misterios que son revelados con su sonido. Esas formas de expresión como conjuros mágicos son y serán leyes universales que están diseñadas en forma de palabra y están impresos en archivos de la memoria sagrada que protege los tesoros ocultos que viven en nuestro interior y que solamente conociendo el significado, origen y amor que encierra cada nombre, podemos recobrarlo.

El mensaje de este libro es que todos los aspectos infinitos y significados ocultos están en una frecuencia rítmica que va más allá del sonido que los sentidos pueden escuchar. Considero que cuando conocemos el origen de nuestro nombre, podemos tener el mundo al alcance de nuestras manos. Podemos conocer el don de nuestra nobleza y caminar como reyes en la tierra y resonar con una luz especial como una estrella en el cielo.

A partir de ahora, pido humildemente que siempre recuerde que nombrar a otra persona es un acto divino pleno, único, intimo y sagrado. Expresar su nombre es la forma de revelar todo el resplandor de la llama de luz divina que en él se encierra.

Capítulo 2

Claves ocultas del abecedario

Cada letra contiene su interpretación y su significado oculto que revela la personalidad de cada nombre y su relación con los demás. Las letras de abecedario contienen ritmos o sonidos que pertenecen a una clave simbólica.

Los valores y cualidades energéticas de cada letra tienen su vibración, señal y expresión específica dentro del universo. Cada letra es como un canal que se sintoniza dentro de la totalidad de la creación.

Cuando se conoce el significado de cada letra, se puede interpretar la personalidad que vibra en cada nombre, cómo es su relación en el amor o con los demás, su comportamiento y su destino. La cantidad de veces que aparece una letra repetida en un nombre, marca su vínculo con la energía que está representando. Conocer la característica interna del nombre permite transformar todo lo deseado y entrar en contacto con el universo y sus leyes.

CADA LETRA Y SU SIGNIFICADO ESENCIAL

A

Afirmación de la voluntad, energía, fuerza, acción, iniciativa, compromiso, orientación, pzrincipios, centralización, responsabilidad, soberanía.

B

Beneficios, conocimiento, inteligencia, intelecto, talento, desarrollo de la conciencia, impulso de conocimiento.

C

Creatividad, espiritualidad, esoterismo, parapsicología, conocimiento, sensibilidad, intuición, reconocimiento, arte.

CH

Orden cósmico, razón, justicia, ley, orden, integración, precisión, conservación, honestidad, equilibrio interno, salud.

D

Dar, trabajo, acción, actuación, espontaneidad, impulso, aplicación sistemática, prudencia ante las circunstancias, pensamiento que acepta las cosas por su valor práctico, expansión, estima, decisión, notoriedad.

E

Espiritualidad, servicio, ayuda, poder curativo, sensibilidad, agudeza, sutilidad, grandeza de alma, generosidad, estilo, carácter, nivel, herencia divina, captación cósmica, carácter enigmático, sentido de la vida.

F

Fe, esperanza, idealismo, calor, verdad, sinceridad, cordialidad, compasión, simpatía, bondad, buen carácter, altruismo, apoyo del mundo espiritual.

G

Gratitud, sociedad, sociabilidad, comunicación, entendimiento, amistad, cooperación, integración, mediación, intervención, paz, razón, compromiso, comunicación.

H

Honestidad, orden cósmico, razón, justicia, ley, integridad, precisión, construcción y conservación, equilibrio interno.

I–J

Innovación, cambio, revolución, reforma, transición, solución, flexibilidad, inconstancia, carácter, viaje, independencia.

K

Karma, conservación, espiritualidad, esoterismo, conocimiento límite, sensibilidad, intuición.

L

Libertad, abnegación, cumplimiento del deber, modestia, renuncia, servicio al prójimo, responsabilidad, fidelidad.

M

Milagros, mística, sabiduría, sensualidad, evolución, despedida, gnosis, reorientación, reinicio, secretos revelados.

N

Normas, conducta coherente, entendimiento, comprensión, lucha, espíritu pionero, inicio, potencia.

O

Orden y desorden, situaciones extremas, proceso de aprendizaje, camino de iniciación, enseñanza, asesoramiento.

P

Pasión, permanencia, sinceridad, fe, esperanza, idealismo, afecto, piedad, simpatía, bondad.

Q

Concordia, encanto, felicidad, alegría, amabilidad, afabilidad, buen humor, pensamiento positivo.

R

Reunión y unión con el universo, coexistencia, refugio, claves, prosperidad, psíquico.

S

Suceso, ascenso, carrera, éxito, progreso, resonancia, prestigio, honorabilidad, fama, ventajas.

T

Tacto, nobleza, enseñanza, sabiduría, diplomacia, cultura, creación, providencia divina.

U

Unidad, pruebas, inventiva, investigación, análisis, intereses.

V

Victoria, efecto, firmeza, libertad, sabiduría, creación, atracción.

W

Curiosidad, manifestación, invención, educación, creatividad, sensualidad.

X

Irradiación, poder de atracción, influyente, magnetismo personal, encanto, efecto, competencia, poder.

Y

Gentileza, cambio, evolución, revolución, innovación, reforma, transición, flexibilidad, inconstancia, autonomía.

Z

Victoria, dominio, firmeza, liberación, consideración, estrategia, disculpa, alabanza, beneficio.

LAS LETRAS Y SU SIGNIFICADO EN LAS RELACIONES

Cada letra representa la forma de vínculo de las relaciones afectivas. A continuación se describen las características de las personas cuyos nombres poseen letras iguales repetidas varias veces:

A

En general no son muy románticos. Tienen mucho temor al rechazo de la persona por la que se sienten atraídos o interesados. Tienden a ser muy selectivos y les agrada como factor importante el atractivo físico de su pareja. Pueden ser apasionados y sexualmente buscan tener experiencias placenteras y a veces sin límites.

B

Tienden a ser muy sensuales. Disfrutan de los placeres tanto del amor como del buen vivir. Pueden ser reservados con sus sentimientos y tradicionalistas en sus creencias. Son naturalmente muy tiernos y amables.

C

Son individuos muy sociables. Les atrae la comunicación con su pareja y amigos. Les interesa que su pareja sea socialmente aceptada en su medio. Necesita exclusividad total de parte del ser que ama, y cuando esto no ocurre son capaces de abandonar la relación.

D

Son emocionalmente tenaces y hasta caprichosos. Se involucran en las dificultades del ser que aman y están dispuestos a dar todo para ayudarlos. En el amor pueden llegar a ser algunas veces posesivos y celosos.

E

Les interesa tanto los temas espirituales como los materiales. Son estimulados más en el plano mental que en el sentimental. Son muy receptivos a escuchar a su a pareja o amigos. Posee una gran necesidad de armonía y orden con sus relaciones más intimas. Son muy leales y si no sienten gran amor por su amante, prefieren no buscar relaciones forzadas.

F

Son muy idealistas y románticos; tienden a colocar a la persona que aman en un pedestal. Buscarán a la mejor pareja que puedan encontrar. Se muestran ante los demás extravagantes y educados. Con su pareja son muy generosos en el plano sexual y sensual.

G

Son excesivamente perfeccionistas y muy exigentes con su pareja en todos los niveles: intelectual, afectivo y sexual. Son personas muy meticulosas y les encanta proteger a las personas que aman. A veces tienen un deseo inconsciente de controlar a su pareja.

H

Buscan una pareja para destacarse socialmente. Antes de comprometerse afectivamente tratan de asegurarse muy bien de que son correspondidos. Los caracteriza la paciencia para comprender el punto de vista ajeno.

I—J

Tienen la necesidad de poseer una pareja estable. Poseen un gusto refinado por lo estético y por todo lo que les provoque confort o comodidad. Requieren amor, ternura y necesitan afirmar permanentemente que son amados.

K

Son sensuales y muy seductores. Necesitan tener su vida programada, aún en sus relaciones personales, y debe ser de alguna forma estructurada con un sistema de comunicación sexual, afectivo y mental. Sufren cuando se equivocan o eligen al ser amado incorrecto porque no soportan las separaciones.

L

Adoran ser los héroes o heroínas en todas las relaciones. Les atraen las personas atractivas pero con ciertos rasgos infantiles para poderlos proteger. Son sinceros, apasionados, y soñadores. Tienen tendencias a las fantasías sexuales y a veces las confunden con la realidad.

M

Se entregan con alma y cuerpo, y lo realizan en forma intensa hacia las personas que aman. Cuando sienten un profundo amor, nada los puede detener. Tratan de salvar su amor a toda costa. Son sexualmente activos y necesitan funcionar en una relación en forma armónica, sensual y mental.

N

Son cubiertos de un magnetismo radiante, de una sensualidad y seducción irresistible. Tienen admiradores ocultos que posiblemente nunca terminan de conocer.

O

Necesitan sentir la energía sexual para adquirir poder. Algunas veces las pasiones los hacen sentir que son demasiado posesivos y esto puede alejar a quien desean.

P

Son muy conscientes de los sentimientos, pero básicamente les interesa la imagen que reflejan en su círculo social. Los conflictos que puedan tener no los cierran a la pasión, por lo contrario los estimula sexual y afectivamente para defender más la relación. Les gusta seducir a todos los que lo rodean y son muy abiertos y libres a las experiencias sensuales.

Q

Necesitan una persona o pareja muy activa donde puedan practicar deportes o hobby en común. Son muy entusiastas y tienden a tener admiradores a su alrededor que desconocen debido a la gracia natural que los rodea.

R

Son excesivamente mentales y racionales. Necesitan tener ordenado todos sus sentimientos, deseos y pensamientos en coherencia. La buena comunicación sexual es muy importante para ellos. Son muy exigentes en ese aspecto.

S

Tienen una energía secreta o misteriosa que los rodea. Son reservados y nadie conoce a ciencia cierta cómo son las profundidades de sus sentimientos o de sus relaciones. En la intimidad son muy apasionados y por ello toman esa actitud tan discreta en la sociedad.

T

Son excesivamente sensibles y a veces susceptibles. En general prefieren que su pareja tome la iniciativa. Son levemente tímidos. Son atraídos por el romanticismo y las relaciones donde puedan soñar despiertos con su amante o pareja. El amor para ellos es el estado ideal.

U

Adoran a su pareja. Son muy idealistas y les encanta sentirse enamorados. Pueden escribir poesías o canciones a sus enamorados. Son contradictorios porque les gusta la libertad. En realidad están enamorados de la conquista y del amor.

V

Necesitan su espacio propio y tener tiempo para sus amistades porque son muy sociales. Son un poco renuentes al compromiso afectivo. Les gusta tener de pareja o de amante personas extrañas o muy exóticas físicamente.

W

Son muy persistentes y cuando desean a una persona la persiguen hasta que logran poseerla afectivamente. Son románticos y consiguen siempre lo que desean. En el ámbito sexual son muy obsesivos para que su pareja se sienta bien.

X

Necesitan sostener una relación segura pero que le permita tener su tiempo de libertad y de soledad para disfrutar de sus amigos o realizar actividades.

y

Son muy sexuales, y magnéticos. Tienden a ser muy independientes. Si no se hacen las cosas a su manera, se preocupan y cambian su forma de pensar, especialmente en el plano afectivo cuando no tienen éxito con la persona de su interés. Son muy abiertos en su forma de sentir y pensar.

z

Les interesan más el trabajo que el placer. Tienden a estar muy ocupados por el status, la carrera personal y lo material. En general, no pierden el control de sus emociones. Son metódicos y prevenidos a la hora de confiar el corazón. En general estas personas se ocupan mucho del cuerpo y de sus dones estéticos.

Capítulo 3

*L*as letras y su correspondencia: piedras preciosas, gemas, aromas y flores

Todos los elementos que residen en la naturaleza irradian su propia energía que modifica y trasforma al ser humano en forma permanente. Las letras son como las notas musicales en que vibran y armonizan con el universo. A cada letra, según su vibración energética, le corresponde el aroma de una flor, un cristal o piedra preciosa. La guía a continuación se puede utilizar tanto para trabajar, trasformar, purificar, y curar su energía.

La forma de utilizar los aromas, cristales o las flores puede ser tomando en cuenta con la letra inicial de su nombre o con todas las letras del mismo. Los aromas de las flores se pueden utilizar en forma de perfume, incienso, o aceite. La función de los aromas es abrir nuestros canales energéticos para dar nuevas y efectivas respuestas al mundo externo. Con los cristales y gemas podemos meditar, utilizarlas como joyas, y con el empleo de los mismos logramos limpiar nuestro campo energético, clarificarnos, purificarnos, hacer contacto con nuestra esencia, despertar la conciencia, etc. Cada piedra y aroma poseen características y cualidades propias que se detallan en este capítulo. Empleando en forma terapéutica los aromas, flores y cristales que corresponden a la primera letra o a todas las letras de su nombre podrá equilibrar su vida.

A

Aromas y flores: Anís. Alienta cuando el estado de ánimo está bajo. Su desarrollo psíquico es espiritual.

Piedra: Granate. Es un curador y provoca la alegría. Su posición planetaria, la alta frecuencia vibratoria con respecto a la tierra, estimula la risa.

B

Aromas y flores: Benjuí. Desarrollo psíquico y espiritual.

Piedra: Cuarzo Citrino. Ayuda a desbloquear la voz, la garganta, las manos y los pies.

C

Aromas y flores: Azahar. Calma el estado de irritabilidad. Amor.

Piedra: Hematita. Posee una frecuencia baja y de lenta evolución. Es de coloración oscura y actúa sobre los hombros, las piernas, la frente y el páncreas. Es beneficioso para la paciencia.

D

Aromas y flores: Bergamota. Proporciona una "envoltura" de atracción.

Piedra: Perla. Para la paz interior. Promueve el amor propio incondicional y hacia los demás. Corrige desbalances sexuales y emocionales. Ayuda a sanar relaciones difíciles entre parejas.

E

Aromas y flores: Canela. Es afrodisíaca suave y excitante. Éxito. Desarrollo psíquico y espiritual.

Piedra: Coral. Llamada piedra orgánica. Actúa sobre los huesos, dientes, pantorrillas y codos.

F

Aromas y flores: Casia. Amor. Fomenta las relaciones positivas (casia amarga).

Piedra: Ágata. Piedra que fomenta la bondad. Por su capacidad expansiva, alberga diferentes coloraciones dentro de su etapa evolutiva, dando espacio a integrar variadas frecuencias planetarias. Actúa sobre el sistema circulatorio y motriz.

G

Aromas y flores: Cedro. Aporta seguridad y aplomo.

Piedra: Turmalina. Piedra de la afectividad. Desarrolla un alto poder transmutador. Su etapa evolutiva está dentro de la medición infinita. Puede alterar su coloración por el uso y desgaste. Actúa sobre el sistema nervioso, olfato y gusto.

H

Aromas y flores: Clavo, *Eugenia Caryophillata*. Pasión. Moderado afrodisíaco. Ayuda contra el agotamiento.

Piedra: Cornalina. Piedra de la sabiduría. Logra una frecuencia al Sol central, siendo depositarias de grandes informaciones. Es capaz de almacenar conocimientos por cientos de millones de años y genera el equilibrio entre el sistema y el universo. Actúa sobre el cerebro.

I

Aromas y flores: Rosa. Amor profundo (los capullos de rosa).

Piedra: Diamante. Los monjes tibetanos tienen cinco materias sagradas que representan la infinitud del mar y del cielo; la vida y la aparición de la forma; la Luz del Sol.

J

Aromas y flores: Lavanda. Amor. Ayuda en las disputas a mejorar el ambiente y suavizar las relaciones.

Piedra: Ónix blanco. Es la piedra de la pureza. Es de coloración blanca y de una alta frecuencia universal. Elimina tensiones y equilibra problemas de neurosis. Estimula la creatividad y la intuición. Ejerce un efecto sedante en quien la usa y su frecuencia calmante tiene gran poder cuando se lleva encima sobre el centro cardíaco.

K

Aromas y flores: Hinojo. Para atraer el apasionamiento (semillas de hinojo). Equilibra las emociones. Para atraer el dinero, suerte y éxito.

Piedra: Ópalo. Piedra del trabajo o servicio. Son llamadas energéticas, capaces de lograr energía natural y universal. Están relacionadas con todas las etapas del hombre. Actúa sobre el aparato digestivo, la columna vertebral, el sistema respiratorio y los músculos.

L

Aromas y flores: Jazmín. Ayuda a atrapar los recuerdos y a descifrar los significados ocultos de las cosas.

Piedra: Jade. Otorga prosperidad en el trabajo o en el servicio a los demás. Es muy buena para la concentración.

M

Aromas y flores: Laurel. Protección contra la envidia.

Piedra: Turquesa. Piedra de la espiritualidad. Mantiene altas frecuencias con el Sol central del sistema. Es una piedra que logra sublimar los aspectos más nobles del ser en desarrollo interior. Activa la intuición y deseos de metas elevadas.

N

Aromas y flores: Limón. Aporta energía cuando se requiere.

Piedra: Amatista. Desarrolla un alto poder transmutador; su etapa evolutiva está dentro de la medición infinita. Puede alterar su coloración por el uso y desgaste. Actúa sobre el sistema nervioso, olfato y gusto.

O

Aromas y flores: Lirio o Iris Florentina. Para equilibrar las emociones positivas.

Piedra: Lapislázuli. Actúa sobre la glándula tiroides, pituitaria y el timo. Es una piedra de una dimensión muy sutil.

P

Aromas y flores: Mejorana, *Origanum mejorana*. Para mejorar el plano del dinero.

Piedra: Esmeralda. Actúa sobre el tercer ojo. Contienen una gran luminosidad al buscador espiritual o persona en su etapa de crecimiento.

Q

Aromas y flores: Menta, *Mentha piperina*. Desarrollo psíquico y espiritual.

Piedra: Cristal de roca. Símbolo de la Luz; se ha utilizado también como joyas y amuletos.

R

Aromas y flores: Vainilla. Para equilibrar las zonas negativas de una casa.

Piedra: Topacio. La mejor defensa cuando alguien nos ataca psíquicamente es canalizar la luz del amor del universo a través de la piedra.

S

Aromas y flores: Mirra. Ayuda a atraer las cosas que deseamos, pero costará conservarlas.

Piedra: Zafiro. Aleja el miedo, protege de enfermedades y es niveladora del sistema circulatorio. Excelente para evadir obstáculos. Propicia una alta espiritualidad.

T

Aromas y flores: Naranja. Excitante emocional. Ayuda a nacer emociones nuevas.

Piedra: Amatista. Su color puede ser violeta pálido a violeta rojo. Aumenta la inteligencia, preservando de las enfermedades contagiosas. Es adecuada para los sistemas nervioso y endocrino.

U

Aromas y flores: Narciso. Contra la melancolía.

Piedra: Cuarzo. Purifica y armoniza el ambiente en que se vive o trabaja, trasmutando las energías negativas en positivas. Es una piedra de poder, energía, pureza y justicia. Sirve de protección, paz y espiritualidad pues no permite la tristeza ni la injusticia.

V

Aromas y flores: Palo De Rosa. Para los amores duraderos basados en lo profundo.

Piedra: Galena. Desarrolla el poder psíquico y produce buena suerte. Es la puerta de las fuerzas espirituales superiores. Las neuralgias y dolores de cabeza se curan frotando la piedra en el lugar afectado. Relacionada con el chakra coronaria y tercer ojo. Antiguos alquimistas decían que la piedra se oscurecía si se encontraba o enfrentaba con poderes negativos.

W

Aromas y flores: Romero. Ayuda de la providencia. Desarrollo psíquico y espiritual.

Piedra: Corindon, cristales prismáticos o piramidales. Los cristales suelen estar maclados. Los colores varían del azul, amarillo, rojo, verde, rosa, gris. Estimula el flujo sanguíneo, otorga coraje a los indecisos.

X

Aromas y flores: Sándalo. Ayuda a conectar con el "yo" sagrado.

Piedra: Cuarzo rosado, color rosa, violeta débil, generalmente algo turbio. Su brillo es graso, transparente, traslúcido. Cristaliza en el sistema trigonal. Es considerada la piedra del amor (piedra del amor sagrado en el antiguo Egipto). Sana heridas sentimentales y aplaca dolores por pérdidas o lejanía de seres amados.

Y

Aromas y flores: Verbena. Para el amor (hojas de verbena). Para desarrollar la salud. Ayuda a perder el miedo a las cosas desconocidas.

Piedra: Cuarzo ahumado. Falso topacio ahumado (*anhídrido silícico*). Es de color humo gris oscuro, negro muy brillante. Su frecuencia ultrasónica y capacidad energética es ideal para sanación. Calma relaja y seda.

Z

Aromas y flores: Violeta. Amor. Hace nacer la ternura.

Piedra: Malaquita silícea. Ayuda en asuntos del sistema circulatorio, contrarresta calcificaciones, dureza en los huesos, artritis, y alivia los males de úlceras y digestivos. Llevarla consigo es positivo porque es capaz de suspender problemas personales y profesionales.

Capítulo 4

Nombres: los Ángeles, la personalidad y la compatibilidad astrológica

Como invocar el Ángel según su nombre

El diccionario de nombres que se presenta en este capítulo contiene la personalidad de cada nombre, el Ángel protector que el lector puede invocar y la compatibilidad astrológica de cada nombre. La personalidad de cada nombre está basada en la numerología y en el estudio psicológico del carácter de cada persona. La compatibilidad astrológica corresponde a la vibración numérica de cada nombre. El Ángel protector para cada nombre tiene la función de equilibrar, armonizar, aclarar, dirigir y resaltar las cualidades de la personalidad. A través de la presencia del Ángel, la persona pueda valorar y comprender mejor su propio destino. El Ángel puede ser invocado para proteger, revelar, dar sabiduría, poder, amor y abundancia. También se puede invocar el Ángel del nombre de otra persona para mejorar una relación, crear armonía, unir una distancia en un vínculo, etc.

La invocación es una energía que generamos. La invocación y la visualización están conectadas, pero la concentración en nuestro nombre y la cualidad de la verdadera conexión con parte angelical, es una llamada que se realiza para lograr la evolución de nuestro ser.

La repetición y el seguimiento de la llamada permanente y diaria son lo más importante para modificar e irradiar la luz interior.

Se recomienda que antes de realizar la invocación, encuentre un lugar cómodo y sereno para llevar a cabo una relajación física y mental. Ésta se puede hacer respirando en forma lenta y poniendo atención en sentir que cada parte del cuerpo se va distendiendo y desbloqueando.

Con respecto a la relajación, la repetición mental del nombre, por ejemplo: Mabel, Mabel, Mabel, Mabel, nos concentra automáticamente sin dispersar la energía interior. Mientras repetir el nombre, se continúa observando el estado de relajación. En la medida que el cuerpo se sienta más relajado, se puede lograr una invocación efectiva. Después de unos diez minutos de repetir mentalmente su nombre, sentirá un estado de éxtasis. Este es el momento correcto para llamar al ángel que desee invocar, sea aquel que corresponda a su nombre o el de otra persona.

Para realizar la invocación, repita mentalmente el Ángel que le corresponda, por ejemplo: Ángel del amor, Ángel del amor, y así sucesivamente por unos cinco minutos. Automáticamente, comenzará a apreciar la recepción de la energía angelical, sentir o expresar por medio de impresiones, ideas, imágenes, palabras, luces de colores o melodías suaves que resuenen en nosotros. Durante la invocación puede hacerle preguntas al Ángel, escuchar su mensaje o simplemente percibir su energía protectora.

En este capítulo encontrará la función que cada Ángel desempeña en nuestra vida. Es importante registrar la imágenes o palabras que aparecen para luego reflexionar sobre todas las posibilidades que el contacto con los Ángeles nos brinda para evolucionar, transformar y purificar la energía que poseemos.

Nombres con el ángel que le corresponde, las características de la personalidad según la vibración de su letra

A

Aarón

El Ángel de la afirmación: Mediante el deseo de arriesgar, experimentar y cambiar, podrá superar los obstáculos en la senda y revitalizar los ámbitos de la vida que ya no lo satisfacen. Puede descubrir que las estructuras vividas son más flexibles de lo que había imaginado, y que es capaz de funcionar con independencia dentro de las posibilidades que haya elegido.

Personalidad: Si se siente estimulado, Aarón pude realizar grandes cosas. Es autoritario y equilibrado, ordenado y metódico en las cosas prácticas de la vida. Posee una intensa vida interior y una capacidad de reflexión y análisis que le permiten adaptarse con éxito a las circunstancias más diversas. En el terreno sentimental es muy romántico y sensual.

Compatibilidad astrológica: Libra, Tauro, Géminis, Aries.

Abel

El Ángel de la decisión: Hace que las fuerzas de la naturaleza ayuden en nuevos proyectos de trabajo, estudio y de la vida cotidiana en general. Permite que surjan brillantes ideas. La función del Ángel es darnos excelencia en cualquier actividad: investigación, desarrollo de proyectos, renovación de actividades laborales, arquitectura, decoración y remodelación de casas. Permite comprender las polaridades internas e integrarlas.

Personalidad: Abel posee el sentido de la conciliación, cooperación para el trabajo en equipo en los negocios y en las asociaciones. Es elegante y con una agilidad que le permite asimilar toda clase de ideas y experiencias. Es adaptable y maleable en apariencia, pero en realidad es más enérgico de lo que parece y sabe hacer valer sus derechos y sus ideas de una forma suave pero decidida.

Compatibilidad astrológica: Escorpión, Cáncer, Capricornio, Leo.

Abelardo

El Ángel del encanto: Logra que los pensamientos se vuelvan inofensivos. Despierta sentimientos de armonía y altruismo, y permite tener el corazón libre de cargas negativas. Se puede percibir toda la realidad como un plan diseñado. La belleza de la divina creación genera creatividad en el plano laboral.

Personalidad: Abelardo es autoritario, pero en el fondo es un idealista que aspira a vivir libremente y sueña con grandes proyectos. Los sentimientos juegan un gran papel en su vida y es muy frecuente que se vea afectado. En su familia es exigente y autoritario. Bajo su aspecto tranquilo es capaz de ataques de cólera cuando se le impide realizar sus deseos. En el amor es elitista y puede dudar mucho antes de comprometerse definitivamente. La persona elegida por su corazón deberá ser perfecta, y aun así no será nada extraño que de vez en cuando le sea infiel.

Compatibilidad astrológica: Libra, Tauro, Escorpión, Géminis.

Abraham

El Ángel de la multiplicación: Trabaja sobre el plano afectivo, mejorando las relaciones, dejando de lado los miedos y desarrollando un campo energético de protección en la persona que lo utiliza. Protege evitando que los espíritus negativos, penetren en el hogar. Remueve elementos negativos de un sitio y evita que ingresen a un lugar. Permite lograr sorprendentes actitudes en el comportamiento espiritual de las criaturas vegetales, animales y personas.

Personalidad: Abraham es sociable, entusiasta, extrovertido y con facilidad de expresión. Además es dulce, pacífico, sensible y muy humano. Tiene facilidad para hacer amistades. Necesita estar siempre en movimiento y por eso a veces se dispersa en muchas actividades. En el terreno amoroso es seductor, encantador, sensual y emotivo.

Compatibilidad astrológica: Aries, Sagitario, Escorpión, Leo.

Ada

El Ángel de los milagros: Para solucionar problemas que se crean imposibles de solucionar. El pedido debe estar referido a algo importante y bueno, relacionado con su propia persona o con cualquier otra que lo esté necesitando con urgencia. Puede llamarse para lograr éxitos económicos y personales o para obtener fama y reputación.

Personalidad: Ada es una mujer encantadora, dulce y agradable, cuyas principales cualidades son su gran emotividad y abnegación. Se interesa por cuanto se refiere a cuestiones humanitarias y sociales. Es una mujer muy receptiva, intuitiva e imaginativa. Desea expresar sus ideas y establecer contactos. Es ordenada con un buen sentido artístico y de buen humor. En el amor es todo corazón.

Compatibilidad astrológica: Libra, Tauro, Escorpión, Géminis.

Adán

El Ángel de la unión: Cuando el hombre confíe plenamente en su mundo interior no habrá fallas. La energía suprema y creadora que habita en su ser es amor en esencia. No juzga ni tampoco clasifica, y por tal razón no puede existir un solo error.

Personalidad: En la personalidad de Adán se mezclan la sensibilidad, la delicadeza, la emotividad, la religiosidad y la intuición. Es un tímido imaginativo que vive más de sueños que de realidades y desea sobresalir porque se cree excepcional. Su mayor peligro es la impaciencia y el fanatismo. Busca la simbiosis en el seno del matrimonio. El amor y la paternidad son valores fundamentales.

Compatibilidad astrológica: Cáncer, Piscis, Capricornio, Tauro.

Adela

El Ángel de la nobleza: Ayuda a concretar todo lo que tiene que ver con lo material, el trabajo y especialmente liberar los obstáculos. Es un Ángel muy milagroso que integra y une las relaciones conflictivas. Es muy protector. Puede neutralizar las energías nocivas que emiten personas negativas y elimina la influencia de fuerzas oscuras o malignas. Su alta vibración genera un escudo impenetrable que rechaza todo mal pensamiento, envidia y energía negativa enviado a una persona.

Personalidad: Adela es una mujer inquieta y nerviosa, con un profundo sentido de la justicia, gran curiosidad, dotes artísticas y la imperiosa necesidad de cambios. Sin embargo, es lo suficientemente prudente para dejarse llevar por la corriente mientras procura salvaguardar su independencia, lo cual a veces puede darle una apariencia distante y poco sociable. En el amor es muy inestable.

Compatibilidad astrológica: Géminis, Sagitario, Virgo.

Adolfo

El Ángel de la constancia: Ayuda a mantener una actitud positiva con las personas que lo rodean. Lo guía para mantener firme en su posición sin parecer obstinado, pero teniendo control sobre las situaciones.

Personalidad: Adolfo es introvertido. Parece dulce, apacible, reservado y algo tenso. Aun cuando es muy estable, fuerte, determinado y consciente de que gracias a su capacidad organizadora y metódica, su éxito llegará lento y progresivamente, basándose en esfuerzo y constancia. Bajo su dulzura, su personalidad contiene una gran dosis de autoridad. En el amor es muy exigente y siente la necesidad de admirar y respetar a su pareja.

Compatibilidad astrológica: Aries, Sagitario, Capricornio, Leo.

Adriana

El Ángel de la confianza: Permite vivir por una causa, no como un efecto. Nunca se le puede impulsar, a menos que usted sea quien lo decida y trate de expresar lo más elevado en su interior. Permite tener gran compasión y hondo sentido de responsabilidad y humildad. Es honrado, generoso, benévolo y noble, y todas sus palabras, modales y relaciones son de elevada calidad.

Personalidad: Adriana tiene espíritu de iniciativa. Es activa y deportista. Gusta mandar y tomar decisiones. Se relaciona muy eficazmente con el trabajo. También es voluntariosa, enérgica y decidida. Es una mujer de principios, franca, ingeniosa y directa, curiosa, hábil y deseosa de expresar sus ideas y establecer contactos. Es inteligente y adaptable. En el amor busca formar una pareja con cierto toque de libertad.

Compatibilidad astrológica: Acuario, Leo, Libra, Cáncer.

Adrián

El Ángel de las habilidades: Brinda concentración, rapidez de reacción, capacidad de comprensión de las emociones, conciencia de la responsabilidad. También garantiza buena memoria, poder de convicción, aplomo, creatividad, intuición, sensibilidad, confianza en sí mismo, entendimiento armónico y perseverancia.

Personalidad: Adrián posee afición al estudio, habilidad y adaptabilidad. Es atraído a la familia, la vida cotidiana y la estabilidad. Al igual que Adriana, a veces crea contradicciones por su necesidad de mandar y decidir, lo cual produce alternativas de cambio de carácter. Puede pasar de un extremo a otro, e incluso a veces ser algo fanático. En el terreno sentimental es un marido convencional.

Compatibilidad astrológica: Sagitario, Piscis, Acuario, Aries.

Agustín

El Ángel del conocimiento: Ayuda a disfrutar los distintos ámbitos de la vida sin descuidar los deberes. Aumenta la energía positiva y el entusiasmo. Hace sentir sus propios sentimientos, realiza grandes proyectos sin pecar de exagerado. Ayuda a actuar con más confianza y a cultivar y expandir sus propios recursos.

Personalidad: Agustín aspira a vivir libremente, sueña con grandes proyectos y si bien le gusta el cambio, éste debe ser dentro de una estabilidad. Es un idealista seguro de sí mismo, de su valor y de la bondad de sus ideas que defiende hasta las últimas consecuencias apoyado por su poderosa imaginación, capacidad de reacción y diálogo. En el terreno sentimental le cuesta decidirse.

Compatibilidad astrológica: Acuario, Leo, Libra, Cáncer.

Agustina

El Ángel de la independencia: Es un rayo de luz que aparece en forma repentina. Este ángel puede ayudar y penetrar en lo interior para abrir los bloqueos que lo agobian.

Personalidad: Agustina es una mujer curiosa, inteligente y adaptable que quiere hacerlo todo y ser la mejor. Cambia de parecer con facilidad sin llegar al fondo de las cosas. Ama el cambio y la libertad, lo que la convierte en algo inestable. Además de ser temperamental y un poco autoritaria, no es de extrañar que sea una feminista convencida. Es probable que quiera imponerse en la vida y realizar grandes cosas, aun cuando los resultados casi nunca se ajustan a sus esperanzas.

Compatibilidad astrológica: Géminis, Sagitario, Virgo.

Aída

El Ángel del servicio: Permite servir a los demás para lograr una relación perfecta. Aquí puede aprender que un problema no es un obstáculo o una barrera. La aparición de un problema significa que ha llegado el momento de dar un paso hacia adelante y, por supuesto, al solucionarlo es señal de que el paso ya fue dado.

Personalidad: Su personalidad es calmada, tranquila, seria y consciente de sus deberes. Es animada por el deseo de agradar y siempre está dispuesta a colaborar con los demás, ya sea en el trabajo o en alguna asociación cultural o lúdica. Siempre está presente cuando se la necesita. Esto no es obstáculo para que sea muy selectiva en sus amistades.

Compatibilidad astrológica: Libra, Géminis, Escorpión.

Aixa

El Ángel de los decretos: Enseña que decretar permite mayor confianza en los deseos. Ser fiel a sí mismo ayuda a mantener el auto-respeto y a poder escuchar los dictados internos. Brinda capacidad para decidir sintiendo las palabras eternas "yo puedo".

Personalidad: Aixa puede parecer más dura de lo que en realidad es. Es valiente, decidida, detesta la injusticia y es capaz de mandar y dirigir. Es emotiva, autoritaria y ambiciosa. Desea imponer sus puntos de vista de tal modo que su carácter autoritario, egocéntrico y reservado no siempre es bien aceptado por los demás.

Compatibilidad astrológica: Aries, Sagitario, Leo, Libra.

Alan

El Ángel de la tranquilidad: Anula vibraciones nocivas que quieren atacar el hogar, la oficina o el sitio de trabajo. También favorece el bienestar físico y psíquico. Atrae los espíritus positivos y trabajadores de la naturaleza. Aumenta la paz disminuyendo las discusiones y demás conflictos de la convivencia. Ayuda al crecimiento de todas las plantas. Protege la salud y buen carácter de los animales domésticos.

Personalidad: Alan es enérgico, orgulloso, ambicioso, autoritario y a veces muy independiente. Es imaginativo y con buenos reflejos, sabe reaccionar con rapidez y eficacia cuando ve la posibilidad de acceder a un puesto directivo, aun cuando en el fondo lo que desea es una vida tranquila y estable. Su mayor peligro reside en su impulsividad que puede ocasionarle más de un disgusto. En el amor es apasionado, posesivo, autoritario y muy celoso.

Compatibilidad astrológica: Aries, Sagitario, Capricornio, Leo.

Alberto

El Ángel de la voluntad: Tiene una apariencia sutil. El color con el que se presenta es el azul intenso y brillante, como el color del cielo al amanecer. Tiene una energía de gran intensidad. Su contacto hace sentir repentinamente un calor fuerte y la sensación corporal de la sangre viva latiendo fuerte dentro él.

Personalidad: Alberto es tranquilo y reservado, honesto, paciente, estable y voluntarioso, pero su timidez hace que a veces dude de sus propias capacidades y se muestre intranquilo e inseguro. Dado que es introvertido, no gusta hacer muchas amistades ni es de una vida social movida, sino que prefiere la soledad y resolver sus problemas por sí solo sin solicitar ayuda. Es más racional y práctico que intelectual. Se apoya siempre en la lógica. En el amor necesita tiempos de libertad.

Compatibilidad astrológica: Acuario, Leo, Libra, Cáncer.

Aldana

El Ángel que expande: Ayuda a utilizar datos precisos y efectivos que hacen posibles decisiones concretas. Ayuda a interpretar todas las experiencias de la vida como oportunidades para aprender y realizar una expansión en todo nivel. Transforma al individuo en un ser auto consciente, inteligente, preactivo, libre respecto de las actitudes, conductas o acciones de los otros.

Personalidad: Aldana es una mujer ordenada y metódica en las cosas prácticas y muy capaz de asumir responsabilidades. Sus mejores cualidades son la paciencia y la capacidad de trabajo. Es muy tranquila reposada y sin prisas. Su meta es conseguir la tranquilidad y la estabilidad.

Compatibilidad astrológica: Tauro, Escorpión, Géminis, Libra.

Alejandro

El Ángel de la evolución: Permite una afirmación de la voluntad, energía y fuerza. Despierta una capacidad de acción e iniciativa. Genera mayor compromiso y orientación en las acciones. Ayuda a establecer una escala de valores con principios y leyes donde la autoridad interna es responsable del propio destino. Desarrolla el conocimiento estableciendo mayor conciencia en las experiencias que se viven. Se siente una natural orientación y progreso espiritual en cada acto de la vida.

Personalidad: Alejandro es extraordinariamente dinámico, vivaz e impulsivo. Siempre tenso y oportunista, sabe usar su elegancia y facilidad de comprensión para evolucionar con rapidez y habilidad, muchas veces sin darse cuenta de los peligros en que suele incurrir. Su etimología es la de protector, pero más bien debería ser la de jefe protector y conquistador. También por ello sus defectos son la impaciencia, la agresividad y el querer ir demasiado deprisa. Su vida sentimental es apasionada, pero tempestuosa. Sus flechazos no son duraderos.

Compatibilidad astrológica: Aries, Sagitario, Capricornio, Leo.

Alejandra

El Ángel de las posibilidades: Genera posibilidades y es uno de los más silenciosos. Entre todos los seres de luz, está siempre alerta a perfeccionar sus actos. Puede comprender y asesorarlo con su radiante mirada. Su luz es de varios tonos de amarillo dorado. Ante su presencia puede sentirse como envuelto en una gran voluntad y fortaleza interior.

Personalidad: Alejandra es una mujer con temperamento y deseos de triunfar, sin perder por ello su innata feminidad y elegancia. Su actitud es una mezcla de reserva, autocontrol e incluso de frialdad. Es franca, directa, impulsiva, autoritaria y con cierta dosis de agresividad. Sentimentalmente no es fácil de manejar ni comprender, pues le falta adaptabilidad y es posesiva. Desea mandar y administrar y se puede confiar en ella.

Compatibilidad astrológica: Acuario, Leo, Libra, Cáncer.

Alejo

El Ángel de la realidad: Invóquelo cada vez que deba enfrentarse a problemas de difícil resolución. A través de la aplicación de este destilado único, entrará en vibración armónica con su Ángel y la comunicación se tornará más fluida y directa. De esta forma, él le indicará el camino a seguir y encontrará las respuestas a sus problemas en forma de intuición inspirada. Es indicado para sobrellevar situaciones comprometidas, como juicios, aumento de ganancias a partir del trabajo. Su ayuda permite establecer sus prioridades en forma razonable y a efectuar su trabajo atendiendo a las tareas que exigen más concentración y más energía. Así puede actuar de una manera práctica, confiable y perseverante logrando las metas con excelentes resultados finales.

Personalidad: Alejo es todo un carácter: es enérgico, obstinado, reservado y, ante todo, muy realista y pragmático. Suele ser relativamente desconfiado y necesita pruebas tangibles y sólidas antes de otorgar su confianza o conformidad. Es un gran trabajador que sabe que el éxito sólo le llegará a base de muchos esfuerzos. En el amor es fiel y seguro, pero poco romántico, a veces peca de cierta brusquedad y falta de tacto.

Compatibilidad astrológica: Escorpión, Tauro, Capricornio, Aries.

Alfonso

El Ángel de la sabiduría: Su función es iluminarlo cuando siente algún tipo de dudas e inseguridades, y tornarlas más eficaces al desarrollar una actividad. También puede ayudar a curar o conocer el verdadero poder interior. Da fuerza espiritual en los momentos que percibe menos defensa psíquica.

Personalidad: Alfonso es reservado, prudente y algo desconfiado. No aprecia mucho las relaciones humanas, pues bajo su aspecto más frío y distante se oculta una sensibilidad que le es difícil expresar. Sin embargo puede confiarse en él y en sus capacidades. Su moral es estricta y tradicional. En la vida externa se deja llevar por la corriente y su buen gusto artístico, preservando siempre su íntima independencia. En el amor busca ante todo paz y seguridad. Es fiel, tranquilo, servicial, y siempre está dispuesto a echar una mano en las tareas domésticas.

Compatibilidad astrológica: Acuario, Leo, Libra, Cáncer.

Alfredo

El Ángel de la imaginación: Establece líneas magnéticas entre otros corazones. La presencia de la persona conectada es un imán magnético positivo. La energía comienza a entrar en un proceso de asimilación y fusión para irradiar diferentes formas de talentos, creación, amor, etc. Con el contacto del Ángel se produce el despertar de nuevas energías que permiten inspiración constante y luz.

Personalidad: Alfredo es tierno y simpático. Para él lo más importante son los sentimientos. Es nervioso e inquieto, eminentemente creativo y con gran imaginación, lo cual unido a su elegancia innata y su facilidad en asimilar nuevas ideas, le permite vivir todo tipo de experiencias. Le gusta el deporte y la aventura. En el plano sentimental es romántico y ama la naturaleza, los animales y las personas en general. En el amor es emotivo y romántico, al que a veces cierto pudor y timidez le impiden expresar todo lo que siente.

Compatibilidad astrológica: Aries, Sagitario, Leo, Libra.

Alicia

El Ángel de la presencia: Genera una actitud de fuerza y magnetismo con las personas que se encuentra en contacto. Ayuda a tomar conciencia de aquellos sentimientos que provoca en los demás. Contribuye a causar una buena impresión.

Personalidad: Alicia es dinámica, activa, emprendedora, ambiciosa y siempre dispuesta a asumir sus responsabilidades. Su visión del mundo es algo maniquea; todo es blanco o negro, bueno o malo, sin matices. Es generosa y enemiga de engaños e injusticias ante las cuales reacciona en forma agresiva. Posee un fuerte sentido práctico. Puede convertirse en una excelente mujer de negocios, pero no deja de ser femenina. Es amante del lujo y los signos externos de riqueza. Posee carisma y magnetismo personal y se interesa por los demás.

Compatibilidad astrológica: Capricornio, Tauro, Escorpión.

Alma

El Ángel blanco: Al invocarlo provoca una calma sin igual. Si hay dudas o contradicciones en su interior, imagínese que coloca a un lado del Ángel su idea y al otro costado la otra parte en conflicto. El Ángel presenta un color blanco brillante en su interior integrando las partes en conflicto. En general con su contacto se siente mayor madurez espiritual.

Personalidad: Alma es una mujer muy emotiva y sentimental, activa y abnegada. Cuando se siente contrariada o herida tiende a encerrarse en sí misma. Tiende a descargar su frustración trabajando intensamente. Posee un elevado sentido de la justicia, y como busca su propia evolución interior, sabe que la mejor manera de conseguirlo es la abnegada entrega a una buena causa.

Compatibilidad astrológica: Aries, Sagitario, Capricornio, Leo.

Álvaro

El Ángel de la providencia: Permite reconocer nuevas oportunidades en todos los niveles. Ayuda a superar obstáculos y perder el miedo a las relaciones. Enseña a atrevernos y a realizar todo lo que deseamos. Permite que confíe para corregir sus errores a través de nuevas oportunidades. Con su contacto puede encontrar algo perdido, desde un objeto hasta una relación, o lo que considere que ya no puede recuperar.

Personalidad: Álvaro es un hombre apasionado. Puede pasar de un sentimiento extremo al opuesto. No tiene términos medios. Es muy emotivo e incluso abnegado. Es idealista y con una religiosidad innata. Puede tener conflictos internos y por ello frecuentemente puede pasar por varias facetas antes de alcanzar su verdadera personalidad. Su vida tiende a tener cambios. Puede convertirse en un hombre público, en un altruista o un aventurero. En el amor no demuestra sus sentimientos y cuando no se siente realizado y comprendido, prefiere cortar la relación.

Compatibilidad astrológica: Aries, Sagitario, Leo, Libra.

Amalia

El Ángel de la humildad: Al invocarlo siente en su propio ser y en su naturaleza más instintiva un equilibrio perfecto que aclara el corazón. Otorga armonía con los sentimientos, emociones profundas y estables. Comienza a sentir confianza básica en sí mismo y en los demás. Genera sensibilidad combinada con una dosis sana de autoprotección.

Personalidad: Amalia es inteligente, dinámica y original. Se interesa por multitud de temas en plan creativo e intelectual. Es de voluntad enérgica y dotada de iniciativa y espíritu de empresa; sabe abrirse camino en la vida. Gusta de hablar, comunicarse y divertirse, y con un buen sentido artístico se interesa por la moda y las novedades. Sentimentalmente es muy compleja. Su personalidad sensual, abierta y tolerante puede parecer fácil, pero sabe pararse con energía y suavidad.

Compatibilidad astrológica: Aries, Sagitario, Capricornio, Leo.

Ana

El Ángel de la bendición: Con su presencia siente que todos los problemas se detienen y puede escuchar dentro de sí todas las respuestas. Cuando se invoca aparece un sentimiento de seguridad infinito y una cálida libertad. Genera protección y el sentimiento de ser dueño y señor del mundo que lo rodea.

Personalidad: Ana es enigmática, tímida y reservada. Duda algunas veces de sus propias capacidades y puede tardar mucho tiempo en tomar decisiones para no perjudicar a nadie. Por este motivo le gusta trabajar en equipo y consultar siempre sus actos para realizarlo en forma perfecta. En el amor es muy sentimental y maternal. Necesita sentirse protegida por su pareja pero también le gusta mostrarse independiente.

Compatibilidad astrológica: Piscis, Libra, Cáncer.

Anabella

El Ángel que explora: Brinda un impulso para aprender más y ser más seguros en las relaciones. Con su invocación aumenta la autoestima. Provoca deseos intensos de conocer el mundo y el significado profundo de las cosas. Asiste para realizar acciones correctas y poseer un pensamiento claro para comprender todo muy rápidamente.

Personalidad: Anabella es tranquila, paciente y concentrada en sí misma. Tiene muchas habilidades. Es comunicativa y muy adaptable. Es muy trabajadora y paciente. Es consciente de que el éxito sólo se alcanza gracias al esfuerzo personal. En el terreno afectivo es más materialista que sentimental. Busca ante todo la seguridad y la estabilidad.

Compatibilidad astrológica: Sagitario, Piscis, Acuario, Aries.

Andrés

El Ángel de la apertura: Para ejercer control sobre las reacciones físicas, emocionales y mentales; para evitar la manipulación de influencias e impulsos externos. Su penetrante visión interior lo capacita para tener confianza en su ser interior más que en el cuerpo físico. Permite comprender la apretura espiritual hacia la totalidad de la vida.

Personalidad: Andrés es agradable, seductor, sociable, alegre y comunicativo. Es metódico y ordenado, por lo que gusta de analizar profundamente las cosas antes de decidirse. Es curioso y desea conocer todo. Se interesa en cuestiones humanitarias y sociales. En el amor es muy comprensivo y desea íntimamente formar una familia, aun cuando a veces le cuesta mucho decidirse. Cuando lo haga, será capaz de cuantos esfuerzos sean precisos para su felicidad.

Compatibilidad astrológica: Aries, Sagitario, Leo, Libra.

Andrea

El Ángel de la oportunidad: Actúa donde todas las tradiciones ubican "el tercer ojo". Provoca un sorprendente efecto de apertura de este centro energético, abriendo un canal de comunicación con las fuerzas del éter. De esta forma, aumenta enormemente la sensibilidad y vuelve visible lo no evidente.

Personalidad: Es una mujer desbordante de vitalidad con alegría de vivir e incluso coqueta, lo que no impide que cuando le conviene se muestre enérgica obstinada y ambiciosa. A pesar de ser generosa e interesarse por quienes la rodean, es muy consciente de las realidades de la vida y sabe mostrarse práctica y eficaz. La verdadera finalidad de su vida es el amor. Necesita amar y ser amada, fundar una familia sólida y estable, un hogar bello y acogedor.

Compatibilidad astrológica: Capricornio, Tauro, Escorpión, Cancer.

Ángel

El Ángel guía: Es indicado para sobrellevar situaciones muy comprometedoras, como juicios, aumento de ganancias a partir del trabajo. Ayuda a lograr las prioridades, limitando el razonamiento sobre ellas. Ayuda a actuar de una manera práctica, confiable y perseverante. También a lograr las metas y a emplear el tiempo y las energías con excelentes resultados finales.

Personalidad: Ángel es seguridad. Sus cualidades son el orden, el espíritu analítico y la buena organización. Es comunicativo y extrovertido. Sociable y adaptable. Posee la habilidad manual para realizar infinidad de cosas o de oficios. Cuida los detalles y entre sus aficiones se encuentra alguna relacionada con la belleza. En el terreno sentimental es afectuoso tierno y paternal. Es sensual y amante de los placeres.

Compatibilidad astrológica: Sagitario, Piscis, Acuario.

Ángela

El Ángel mensajero: Este Ángel libera tu espíritu que, al consustanciarse con otros Ángeles, forman un canal para transportar al cielo las oraciones, agradecimientos y pedidos de las personas. Este Ángel tiene un alto poder vivificante sobre el entorno. Ayuda al crecimiento de los vegetales y contribuye benéficamente a la salud de animales y hombres desde el plano espiritual.

Personalidad: Ángela es una mujer que no puede ser indiferente a lo que la rodea. Es introspectiva e introvertida; tiende a encerrarse en una torre de marfil cuando la realidad no se corresponde con sus sueños y aspiraciones centradas especialmente en un deseo de elevación espiritual y material. Es posesiva y detallista. Posee una fuerte voluntad, y a veces puede resultar desconcertante por sus comentarios. Sentimentalmente es muy reservada y demasiado exigente para ser verdaderamente comprendida.

Compatibilidad astrológica: Acuario, Leo, Libra, Cáncer.

Ángeles

El Ángel de la protección: Invóquelo cuando esté enfermo o necesite afecto. Su presencia se siente en ocasiones ante una crisis emocional. Este Ángel remueve elementos negativos y evita que se conecte con individuos que puedan perjudicarlo. Permite lograr sorprendentes actitudes en el comportamiento espiritual de las personas.

Personalidad: Ángeles es sensible, emotiva e imaginativa y amante de la vida natural. La presencia de esta mujer fomenta siempre la risa y la alegría. Posee una salud excelente y una fuerza física notable. Su mente es alerta y bien organizada. Aunque pueda parecer altiva en realidad es tranquila. En el amor es atenta y apasionada, pero necesita cierta confirmación de que es deseada por su pareja.

Compatibilidad astrológica: Aries, Sagitario, Capricornio, Leo.

Aníbal

El Ángel de la compañía: Es benéfico para lograr la evolución de nuestro ser. Básicamente, la invocación y la visualización para beneficiar la concentración y encontrar un modo sereno para afrontar la vida. Enseña que cuando realizamos con éxito nuestro trabajo interno debemos apoyarnos en esa sensación de logro. El contacto con los Ángeles permite evolucionar y relacionarnos mejor con nosotros mismos.

Personalidad: Aníbal es muy simpático, entusiasta, comprensivo y encantador. Es un hombre de mundo. Puede llegar a ser coqueto y algo narcisista. Cuida mucho de su aspecto exterior. Tiene una rápida inteligencia, es hábil y adaptable. Cuando se lo propone es capaz de destacar en cualquier profesión relacionada con la comunicación, la expresión y la creación, literatura, la música o el teatro.

Compatibilidad astrológica: Sagitario, Piscis, Acuario, Aries.

Antonio

El Ángel de la fuerza: Da la fuerza necesaria para comprender con piedad divina el motivo real de los problemas. Enseña cómo alejarse de la situación que provoca angustia sin ignorarla, enfrentándola como algo pasajero en la vida.

Personalidad: Antonio posee una energía interna excepcional. Suele tener una salud excelente. Consigue todo lo que se propone pues nunca se da por vencido. Demuestra paciencia en el ámbito profesional y en las cosas importantes de la vida. Es muy buen padre y necesita admirar a su pareja. Duda mucho antes de tomar un paso hacia el compromiso afectivo.

Compatibilidad astrológica: Aries, Sagitario, Capricornio, Leo.

Antonia

El Ángel de la ciencia: Tiene todos los colores y posee todas las formas. Aparece aunque no se llama. Es tan bello que irradia sonidos celestiales. Tiene una sabiduría increíble.

Brinda todo lo necesitado, y sobre todo aquello que sea útil para la evolución en todos los niveles de la vida. Puede invocarse repitiendo su nombre mentalmente. Él va a acudir de inmediato.

Personalidad: Antonia, aunque pueda parecer altiva y distante, es tranquila y reservada, seria y profunda. Es tímida, honesta y concienzuda. Tiene un aspecto frió y altanero. Es noble y a veces algo mística, amante de la franqueza e incompatible de los artificios. A pesar de su necesidad de una vida sentimental, se siente dividida entre su independencia, versatilidad y la estabilidad que requiere una vida en pareja.

Compatibilidad astrológica: Acuario, Leo, Libra, Cáncer.

Araceli

El Ángel del buen humor: Tiene por función especifica la diversión y la alegría en todos los órdenes de la vida, incluso en la pareja, donde sus efectos son notables. Es indicado para convertir ambientes fríos en lugares felices y agradables. También para actuar sobre personas o niños que manifiestan tristeza o depresión. La llegada de los Ángeles trae fortuna.

Personalidad: Araceli es nerviosa e inquieta, y exteriormente parece distante y poco sociable ya sea por preservar su intimidad e independencia, o porque no se encuentra segura de sí misma. Le interesan los temas políticos o artísticos. A veces dudará entre su sentido del deber y responsabilidad y la necesidad de lanzarse a la aventura y vivir intensamente. En su vida sentimental es amante del hogar y de la familia.

Compatibilidad astrológica: Géminis, Sagitario, Virgo.

Ariadna

El Ángel de la persistencia: Transmite lo mejor de cada reino. Permite la capacidad de escuchar a los demás. Puede reconciliar a grupos enfrentados. Canaliza la compasión para consolar a los que sufren. Genera la habilidad de vivir con felicidad.

Personalidad: Ariadna es una gran sentimental, dulce y agradable, pero con un gran dinamismo interno. Es prudente, hipersensible y algo introvertida. Esconde su energía y capacidad de iniciativa bajo un aspecto soñador. Se interesa por las cuestiones humanitarias y los movimientos de fraternidad universal en los que es capaz de realizar una gran labor. Es una mujer a la que hay que tratar con cuidado y afecto pues es muy vulnerable en el terreno amoroso.

Compatibilidad astrológica: Acuario, Leo, Libra, Cáncer.

Ariel

El Ángel de la dulzura: Este ángel es un ser de luz puro e increíble. Su poder radica en dar luz a todo lo oscuro de su mente, sentimientos o circunstancias. Él revela cualquier circunstancia oculta o que no se ha podido lograr información. Evóquelo visualizando una luz blanca brillante que penetra su ser.

Personalidad: Es un hombre extrovertido e idealista que sueña con grandes proyectos y gozar de entera libertad. Es elegante, hábil, inteligente, adaptable, con sentido del humor y buen comunicador. Suele destacarse en la sociedad y en cualquier profesión de su elección.

Compatibilidad astrológica: Aries, Sagitario, Capricornio, Leo.

Armando

El Ángel de los cambios: Su trabajo es arduo como un joyero que convierte el carbón en diamante. Su fuerza es ilimitada como su transparencia y brillo. Hace cambios increíblemente poderosos. A veces trabaja junto al Ángel del poder y del amor para acelerar los procesos de transformación de un ser humano. Es transparente como un cristal y puede reflejar todos los colores.

Personalidad: Para Armando la libertad y la independencia son algo sagrado. Posee grandes aspiraciones e ideales. Es un seductor enamorado de la vida y los placeres. Sabe adaptarse a todas las circunstancias, incluso profesionalmente. Su necesidad de cambio y su innata curiosidad convierten a su vida en algo cambiante e inestable. Le gusta ayudar a la gente y ser útil a los demás. En el terreno sentimental es ardiente, sensual e inconstante.

Compatibilidad astrológica: Géminis, Sagitario, Virgo.

Arnaldo

El Ángel de la certeza: Su evocación provoca una calma sin igual. Si hay dudas o contradicciones en su interior, imagínese colocando a un costado del Ángel una parte de la idea y del otro la otra parte en conflicto. En instantes el Ángel presentará un color blanco brillante en su interior integrando las partes en conflicto.

Personalidad: Aún cuando Arnaldo parece altivo y distante, es tranquilo y reservado, serio y profundo. Es algo tímido, honesto, concienzudo y detallista, sabiendo que el tiempo trabaja a su favor. Es amante de la sinceridad y de lo simple; no le gusta lo superficial y las sofisticaciones. A veces es un poco autoritario.

Compatibilidad astrológica: Acuario, Leo, Libra, Cáncer.

Arturo

El Ángel de la fidelidad: Ayuda a aprender y a conocer mejor todo lo que está buscando y quiere realizar. También guía para concretar planes futuros, a estudiar y prepararse mejor para nuevas oportunidades. También será más fácil explorar diferentes caminos. Ayuda a tomar una decisión y ser fiel a las propias creencias.

Personalidad: Es un hombre enérgico, algo rudo y con aspecto luchador, cuyo fin primordial es el poder y los bienes materiales. Posee una buena inteligencia y capacidad de adaptación. Sabe desempeñar su trabajo con eficacia y sentido práctico. En el terreno sentimental basa su vida amorosa en el aspecto familiar. Necesita el mutuo respeto o la confianza y autenticidad de los seres amados.

Compatibilidad astrológica: Capricornio, Escorpión, Aries.

Aurora

El Ángel de la curación: La presencia de este Ángel es maravillosa. La sensación percibida es como estar cubierto y protegido por pétalos de rosas. Su energía irradia un verde esmeralda brillante que es el color de la curación y de la intuición. Su voz es melodiosa, armoniosa, y repara con amor infinito todo lo que necesitamos, y hasta aquello que no somos conscientes.

Personalidad: Se muestra deseosa de agradar y repudia la violencia. Es atraída por los asuntos familiares, sociales y afectivos. Es muy prudente y gusta de aceptar responsabilidades para lo cual se siente capacitada. Tiene necesidad de amar y ser amada, y también necesita triunfar en el mundo.

Compatibilidad astrológica: Libra, Tauro, Escorpión.

B

Baltasar

El Ángel del ingenio: Este Ángel aparece como un sabio milenario, pero su mirada es tierna como un bebé. Los colores de su energía son iguales al cielo al amanecer; del azul intenso pasando por el celeste, hasta el amarillo brillante como el Sol. Su sabiduría, amor y poder son tan inmensos que siempre cumple con lo que le pidas.

Personalidad: Es un hombre que siempre está alerta, es hábil, ingenioso y de rápida inteligencia. Posee una buena resistencia física y está bien capacitado para el trabajo de equipo. Es amante de la aventura y muy independiente. Entre su facilidad de adaptación y su espíritu autoritario es inestable lo cual puede conducirle a empezar muchas cosas sin terminar. En su vida predominará la ambición y la originalidad. En el amor es un sentimental deseoso de un hogar apacible.

Compatibilidad astrológica: Géminis, Sagitario, Virgo.

Bárbara

El Ángel de la generosidad: Se encuentra en permanente movimiento, es dorado y luminoso como el Sol. Su mirada brilla como miles de estrellas. Su fuerza infinita brinda seguridad y el sentimiento de comprender que la providencia provee todo lo que deseas alcanzar. Se puede visualizar como una energía dorada que desciende sobre nosotros y nos protege.

Personalidad: Bárbara es encantadora, dulce y muy agradable. A pesar de mostrarse introvertida es prudente y a veces desconfiada. Es extremadamente emotiva y muy sensible, por lo que tiende a protegerse. Sin embargo esto no es ningún obstáculo para mostrarse generosa e interesada en las vidas y problemas de los demás. Cuando se siente herida emocionalmente, reacciona refugiándose en sueños quiméricos un poco fantásticos y utópicos. Es muy humana, le gusta participar en tareas sociales y humanitarias, así como en movimientos místicos y esotéricos. En el terreno sentimental, su problema reside en su exceso de emotividad y entrega que puede convertirla en una cautiva de su pareja y familia.

Compatibilidad astrológica: Aries, Sagitario, Leo, Libra.

Bautista

El Ángel del nacimiento: Este Ángel aparece siempre en situaciones asfixiantes. Su contacto nos permite una sensación de relajación y unas ganas muy fuertes de ponernos en marcha con la fe de que nadie nos va a detener. Su energía es blanca brillante y su mirada transparente como un lago en calma.

Personalidad: Bautista es un idealista que precisa se le aprecie en su justo valor, se le quiera y además se lo digan. Cuando se siente querido y respaldado es capaz de dar lo mejor de sí mismo, por lo que precisa hallar un alma gemela que le cuide y le mime. Profesionalmente es metódico y bien organizado, con el deseo de ser independiente, pero lo que más le atrae es la vida interior, la reflexión y a veces la religión. En el amor necesita de mucha ternura y es muy sensual, pero su compleja naturaleza hace las cosas difíciles.

Compatibilidad astrológica: Piscis, Libra, Cáncer.

Beatriz

El Ángel radiante: Para recibir una fuerza superior que se traduce en lo físico y psíquico, aumentando la capacidad y energía. También beneficia a personas que deban soportar viajes largos y extenuantes. Genera mayor capacidad de adaptación. Ayuda a tener autocontrol, disciplina y gran sentido de la responsabilidad. Genera más adaptabilidad en todas las situaciones de la vida.

Personalidad: Encantadora y elegante. Beatriz es muy extrovertida y necesita rodearse de gente y le gusta divertir a los demás para sentirse realmente viva; es hábil. Posee un buen sentido de lo estético y del detalle. Es difícil para ella encontrar la pareja deseada, porque es demasiado exigente y perfeccionista con los demás.

Compatibilidad astrológica: Sagitario, Piscis, Acuario, Aries.

Belén

El Ángel de la pasividad: Este Ángel es un servidor por excelencia. Es importante llamarlo cuando sientes ansiedad o un estado de desborde o confusión donde no encuentras salida. Él se acercará cuando lo llames con tu nombre y luego repitiendo el suyo. También es importante invocarlo luego del fallecimiento de un ser querido para que lo acompañe en el proceso del alma para desapegarse de la tierra. Su apariencia es transparente similar al elemento agua.

Personalidad: Caracterizada por una lucha conflictiva en su interior. Es decir, un conflicto entre la independencia y dinamismo, y la pasividad y dependencia. Todo esto suscita contradicciones internas que se manifiestan exteriormente en períodos de audacia y confianza en sí misma, seguidos por dudas, vacilaciones y abandono. En el amor tiende a ocultar sus emociones que considera debilidades, por tal razón su vida matrimonial casi nunca resulta satisfactoria.

Compatibilidad astrológica: Capricornio, Cáncer, Piscis, Tauro.

Benjamín

El Ángel de la fuerza: Este Ángel tiene un rol muy importante, trabaja sobre la base del plan divino y la voluntad universal. Es un ser que puede ayudarte a discriminar tu verdadera y profunda voluntad de los deseos de otras personas que puedan influenciarlo. También te ilumina para que aprendas a poner energía en las cosas que realmente merecen atención para el desarrollo y evolución. En caso de tener algún problema físico es importante repetir tu nombre mentalmente y elevarlo para que te ayude a tener las defensas necesarias para combatir la enfermedad.

Personalidad: Benjamín es enérgico, obstinado, confiado en sí mismo y deseoso de hacerlo todo y ser el mejor. Necesita gastar la enorme energía que es capaz de desarrollar e ir siempre hacia adelante gracias a su imaginación y capacidad de reacción ante las circunstancias y acontecimientos de la vida. A veces dudará entre su sentido del deber y responsabilidad y la necesidad de lanzarse a la aventura y vivir intensamente su propia vida. En su vida sentimental es amante del hogar y de la familia.

Compatibilidad astrológica: Géminis, Sagitario, Virgo.

Bernardo

El Ángel de la reconciliación: Tiene una gran misericordia y está siempre cerca de las personas para que todos puedan armonizar. Su canto es muy dulce y nos permite abrir nuestro corazón a todas las criaturas de la creación.

Personalidad: Bernardo posee un alto concepto sobre la moralidad y la lealtad. Puede ser algo desconfiado y necesita pruebas palpables antes de otorgar su confianza y amistad. Es muy trabajador y obstinado. Necesita el trabajo para verse realizado pues sus fines primordiales son el poder y los bienes materiales. En amor es fiel, y si algo se le puede reprochar, es su excesivo pragmatismo y la poca capacidad de soñar. Es inseguro en el terreno sentimental.

Compatibilidad astrológica: Capricornio, Tauro, Escorpión, Aries.

Blanca

El Ángel de la transparencia: Ayuda a expresar mejor los sentimientos, aumentar los conocimientos y asimilar las experiencias positivas, a ponerte en contacto con tu propia fuente de sabiduría, guiar y ayudar a los que te rodean y dar lo mejor de ti.

Personalidad: Es una mujer fiel, responsable, paciente. Su verdadero fin es el amor en el que centra todo su deseo de estabilidad, felicidad y maternidad. Es por ello que para las demás mujeres, Blanca siempre será una rival peligrosa.

Compatibilidad astrológica: Libra, Escorpión, Géminis, Tauro.

Brenda

El Ángel de la fantasía: Es un gran director de creaciones. Permite conocer las profundidades del alma y ayuda a curar las partes más heridas u ocultas y convertirlas en luz. Invóquelo para descifrar los mayores anhelos que a veces por situaciones ajenas a la naturaleza interior, lo alejan del camino correcto. También para convertir los sueños en realidad.

Personalidad: Brenda es emotiva, y sensual, pero bajo esa apariencia se esconde una mujer muy fantasiosa. Se dirige al mundo de manera frontal y sin problemas. Tiene una vida prosaica y rutinaria. Su ambición suele ser muy grande, especialmente en el terreno sentimental porque desea que el hombre que se encuentre a su lado sea un príncipe azul.

Compatibilidad astrológica: Aries, Sagitario, Leo, Libra.

Brian

El Ángel de la adaptabilidad: Puede llamarlo para cambiar y aprender a crecer, especialmente a limar o a modificar todo lo que puede ser muy brillante y divino y que queremos irradiar. Con su presencia podemos captar energía del cosmos, activar y potenciar el poder de los objetos y convertirlos en mágicos, ayudar a componer objetos que funcionan mal, a incentivar la inteligencia, el discernimiento y la comunicación. Atrae a fuerzas angélicas y seres de luz para recibir ayuda espiritual. Detecta centros energéticos dentro de un ambiente o sobre un campo determinado. Ayuda a curar y transformar en el nivel físico, emocional y mental.

Personalidad: Brian es ambicioso, reservado y con un fuerte magnetismo. Su visión del mundo es extremista, bueno o malo. Siempre piensa en su rendimiento. Puede ser perfeccionista y susceptible a la vez. Se conforma con una posición sólida y estable. En el terreno amoroso es fiel, honesto, leal, tierno y afectuoso.

Compatibilidad astrológica: Aries, Sagitario, Leo, Libra.

Bruno

El Ángel que sostiene: Despierta la capacidad de acción y la iniciativa. Genera compromiso y orientación en nuestras acciones. Ayuda a establecer una escala de valores con principios y leyes donde tu autoridad interna es responsable de tu propio destino. Ayuda a desarrollar el conocimiento estableciendo mayor conciencia en las experiencias que vamos viviendo.

Personalidad: Bruno posee una fuerte individualidad, capacidad de mando y dirección. Es imaginativo y toma rápidas decisiones. Es el hombre ideal para asumir responsabilidades. Bajo su aspecto casi rudo, no es un hombre de medias tintas. Bruno nunca pasa desapercibido. Sentimentalmente necesita de una pareja, un hogar y una familia donde se sienta apoyado para salir al mundo competitivo.

Compatibilidad astrológica: Aries, Sagitario, Leo.

ℂ

Camila

El Ángel de la síntesis: Para lograr que las experiencias sean más significativas. Puede expresar y cumplir el propósito de su vida. Encontrará lo que está buscando y se sentirá a gusto con sigo mismo y a concretar planes futuros. Podrá estudiar y prepararse mejor para futuras posibilidades, también a explorar nuevas opciones.

Personalidad: Camila es una mujer con carácter fuerte. Puede compensar su emotividad y vulnerabilidad mediante su facilidad de expresión, adaptabilidad y capacidad creadora. Su temperamento y capacidades son fuertes, pero irregulares. Dado que teme a la soledad, necesita sentirse amada y comprendida. En el terreno emocional existe una dualidad entre una necesidad de amor y estabilidad y su deseo de independencia.

Compatibilidad astrológica: Sagitario, Piscis, Acuario, Aries.

Candela

El Ángel de la inocencia: Da franqueza y espontaneidad infantiles. Permite la habilidad para adaptarse sin perder la identidad. Es capaz tanto de seguir como de conducir. Abre a la intuición y la sensibilidad paranormal. Da habilidad para conectarte con la energía femenina y con las mujeres.

Personalidad: Es una mujer de principios. Franca, ingeniosa y directa, curiosa, hábil y deseosa de expresar sus ideas y establecer contactos. Es dotada de una buena inteligencia y adaptabilidad. Con su espíritu de iniciativa, activa y deportista, le gusta mandar y decidir. Se interesa por asuntos del pasado.

Compatibilidad astrológica: Acuario, Leo, Libra, Cáncer.

Candelaria

El Ángel que alimenta: Abre los canales para una mejor y mayor comunicación con lo trascendente. Brinda energía y seguridad. Aparta entidades negativas del plano astral personal. Al usarlo experimentas una alta iluminación espiritual.

Personalidad: Candelaria es idealista y soñadora. En el amor necesita de una pareja, un hogar y una familia. Donde pueda reflejará su capacidad para dar.

Compatibilidad astrológica: Sagitario, Piscis, Acuario.

Carlos

El Ángel de la inspiración: Se caracteriza por la apertura mental. Cuando hay conexión con este Ángel, lo abrirá a su propia verdad. Nadie puede engañarlo ni confundirlo. Tiene un sentido real del valor. Ve las motivaciones; puede leer su corazón. Todas sus acciones tienen una irradiación de gracia. Está en el torrente de las ideas de la Nueva Era. Tiene nuevas vías de aproximación. Se sientes pleno de energía psíquica que se derrama de fuentes interiores.

Personalidad: Carlos es enérgico y viril, valiente y combativo. Carlos sueña con mandar y dirigir. Es imaginativo, rápido, obstinado. Su objetivo es el poder y los bienes materiales, y para conseguir sus objetivos sabe actuar y reaccionar con sorprendente eficacia. No soporta la supeditación y si debe aceptarla se convierte en impulsivo e irritable, siendo muy difícil que reconozca sus errores. Es muy audaz. Sigue el impulso del momento llevado por su afán y capacidad de mando y suele inclinarse por la política o las finanzas. En el amor es apasionado, exigente, celoso y posesivo.

Compatibilidad astrológica: Capricornio, Escorpión, Tauro, Aries.

Carla

El Ángel de la transformación: Puedes llamarlo para cambiar y aprender a crecer. Especialmente para limar o a modificar todo lo que puede ser muy brillante y divino y que queremos irradiar. Con su presencia puedes lograr captar la energía del cosmos, activar y potenciar el poder de los objetos mágicos, ayudar a componer objetos que funcionan mal, incentivar la inteligencia, el discernimiento y la comunicación.

Personalidad: Carla se debate entre dos tendencias: un vuelco total a la espiritualidad, o al total interés por los demás y a tomar parte en asociaciones humanitarias o sociales. Por momentos puede ser muy egocéntrica e independiente y eso impulsa a dejarse llevar por las circunstancias sin implicarse directamente. El amor y el matrimonio pueden ofrecerle la tranquilidad y estabilidad que íntimamente desea.

Compatibilidad astrológica: Aries, Sagitario, Leo, Libra.

Carolina

El Ángel de las sorpresas: Este Ángel siempre aparece en situaciones importantes; desde entrevistas de trabajo y exámenes hasta reuniones en las que se decidan objetivos deseados.

El Ángel te hace disfrutar de sorpresas muy agradables, incluso en el plano económico. Es indicado para emprender los grandes cambios positivos, sobre todo los relacionados con la casa (obtención, compra, alquiler, mudanza, etc.) y el trabajo (obtención, planificación de nuevos proyectos y creatividad profesional, etc.).

Personalidad: Carolina es una mujer atractiva y sofisticada. Cuida mucho de su apariencia y encanto. Es simpática, seductora y muy comunicativa. Otra característica es la capacidad de destacarse en cualquier actividad que se proponga. En el terreno amoroso es muy coqueta pero a su vez práctica y posesiva.

Compatibilidad astrológica: Sagitario, Piscis, Acuario, Aries.

Carola

El Ángel de las alternativas: Para cambiar, aprender a crecer rápidamente en las situaciones conflictivas. Su presencia angelical incentiva la inteligencia e imaginación en todo momento del día. Ayuda a crear y trasformar en los niveles físicos, emocionales y mentales todo tipo de defensas energéticas para responder en forma efectiva en las distintas situaciones de la vida. Permite generar buenas alternativas.

Personalidad: Carola tiene una personalidad de aspecto reservado y enigmático. Puede parecer tímida. Atraída por los factores familiares, sociales y afectivos, es muy prudente y gusta de aceptar las responsabilidades de la vida práctica para lo cual está muy capacitada. Sus únicas dudas residen en cómo resolver la dualidad que existe entre su tendencia a la vida familiar y la necesidad de mantener su independencia y triunfar en el mundo apoyándose en sus dotes personales y artísticas. En el amor sabe encontrar lo que busca en su pareja.

Compatibilidad astrológica: Piscis, Libra, Cáncer.

Carmen

El Ángel de la persuasión: Por su alta vibración genera un escudo impenetrable que rechaza todo mal pensamiento, envidia y energía negativa en contra de una persona, intencionalmente o no. Tiene un efecto altamente positivo en cualquier inicio, ya que elimina las trabas y produce bienestar personal en todos los órdenes apenas invocamos su presencia.

Personalidad: Carmen consigue todo a base del esfuerzo y paciencia. Una vez conseguidos sus objetivos sabe mantenerlos y estabilizarse. Es sociable y posee una autoridad natural y una gran fuerza de persuasión. Estas armas le permiten conseguir la independencia. Necesita sentirse admirada, pero sabe mantener la distancia con los otros al mismo tiempo. En el terreno sentimental se muestra selectiva e idealista.

Compatibilidad astrológica: Aries, Sagitario, Capricornio.

Catalina

El Ángel de los deseos: Ayuda a convertir las imágenes de todos los días en películas increíbles para aprender a conocernos mejor. Es un gran director de creaciones. Permite conocer las profundidades del alma y ayuda a curar las partes más heridas u ocultas y convertirlas en luz. Invóquelo para descifrar los mayores anhelos que a veces por situaciones ajenas a la naturaleza interior, lo alejan del camino correcto. También para convertir los sueños en realidad.

Personalidad: Catalina posee un carácter apasionado, enérgico y obstinado. Algo reservado y deseosa de poder y bienes materiales. Autoritaria y decidida. Es capaz de asimilar las experiencias de la vida para sacarles un posterior provecho. Es independiente y sociable, y a la vez curiosa. Catalina es impetuosa y cae a veces en un exceso de superficialidad. En el amor sigue siendo muy independiente, poco suave y cariñosa, pero extremadamente celosa y posesiva. Puede transformarse en una tigresa al menor desliz de su pareja.

Compatibilidad astrológica: Capricornio, Tauro, Escorpión, Acuario.

Cecilia

El Ángel de la responsabilidad: Anula vibraciones nocivas que quieren atacar el hogar u oficina, sitio de trabajo, etc. Favorece el bienestar físico y psíquico de las personas. Aumenta la paz disminuyendo las discusiones y demás conflictos de la convivencia. Favorece el bienestar físico y psíquico de las personas. Ayuda al crecimiento y el desarrollo de los reinos vegetal y animal. Aumenta la intuición y despierta la sensibilidad paranormal. Da habilidad para conectarte con la energía femenina y con las mujeres.

Personalidad: Nacida para amar, seducir y repartir paz y armonía. Sabe aceptar sus responsabilidades y es ordenada y metódica en su vida práctica, especialmente en cuanto se refiere al hogar y el entorno familiar. Su imaginación tiende a desbordarse y evadirse de la realidad de la vida en sueños a veces irrealizables. En el terreno amoroso es sensual, sentimental y tierna, espera quizás demasiado de su pareja.

Compatibilidad astrológica: Libra, Escorpión, Géminis, Tauro.

Celeste

El Ángel del poder: Invóquelo cuando sienta dudas e inseguridades. Para ser más eficaz al desarrollar una actividad. Para ayudarlo a curar o descubrir el verdadero poder interior. También nos da fuerza espiritual cuando atravesamos situaciones difíciles ya sea por estrés, tensión o problemas físicos.

Personalidad: Celeste posee una poderosa y carismática personalidad; es enérgica, obstinada con una gran ambición y deseos de poder y riqueza. Es reservada, activa y original, por lo que puede ser una excelente mujer de negocios, pero necesita sentirse motivada y ver claro su objetivo para lanzarse apasionadamente a su tarea.

Compatibilidad astrológica: Tauro, Escorpión, Capricornio.

César

El Ángel del entusiasmo: Este Ángel logra una profunda comunicación con la naturaleza y con la esencia de la vida, permitiendo sentir gran energía renovadora. Nos ayuda a percibir aquello que no es visible: las influencias que existen en nuestro ambiente. Su mirada brilla como miles de estrellas. Su fuerza es infinita. Brinda seguridad y el sentimiento de comprender que la providencia otorga todo lo que desees alcanzar. Se puede visualizar como una energía dorada que desciende y protege.

Personalidad: César es abierto, jovial, amistoso, entusiasta y exuberante. Es un hombre brillante que se impone por su sensibilidad, inteligencia, habilidad y adaptabilidad. Tiene cualidades que le permiten destacar en todas las actividades relacionadas con la creatividad y la comunicación. En el terreno amoroso es muy exigente, buscando su pareja perfecta que a lo mejor no puede encontrar. Es posiblemente mucho más afectivo que sentimental. Es sensual y amante de toda clase de placeres.

Compatibilidad astrológica: Sagitario, Piscis, Acuario.

Cyntia

El Ángel de la sensibilidad: Brinda más receptividad y sensibilidad ante las necesidades de los demás. Da capacidad para formar estrechas relaciones sin sacrificar la independencia o la separación. Provoca el amor, la lealtad y la devoción a los seres queridos; también genera verdadera compasión por los demás.

Personalidad: Cyntia posee gran capacidad de decisión. Adora desempeñar un papel preponderante en la vida. Gusta de ser admirada, popular y dar ejemplo; nunca pasa desapercibida. No se permite debilidades ni fracasos, y para ella la vida es dedicarse a un ideal que le permita ser útil a los demás, pero siendo ella quien organice, dirija y administre. Sin embargo, no por ello deja de ser una mujer sensible y emotiva que anhela encontrar el amor de su vida para colocarlo en un pedestal y admirarlo.

Compatibilidad astrológica: Aries, Sagitario, Acuario, Piscis.

Clara

El Ángel que se destaca: Ayuda a atraer personas comprensivas, tolerantes, compasivas, con buen humor, amables. Ayuda a decir la verdad. Desarrolla la atención, la aceptación, la confianza y la abnegación. Ayuda a confiar en su propio juicio, a pedir consejo, aprender de todo lo que rodea y tener una buena comunicación con las personas correctas.

Personalidad: Clara es una mujer muy compleja que no se siente a gusto en un mundo dirigido por los hombres, con los cuales se considera igual o superior. Por otro lado es tímida y no puede vivir sin amor y estabilidad emocional.

Compatibilidad astrológica: Aries, Sagitario, Leo, Libra.

Clarisa

El Ángel de la receptividad: La conexión con este Ángel es un proceso de alineación. Es como una usina de energía y expansión de la conciencia, y es un registro correcto de las ideas que se precipitan desde la mente superior, o incluso desde los niveles de la intuición.

Personalidad: Clarisa es vulnerable y amante de la buena compañía. Depende especialmente de la familia. Pero lo más importante para ella lo constituyen el amor y la vida familiar, y espera que su pareja le proporcione toda la felicidad del mundo. Debe aprender a ser más activa.

Compatibilidad astrológica: Cáncer, Capricornio, Piscis, Tauro.

Claudia

El Ángel de la similitud: Su voz es melodiosa y armoniosa, y repara con amor infinito todo lo que necesitamos, y hasta aquello que no somos conscientes.

Personalidad: Claudia sabe poner la distancia física necesaria y de sus sentimientos con el mundo y la gente. Para ella lo más importante es preservar su vida interior. Voluntariosa y autoritaria. Suele carecer de suficiente tolerancia y todo lo pasa por el tamiz de la razón y de sus afinidades espirituales o intelectuales. Es por ello que su aspecto exterior parece más frío y orgulloso. En el amor es fiel y estable, pero busca a una persona a veces más por interés económico que por real amor.

Compatibilidad astrológica: Piscis, Libra, Cáncer.

Claudio

Ángel de los detalles: Su energía está conectada a la tierra y al cielo, formando una totalidad infinita. Su corazón irradia luz blanca como rayos dirigidos a la profundidad de la tierra. Su contacto permite comprender el sentido real que tienen los detalles en el trabajo.

Personalidad: Claudio es un hombre emotivo y sensible a pesar de que su apariencia haga sospechar todo lo contrario. Es serio, razonable. Es responsable, servicial y disciplinado, muy activo y decidido, algo mandón y obstinado. Su inteligencia innata le impulsa a establecer amistades y contactos para intercambiar ideas y conocimientos. Emotivamente es fiel y estable.

Compatibilidad astrológica: Acuario, Leo, Libra, Cáncer.

Cleopatra

El Ángel de la eternidad: Brinda la capacidad de convivir con nuestras partes más vulnerables superando los temores. Genera una gran capacidad de riesgo y poder. Ayuda a liberar y poder manejar las crisis que pueden surgir sin rendirnos ni abatirnos Con el contacto del Ángel aprendemos la diferencia entre ganar y saber que en realidad nunca se pierde.

Personalidad: Cleopatra es curiosa, inteligente y adaptable. Desea hacerlo todo y ser la mejor. Suele ser también franca y directa, impulsiva, autoritaria e incluso con cierta dosis de agresividad. Le gusta imponerse en la vida y realizar grandes cosas. En el amor es seductora, sensual y le gusta amar intensamente.

Compatibilidad astrológica: Géminis, Sagitario, Virgo.

Concepción

El Ángel de la tenacidad: Da la verdadera capacidad de sostener un propósito. Otorga más receptividad y sensibilidad ante las necesidades de los demás. Provoca empatía natural con todo el mundo. Genera un círculo de protección invisible para protegerlo en todo lo que necesita realizar.

Personalidad: Concepción es una mujer con una acusada personalidad. Es activa, dinámica y emprendedora que adora estar en el escenario de la vida para representar su papel, tener un público y sentirse admirada. A pesar de su individualismo su ideal la lleva a superarse, siendo capaz de organizar, dirigir y administrar. Es muy sensible y emotiva, y puede servir a un fin elevado. Desea entregarse abnegadamente al servicio de una causa, siempre y cuando pueda ocupar un lugar destacado. En el terreno sentimental necesita a un hombre que esté a su altura y a quien pueda amar y admirar.

Compatibilidad astrológica: Aries, Sagitario, Leo, Libra.

Constanza

El Ángel de los círculos: Permite realizar grandes proyectos sin sentir el desafío en una situación comprometedora o difícil. Brinda valor para cultivar y expandir los propios recursos en todo momento. Cuando éste Ángel lo ilumina, irradia calidez, amabilidad y ternura. El magnetismo del Ángel abarca a quienes lo rodean y también le permite brillar.

Personalidad: Es una mujer fuera de lo común. Le gusta vivir la vida al todo o nada. Su amor lo impulsa hacia los demás y de una manera desinteresada, tanto si se refiere a asuntos públicos como privados. Muchas veces puede viajar y conocer otros ambientes. En el amor es tan imprevisible como en todo. Es muy romántica y fantasiosa, se entrega demasiado a sus emociones.

Compatibilidad astrológica: Aries, Sagitario, Leo, Libra.

Cristián

El Ángel del fuego: Ayuda a comprender y conectarse con las personas correctas, a atraer personas comprensivas, tolerantes compasivas, llenas de humor, amables, personas que saben decir la verdad, responsables. Brinda atención, aceptación, absoluta, confianza, abnegación. Aprende a confiar en su propio juicio. A través de la práctica de invocar a este Ángel puede concretar todas las actividades de manera exitosa.

Personalidad: Cristián es ordenado y metódico en las cosas prácticas de la vida, con iniciativa, capacidad de mando y decisión. Es agradable y encantador, le gusta ejercer su autoridad, pero en el fondo es un idealista que aspira a vivir libremente y sueña con grandes proyectos. Los sentimientos juegan un gran papel en su vida y es frecuente que se vea afectado, en bien o mal, por su familia. Exigente y autoritario, bajo su aspecto tranquilo es capaz de accesos de cólera cuando se le impide realizar sus deseos. En el amor es elitista y puede dudar mucho antes de comprometerse definitivamente. La elegida de su corazón deberá ser perfecta, y aún así, no será nada extraño que de tanto en tanto le sea infiel.

Compatibilidad astrológica: Sagitario, Piscis, Acuario, Aries.

Cristina

El Ángel del agua: Su mirada es envolvente y magnética. Su color es parecido al azul del mar y tiene un vuelo dulce sobre nosotros con un ritmo lento que acompaña a nuestro descanso. Es tan receptivo como el Ángel protector. Si tu conciencia está verdaderamente expandida, el Ángel ayudará a ejercer un control sobre las reacciones físicas, emocionales y mentales.

Personalidad: Tiene una apariencia dura, brusca, rebelde, impaciente e irritable. En el amor es una mezcla de brusquedad, exigencia, intolerancia y posesividad, pasión y celos. En la vida sentimental quiere ser ella quien domine a su pareja y siempre encuentra algún defecto en ella, y lo que es peor, se lo dice, con lo que se complica la vida al exigir lo imposible.

Compatibilidad astrológica: Sagitario, Piscis, Acuario, Aries.

D

Dalia

El Ángel de la profundidad: Permite conocer las profundidades del alma y ayuda a curar las partes más heridas u ocultas y convertirlas en luz. Invóquelo para descifrar los mayores anhelos que a veces por situaciones ajenas a la naturaleza interior, lo alejan del camino correcto. También para convertir los sueños en realidad.

Personalidad: Dalia es emotiva, intuitiva, receptiva y llena de encanto y sensualidad. Bajo una apariencia de superficialidad se esconde una idealista, casi una utópica que busca hallar un sentido a la vida, ya sea tomando partes en asociaciones de carácter social, político, artístico o altruista, o si ello no le es posible, en sueños fantasiosos e imaginarios, o se dirige al mundo de lo oculto y misterioso. A pesar de tener una mente bien organizada, no ha nacido para una vida prosaica y rutinaria.

Compatibilidad astrológica: Aries, Sagitario, Leo, Libra.

Damián

El Ángel de las aventuras: Enseña a darse a si mismo, igual que a los demás, desarrollando la libertad interior para poder recibir del universo. Al contactar el Ángel descubre que las limitaciones y los compromisos son creados por su propio mundo interno y que siempre puede aventurarse a generar y conducir a su alma a situaciones de mayor alegría y gozo donde la vida se convierta en una aventura infinita de experiencias maravillosas.

Personalidad: Damián es serio, estable, ordenado y metódico, trabajador y paciente. Uno de sus fines primordiales es formar un hogar sólido que le sirva de base y punto de apoyo para lanzarse a colmar sus grandes ambiciones, sabiendo de antemano que no le será fácil. Trata de hacer todo lo mejor. Intenta que su hogar sea estable y duradero, pues en esta vida para él lo más importante es el amor, la paz y armonía, los hijos y el incremento del patrimonio familiar.

Compatibilidad astrológica: Libra, Escorpión, Géminis, Tauro.

Daniel

El Ángel de la bondad: Permite conectarte con la parte más inocente y pura del corazón donde se encuentran registrados los valores verdaderos y esenciales que convierten al hombre a la estatura de todas las posibilidades de su propia divinidad. A veces se presenta como una luz blanca que rodea y protege salvándolo de cualquier situación peligrosa que pueda presentarse.

Personalidad: Daniel desea que todo el mundo sea feliz, sociable y comunicativo. Posee una inteligencia ordenada y metódica y una habilidad manual que le permiten solucionar cualquier problema que se le presente. Es muy curioso. Todo le interesa y divierte, lo que le lleva a abordar muchos temas, incluso los relacionados con el mundo de lo extraño. Los que más le atraen son los relacionados con cuestiones sociales, políticas o humanitarias. En el terreno afectivo es dulce y amable. Es exigente y duda mucho antes de encontrar a la mujer de su vida.

Compatibilidad astrológica: Aries, Sagitario, Leo, Libra.

Daniela

El Ángel brillante: Permite reconocer nuevas oportunidades cuando todo se vuelve oscuro y confuso. Ayuda a superar los obstáculos que se presentan en el camino. Colabora para perder el miedo a las relaciones. Enseña a atreverse a realizar todo lo que se desea. Ayuda a creer más en los demás y en nosotros mismos. Permite que aparezca la confianza necesaria para corregir errores, abriendo nuevas oportunidades en la vida.

Personalidad: Daniela es una mujer dinámica que se muestra simpática y acogedora, con un profundo sentido de la justicia y notables deseos de evolución interior. Su hipersensibilidad y tensión interna puede hacerla aparecer a primera vista como reservada e incluso inhibida, aunque con el trato se exterioriza su facilidad comunicativa y su oportunismo en sacar provecho de las circunstancias.

Compatibilidad astrológica: Aries, Escorpión, Libra, Leo.

Danila

El Ángel de los secretos: Brinda las claves para comprender el secreto del corazón y sus maravillas. Es también un Ángel muy curioso, le gusta saber y conocer los secretos de aquel que lo llama. Tiene un sentido del humor muy ocurrente y divertido, porque a veces ayuda a conectar gente muy diferente.

Personalidad: Daniela es una mujer curiosa, inteligente y adaptable que quiere hacerlo todo y ser la mejor, pero cambia con facilidad de uno a otro tema sin llegar al fondo de las cosas. Ama el cambio y la libertad convirtiéndola en algo inestable. Y si, además, añadimos que es temperamental y algo autoritaria, no es de extrañar que sea una feminista convencida, que quiera imponerse en la vida y realizar grandes cosas, aun cuando los resultados casi nunca se ajustan a sus esperanzas.

Compatibilidad astrológica: Géminis, Sagitario, Virgo.

Darío

El Ángel que armoniza: Restablece la armonía, libera tensiones, aplaca el estado activo. Permite ver la solución de los problemas con mayor claridad. Brinda paz espiritual. Genera un campo positivo que pone fin a la tristeza ocasionada por cualquier motivo. Brinda más alegría y ganas de vivir. Ayuda a eliminar la ansiedad. Especialmente indicado para lograr una recuperación rápida, incluyendo problemas afectivos de pareja. Restablece el ánimo, da fuerza, temple y empuje para realizar cualquier tarea que se emprenda.

Personalidad: Darío es tranquilo y reservado. Honesto, estable y voluntarioso, a veces duda de sus capacidades y se muestra intranquilo e inseguro. Le cuesta mucho hacer una vida social dinámica. Prefiere la soledad y resolver sus problemas por sí solo, sin ayuda de nadie. Más racional y práctico que intelectual. En sus decisiones se apoya siempre en la lógica y el sentido común. Y si alguna vez sueña, no tarda en regresar a la realidad. Al desaparecer muchas de sus inhibiciones, es capaz de realizar grandes cosas. La vida sentimental no siempre es fácil para un hombre introvertido y reservado. Desea una familia tranquila y estable.

Compatibilidad astrológica: Acuario, Leo, Libra, Cáncer.

David

El Ángel que da vida: Hace que las fuerzas de la naturaleza ayuden en la generación de nuevos proyectos de trabajo. Permite que surjan brillantes ideas. La excelencia de su función puede usarse en cualquier actividad: investigación, desarrollo de proyectos, renovación de actividades laborales, arquitectura, decoración y remodelación de casas, etc. La conexión con el Ángel genera plenitud emocional. Permite adoptar un sentido nuevo para el trabajo, volviendo a despertar la romántica comunión, creativa o espiritual en las relaciones.

Personalidad: David es un constructor seguro de sí mismo. Debido al valor y la bondad de sus ideas desea ser el mejor en todo y lograr su independencia personal. Tiene capacidad de trabajo, regularidad y paciencia. También siente mucha curiosidad por todas las cosas y necesidad de cambios; esto comporta cierta contradicción con su necesidad de estabilidad. Su capacidad de adaptación es considerable y le permite comportarse de forma efectiva según las circunstancias y sin perder su autodominio. Sentimentalmente busca la estabilidad de un hogar, y una mujer que lo proteja y lo cuide.

Compatibilidad astrológica: Géminis, Sagitario, Virgo.

Débora

El Ángel de las decisiones: Ayuda a tomar contacto con tus necesidades y sentimientos reales y poder comunicarlos a los demás. También a vencer comportamientos que se basen en el desamparo o en la carencia que son sentimientos negativos que no le permite valorar su punto de vista. Gracias a su contacto puede prestar atención a sus deseos y cumplirlos en la medida que sea una fuente positiva de amor hacia si mismo y como reflejo hacia los otros.

Personalidad: Débora es introvertida y cerebral, inquieta y con una cierta reserva instintiva. Es atenta, tierna y receptiva, tiende ante todo a protegerse, a evitar problemas y dificultades, pues siendo muy sensible e impresionable se siente herida con gran facilidad y desea mantener reservada su intimidad e independencia. En la práctica sabe desenvolverse con habilidad para hallar la estabilidad material y anímica que precisa. En el amor es afectuosa, aún cuando le cuesta mucho expresar sus sentimientos y emociones. Puede confiar en una fidelidad de por vida.

Compatibilidad astrológica: Cáncer, Capricornio, Piscis, Tauro.

Delfina

El Ángel que contempla: Ayuda a eliminar todo lo que no es esencial para la vida. Facilita la creación de nuevas condiciones en los momentos oportunos para cambiar. Permite ser más receptivo cuando se necesita. Es un Ángel que genera cambios profundos y las experiencias concretas profundas.

Personalidad: Delfina es equilibrada, agradable, servicial, conciliadora y algo coqueta. Convencida de sus dotes de organización y metódica en la practica, es muy meticulosa en lo que hace y de su persona se desprende una impresión de calma y dulzura. En el amor es sensual, sentimental y todo lo espera del amado; su ideal es la vida en pareja.

Compatibilidad astrológica: Libra, Géminis, Escorpión.

Desirée

El Ángel de la esperanza: Da la energía para mantener un estado de adoración constante al amor eterno del plan divino. Aparta entidades negativas del plano astral personal. Al invocarlo experimentas una alta iluminación espiritual. Es indicado para profesionales o interesados en el mundo espiritual.

Personalidad: Desirée es una mujer que parece inaccesible por su actitud altiva. Nunca pasa desapercibida. Es sensible y emotiva; posee un buen sentido estético y una elegancia natural, y si debe escoger una profesión preferirá las relacionadas con el arte, la moda, la decoración, o similares. Tiene una tendencia a cambiar de amigos, de trabajo e incluso de pareja.

Compatibilidad astrológica: Acuario, Leo, Libra, Cáncer.

Diana

El Ángel de la astucia: Muestra la verdadera capacidad de sostener tu propósito. Permite tener pensamientos más positivos respetando tus necesidades, para cuidarte y aprender a ganar en situaciones del mundo exterior. Abre el camino para evolucionar espiritual, física, mental y emocionalmente. Genera energía y un dinamismo especial pleno de magnetismo.

Personalidad: Diana es muy humana, altruista y muy intuitiva. Puede ser muy sensible y emotiva, ambiciona colaborar activamente en construir un mundo mejor. Tiene inclinaciones místicas y humanitarias. Pero en cualquiera de los dos casos, posee un indudable sentido práctico de la vida e incluso a veces para los negocios. La vida familiar le es imprescindible, es una mujer muy romántica y soñadora y muy maternal.

Compatibilidad astrológica: Cáncer, Capricornio, Piscis, Aries.

Diego

El Ángel del éxito: Para establecer líneas magnéticas entre otras almas. La persona conectada con este Ángel se torna en imán magnético positivo. Puede irradiar su luz para enriquecer a otros; su poder puede manifestarse en distintas formas de curación, arte, creación, amor, etc.

Personalidad: Diego es vital, alerta, hábil, ingenioso y de rápida inteligencia; físicamente es fuerte, resistente y capacitado para el trabajo en equipo o en asociaciones, ya sean políticas o comerciales. Sin embargo, es muy independiente y amante de la aventura. No permite que le coarten su libertad personal. En el amor es apasionado, expuesto a flechazos y locuras, pero la llama amorosa no le dura, pues ignora qué es fidelidad.

Compatibilidad astrológica: Géminis, Sagitario, Virgo.

Dolores

El Ángel de la ofrenda: Brinda concentración, rapidez de reacción, capacidad de comprensión de fenómenos técnicos y conciencia de la responsabilidad. El Ángel siempre responde al solicitar su auxilio porque es protector y armonizador en todo lo referente a las relaciones afectivas. Es imprescindible para todas las personas que deseen tener una efectiva protección.

Personalidad: Dolores es una mujer contradictoria, pues existe una lucha interna entre la autoridad, iniciativa e independencia que busca, y otra parte que es dependiente, oscilando entre el sacrificio o al extremo del egocentrismo. Con la invocación del Ángel todo esto puede armonizarse. En lo sentimental es muy sensible pero no desea parecer vulnerable. En el hogar se revela contra la dependencia. En la vida profesional es activa y logra la satisfacción por sus logros.

Compatibilidad astrológica: Cáncer, Piscis, Acuario, Aries.

Dora

Ángel del equilibrio: Integra las partes oscuras que rechaza de si mismo para aceptar las debilidades y lograr una templanza infinita. Su función es armonizar los sentimientos; emociones profundas y estables que no permiten la evolución del ser real. Para sentir confianza básica en si y también en los demás. Genera sensibilidad combinada con una dosis sana de autoprotección.

Personalidad: Dora es una forma familiar de Dorotea, también de Teodora, Leonora. Su temperamento es franco y directo, impulsivo y autoritario. Posee una extraña mezcla de reserva, autocontrol. Es una mujer constante, posee gran facilidad en asimilar conocimientos y experiencias. Triunfa en el mundo material pues ama el poder y el dinero. En amor es difícil de comprender por sus contradictorios estados emocionales.

Compatibilidad astrológica: Acuario, Leo, Libra, Cáncer.

E

Edgardo

El Ángel de la anunciación: Ayuda a tener una actitud para tomar contacto con el núcleo de poder que existe dentro de su ser y que comparte su vida. Permite sentir el dinamismo esencial de fuerza. Detecta centros energéticos de una persona, intencionalmente o no. Tiene un efecto altamente positivo en cualquier inicio, ya que elimina las trabas y produce bienestar personal en todos los aspectos apenas invocamos su presencia.

Personalidad: Edgardo es un tímido imaginativo que vive más de sueños que de realidades y desea sobresalir creyéndose un ser excepcional. Su mayor peligro es la impaciencia y el fanatismo.

Compatibilidad astrológica: Cáncer, Capricornio, Piscis, Tauro.

Edith

El Ángel que defiende: Invóquelo cuando esté enfermo o para que cuide a otras personas que desea ayudar. Invóquelo cuando sienta que alguien lo está lastimando con sus sentimientos, palabras o pensamientos. Lo más efectivo es enviárselo a esa persona para que sienta su protección, y así no necesite atacar a nadie.

Personalidad: Edith es ordenada, a veces bastante autoritaria en la vida práctica y muy capaz de asumir responsabilidades. Sus mejores cualidades son la paciencia y la capacidad de trabajo. Muy tranquila, reposada y sin prisas. Su objetivo es conseguir la tranquilidad y la estabilidad, de ser posible en la vida conyugal, donde sabe mostrar sus valores como esposa y madre.

Compatibilidad astrológica: Cáncer, Piscis, Tauro.

Eduardo

Ángel guía: Puede tener distintos aspectos. Su energía es de color celeste como construido de algodones y luces celestiales. Su mirada es tierna y muy penetrante. El sonido de su canto es susurro que ayuda a centrarse en su corazón.

Personalidad: Enérgico, viril, combativo y obstinado, pero siempre elegante y distinguido. Eduardo sueña con mandar y dirigir, lograr poder y riqueza, por lo que no soporta la supeditación. Es concreto, práctico, poco intelectual, reservado y deseando ser útil ya sea en la mística, el deporte o la política. Muy estricto, leal, franco y directo. No tolera ni el disimulo ni la falsedad. En el amor es apasionado, exigente, celoso y posesivo, y su brusquedad puede hacerle perder más de una ocasión. Debemos reconocer que en el fondo es tierno y emotivo.

Compatibilidad astrológica: Capricornio, Escorpión, Tauro.

Elena

El Ángel de la intensidad: Brinda energía y seguridad. Aparta entidades negativas del plano astral personal. Al invocarlo experimentará una alta iluminación espiritual. Es indicado para profesionales o interesados que diariamente se encuentren en contacto físico o mental con el mundo espiritual. Permite ser servicial, pero dedicándonos a servir sus impulsos espirituales sobre una base cotidiana concreta.

Personalidad: Elena es una mujer afectuosa y sentimental que busca el amor y la vida en pareja. Puede ser conducida al exceso de cambios y a la superficialidad, por lo que es frecuente que su vida sea inestable. En el amor también es emotiva e inestable, por lo que necesita un hombre que la domine y estabilice, que le dé seguridad.

Compatibilidad astrológica: Libra, Escorpión, Géminis.

Eleonor

El Ángel de la intuición: Permite traducir los signos externos o de la naturaleza en forma de presagios. Crea una fuerza para captar y percibir las señales del entorno aumentando significativamente la videncia y generando una sabiduría especial para saber y dar presagios con alta precisión.

Personalidad: Eleonor es una mujer nacida para seducir, amar y repartir paz, armonía y belleza. Dotada de un espíritu metódico y un gran sentido del detalle, sabe aceptar sus responsabilidades. Se inclina a todo aquello que sea oculto o misterioso. En el amor sabe siempre lo que el otro necesita y lo acciona con éxito.

Compatibilidad astrológica: Escorpión, Géminis, Libra, Tauro.

Eleonora

El Ángel de los deseos: Su alta vibración genera un escudo impenetrable que rechaza todo mal pensamiento, envidia y energía negativa lanzada contra una persona, intencionalmente o no. Tiene un efecto altamente positivo en cualquier inicio, ya que elimina las trabas y produce bienestar personal en todos los órdenes para cumplir todos sus deseos.

Personalidad: Eleonora es reservada y secreta, una introvertida que no para de hacerse preguntas. A veces esté angustiada y otras veces inquieta, pero siempre sobre temas de interés artístico, filosófico, metafísico o espiritual, pues posee un agudo sentido de la justicia y procura respetar los derechos de los demás; sin embargo es muy celosa de su libertad y en los momentos difíciles de la vida, unas veces prefiere doblarse como el bambú y seguir luego como si nada. Y otras se repliega sobre sí misma. Sentimentalmente está llena de sueños quiméricos que muchas veces le impiden concretar su verdadero ideal masculino, lo que puede conducirla a la soledad.

Compatibilidad astrológica: Piscis, Libra, Cáncer.

Elías

El Ángel que escucha: Permite sentir una gran adaptación en el propio ser y en la naturaleza instintiva. Otorga armonización con los sentimientos. Presenta emociones profundas y estables. Provoca sensibilidad combinada con una dosis sana de autoprotección, confianza básica en sí y en los demás. Brinda la habilidad para experimentar y satisfacer las necesidades en su relación, sin pérdida de identidad e independencia.

Personalidad: Es elegante y con gran facilidad para asimilar conocimientos y experiencias. Es adaptable y maleable, pero sabe hacer valer sus ideas con firmeza. Otra de sus cualidades es su sentido de la cooperación y de los negocios, en los que no duda en asociarse cuando lo considera necesario para obtener mejor provecho. A pesar de su gran intuición lo hace pasar todo bajo el tamiz de la lógica y el sentido práctico. Sentimentalmente es muy exigente y perfeccionista. Pide demasiado a su pareja y en él se realiza el adagio de que lo mejor es enemigo de lo bueno, y por buscar lo mejor pierde lo bueno, exponiéndose a quedarse solo.

Compatibilidad astrológica: Cáncer, Capricornio, Tauro.

Élida

El Ángel que defiende: Tiene brazos muy fuertes pero invisibles. Cuando se invoca puede llegar a sentir la protección que daría la sensación de estar viviendo en una fortaleza, seguridad total y tranquilidad. Es como un príncipe guardián de un castillo de luz donde siempre lo cuidan y protegen.

Personalidad: Élida es una mujer activa, enérgica y voluntariosa a quien le gusta mandar y decidir. Sin embargo, a veces su comportamiento resulta desconcertante y algo inestable. En sociedad despliega su rápida inteligencia mostrándose abierta, sociable y muy agradable.

Compatibilidad astrológica: Acuario, Leo, Libra, Cáncer.

Elisa

El Ángel de la integración: Tiene una gran misericordia y está siempre revoloteando cerca de las personas para que todas puedan armonizar. Su canto es muy dulce y permite abrir el corazón a todas las criaturas de la creación. Contactarlo da un gran sentido de la unidad. No hay barreras en su mente. Permite ser dúctil. Adaptable en todas partes sin perder la solemnidad interior.

Personalidad: Elisa es una mujer elegante y adaptable que sabe sacar provecho de todas las circunstancias, tanto en lo positivo como en lo negativo. Su sensibilidad y su sentido de la cooperación son muy acusados ya sea para formar parte de asociaciones profesionales, humanitarias o simplemente lúdicas. A veces trata de evitar responsabilidades y hacerle difícil elegir entre varias soluciones o posibilidades. Su misma emotividad le hace desear el matrimonio o la vida en pareja, pero también es posible que surjan las dudas y vacilaciones y no sepa a quien elegir.

Compatibilidad astrológica: Capricornio, Piscis, Tauro.

Elsa

El Ángel de los viajes: Permite aflorar lo nuevo en la conciencia para lograr una evolución mucho más rápida de su ser interior. Ayuda a percibir intuitivamente cuál será el próximo cambio a vivir. Ayuda a modificar el contexto de la vida permitiendo y dando lugar a experiencias nuevas. Brinda una nueva perspectiva e importancia real de si mismo.

Personalidad: Posee una personalidad fuerte y vigorosa capaz de imponerse sobre los demás. Es ambiciosa y llena de proyectos, de ideas y de sueños, lo que no impide que a veces dude de si vale la pena aceptar sus responsabilidades, pero normalmente sigue adelante.

Compatibilidad astrológica: Cáncer, Capricornio, Piscis.

Eloy

El Ángel del orden: Da un gran sentido de la unidad. Desbloquea la mente para abolir barreras que no permiten pensar con claridad. Su color de la luz es naranja brillante como un Sol y lo puede invocarlo para ver toda la realidad en su integridad común.

Personalidad: Eloy es un enemigo de la monotonía y de la estabilidad. Es dinámico, tenaz, adaptable, buen conversador y con una buena resistencia física. Posee gran capacidad de acción, aun cuando se muestra muy irregular, pues es un curioso al que lo que más le importa en la vida es conocer nuevos paisajes y vivir nuevas experiencias. Vive la vida de instante en instante; por ello, una de sus mejores cualidades es su sentido del humor.

Compatibilidad astrológica: Libra, Escorpión, Géminis, Tauro.

Elvira

El Ángel de la reconciliación: Hace saber que todas las cosas, todos los individuos y todos los acontecimientos son una ayuda en el sendero de la evolución. Le da sentido de la realidad. La vida tiene significado para usted.

Personalidad: Nacida para amar. Seductora, responsable y metódica en la vida práctica, pero quizás excesivamente detallista, aunque de vez en cuando le asalta la tentación de la aventura. Su emotividad y abnegación la conducen muy a menudo a tomar parte en asociaciones que compartan su mismo ideal humanitario o social. En el terreno amoroso es sensual, sentimental y tierna, esperando quizás demasiado de su pareja, lo cual dificulta su elección.

Compatibilidad astrológica: Libra, Escorpión, Géminis, Tauro.

Emmanuel

El Ángel de la presencia: Ayuda a mantener una actitud positiva con las personas que hacemos contacto. Descubre el impacto que provoca en los demás, especialmente en la parte emocional.

Personalidad: Emmanuel es sociable, posee una mente abierta y capaz. También es muy curioso y desea conocerlo todo. Es emotivo y abnegado, idealista y con una religiosidad innata. Desea ser útil a los demás. En el amor es muy romántico. Debe tener en cuenta que la perfección no existe para poder lograr la estabilidad y el amor que tanto necesita.

Compatibilidad astrológica: Aries, Sagitario, Leo, Libra.

Emilia

El Ángel de la belleza: Convierte los pensamientos en inofensivos y claros. Permite tener el corazón libre de cargas negativas y percibir toda la realidad como un plan diseñado con belleza por la divina creación. Genera creatividad en el plano laboral, sobre todo lo relacionado con las artes y lo estético.

Personalidad: Emilia es posesiva, ahorradora, ordenada, metódica y muy cuidadosa con los detalles. Le gusta almacenar y conservar. Es atraída al pasado, la historia y las antigüedades. Su mayor defecto es su falta de comunicación; es necesario adivinar lo que quiere o espera. Se siente frustrada cuando no consigue lo deseado. En el terreno sentimental dado su sentido estético, desea un hogar elegante y confortable rodeado de cosas bellas.

Compatibilidad astrológica: Acuario, Leo, Libra, Cáncer.

Emilio

El Ángel que irradia: Al invocarlo se experimenta una alta iluminación espiritual. Es indicado para aquellos que diariamente se encuentren en contacto físico o mental con el mundo espiritual. Cuando su luz que ilumina el interior, irradia una calidez que incluye o abarca a quienes nos rodean y también les permite brillar como nosotros.

Personalidad: Emilio se impone por su autoridad innata, su aspecto sobrio y reservado y la energía que emana de su persona. A veces es dinámico. Es extrovertido, alegre, optimista y entusiasta. Es independiente, orgulloso, creativo e inspirado. Brillante intelectualmente. Es sociable y capaz de mostrarse inagotable cuando un tema le apasiona. En el amor es contradictorio, puede ser atento y apasionado como reservado y poco expresivo.

Compatibilidad astrológica: Aries, Sagitario, Capricornio, Leo.

Enrique

El Ángel que asiste: Posee una fuerza y energía muy envolvente que se puede manifestar con aura color dorado alrededor de su cabeza. Sus colores predominantes son el rosa, verde agua y celeste. La sensación física que se siente ante su presencia es la misma que el agua tibia que refresca nuestro cuerpo.

Personalidad: Enrique es sensible, emotivo, más bien flemático, soñador e idealista. Aspira a vivir libremente y no es dinámico ni emprendedor. Al ser ordenado y metódico se pierde fácilmente en los detalles. Es muy sensible al ambiente que le rodea, puede pasar de la indolencia o de la pereza a la hiperactividad cuando se siente motivado. Por su sentido de la amistad, adquirirá suficiente carisma y ambición para realizarse y ser capaz de afrontar sus responsabilidades. En el amor es muy afectivo pero suele ser muy dependiente de su pareja.

Compatibilidad astrológica: Cáncer, Capricornio, Piscis, Tauro.

Eric

El Ángel de la devoción: Brinda concentración, rapidez de reacción, capacidad de comprensión de fenómenos técnicos, conciencia de la responsabilidad. Este Ángel es especialmente indicado para encontrar en el centro de su corazón el verdadero sentido de la divinidad que representa.

Personalidad: Eric es muy complejo, pues bajo una apariencia tranquila y sosegada se esconde un hombre muy nervioso, cerebral e intelectual, curioso, crítico. Es analítico y algo escéptico. Mientras interiormente ansía ver, conocer y moverse, exteriormente debe esforzarse y trabajar pacientemente lo cual lo hace más introvertido e indeciso. En el plano sentimental vive contradicciones internas por temor a quedar vulnerable ante su pareja.

Compatibilidad astrológica: Aries, Sagitario, Leo, Libra.

Erica

El Ángel de revelaciones: Tiene como función revelarte desde tu interior, esa verdad se convierte en una parte de ti. Sabes que estás apoyado en una base inquebrantable y que puedes hablar sobre ello con absoluta autoridad y confianza. Él te revela cualquier circunstancia que está oculta por algún motivo para tu información. Puedes llamarlo visualizando una luz blanca brillante que penetra tu ser.

Personalidad: Erica una personalidad muy sólida. Sabe dominar sus emociones y es ambiciosa e individualista buscando desempeñar en la vida un puesto directivo pues es consciente de sus cualidades de método y organización. Es disciplinada y testaruda y no es fácil hacerla variar de opinión ni de proyectos. También sabe ser generosa y abierta cuando es necesario. En el amor busca un hombre ejemplar. En ese caso, ella se comporta de igual manera.

Compatibilidad astrológica: Aries, Sagitario, Capricornio, Leo.

Ernesto

El Ángel del desarrollo: Para cambiar y aprender a crecer, especialmente para limar y modificar todo lo que puede ser muy brillante y divino, y que queremos irradiar. Con su presencia podemos lograr captar energía del cosmos, incentivar la inteligencia, el discernimiento y la comunicación, atraer a fuerzas angélicas y seres de luz para recibir ayuda espiritual.

Personalidad: Ernesto posee muchos deseos de triunfar y es capaz de asumir toda clase de responsabilidades. Es muy trabajador y dispuesto a la cooperación y el trabajo en equipo. Siempre está en la búsqueda de seguridad, tanto afectiva como material. Dependerá mucho más de lo que desearía del medio en que se desenvuelve. Tiene un rico mundo interior y exteriormente será capaz de llevar a término proyectos. Emotivamente es muy ambivalente; unas veces muy dependiente de su pareja y otras se muestra como si no tuviera interés.

Compatibilidad astrológica: Aries, Sagitario, Capricornio, Leo.

Esperanza

El Ángel de los premios: Al acercarse, siente que todas sus células sonríen como soles al mismo tiempo; como si danzaran en forma armoniosa dentro de su ser. Se percibe de color rosa, amarillo o celeste. Los colores pasteles le sientan muy bien, tanto como los brillosos y fosforescentes. Cuando nos canta con su entusiasmo puede levantar hasta una montaña. Puede invocarlo para erradicar toda la tristeza del alma y convertir su vida en una fiesta.

Personalidad: Esperanza es emprendedora, simpática y se interesa por multitud de cosas, tanto en el terreno intelectual como en el creativo. Está más conectada con su realidad interior que con lo social, las amistades o familiares. En el amor es complaciente y muy fiel a su pareja.

Compatibilidad astrológica: Aries, Sagitario, Capricornio, Leo.

Esteban

El Ángel de la estabilidad: Da capacidad de compartir lo que tenemos sin perder la individualidad. Puede llevarnos simultáneamente hacia un estado superior, como a la solidez y a la estabilidad de las relaciones. Tiene la capacidad de resistir y reconstruirse a pesar de las fluctuaciones internas y externas de la vida cotidiana.

Personalidad: Esteban gusta de la aventura y le atrae lo desconocido. Una vez conseguido lo que desea, lo olvida y busca algo nuevo. Es sociable, simpático y siempre dispuesto a cooperar en lo que sea. Necesita sentirse rodeado de gente para sentirse vivo y demostrar su habilidad manual y su facilidad de palabra. Es muy inquieto. Goza de una gran intuición y carisma y puede integrarse en movimientos sociales. En el amor es tierno, sensual, y es un excelente amante.

Compatibilidad astrológica: Géminis, Sagitario, Virgo.

Estela

El Ángel de la variación: Con su invocación posiblemente note mucha más soltura y serenidad. Permite la evolución mucho más rápida en todos los niveles de la vida. Ayuda a percibir intuitivamente cuál será el próximo cambio que vivir y a dirigir nuestras energías sin interferencia de las experiencias pasadas que a veces pueden causar temores y ansiedades.

Personalidad: Sobresale su deseo de aparentar, de realizarse y dirigir su propia vida. En el terreno sentimental se muestra reservada y aparentemente fría, lo que no impide que sea fiel. Es muy exigente y elitista y desea encontrar una pareja que responda a sus exigencias y afinidades intelectuales, culturales o espirituales, por lo que a veces no la encuentra y debe vivir en soledad.

Compatibilidad astrológica: Aries, Sagitario, Capricornio, Leo.

Ester

El Ángel de la gloria: Tiene una fuerza infinita y sin límites. Tiene una clara relación con el amor y el poder divino. Se le invoca para hacer pedidos o solucionar problemas que parezcan imposibles de solucionar. Puede llamarlo para lograr

éxitos económicos, personales o afectivos. También va renovar las partes más insatisfechas de nosotros mismos y podrá
llevarnos a nuevos deseos y cursos de acción para concretar
en la vida.

Personalidad: Ester es segura, escrupulosa y perfeccionista,
ordenada y metódica en cuanto se refiere a las cosas prácticas de la vida. Tiene un buen sentido estético y algo coqueta. A pesar de ser muy celosa de su libertad e independencia, es una mujer nacida para la vida familiar y hogareña. A
veces se muestra dominante y maternal. Teme a la soledad e
incluso a veces puede ser algo depresiva. Las desavenencias
familiares le son muy penosas y difíciles de superar.

Compatibilidad astrológica: Piscis, Libra, Cáncer.

Estrella

El Ángel de la realidad: Aumenta la paz disminuyendo el número e intensidad de discusiones y demás conflictos en los
aspectos de su vida que no trabajan bien. Al invocarlo, se
recicla la energía, se renueva milagrosamente las fuerzas, el
entusiasmo y la confianza. Sus colores pueden ser una combinación de lila y celeste, también irradia amarillo dorado
con su mirada.

Personalidad: Ama el cambio y la libertad, lo que la convierte en algo inestable. Es temperamental y algo autoritaria. Es
una feminista convencida y quiere imponerse en la vida y
realizar grandes cosas, aún cuando los resultados casi nunca
se ajustan a sus esperanzas.

Compatibilidad astrológica: Géminis, Sagitario, Virgo.

Eugenia

El Ángel del amor: Hace reflexionar para que actúe con la verdadera magia en su vida. Trate de ser flexible porque así creará la mejor situación elegida. Enseña a abrir el corazón, y así todas las puertas se abrirán también a su paso. Cuando se conecta sus sonidos son como caricias y sus palabras como oraciones de adoración constante.

Personalidad: Eugenia es una mujer emotiva e incluso abnegada, y su curiosidad se extiende a temas más profundos. En el amor es fiel pero también exigente. Es amante de los detalles y busca un hombre tan perfecto que muchas veces no lo encuentra, o una vez hallado, nunca queda plenamente satisfecha.

Compatibilidad astrológica: Aries, Sagitario, Leo, Libra.

Eugenio

El Ángel de los cielos: Su apariencia es sutil. Se manifiesta por lo general con el color azul intenso y brillante, como el color del cielo al amanecer. Tiene una energía de gran intensidad. Al contacto, da la repentina sensación de un calor fuerte como sangre viva latiendo fuerte dentro del cuerpo.

Personalidad: Cuidadoso de su apariencia física. Es capaz de mostrarse ingenioso, inteligente y comunicativo. Es apreciado por quienes lo tratan. Si algún defecto podemos señalar, es el de la dispersión, pues a pesar de su aptitud para asumir responsabilidades, ser ordenado y metódico, pierde su curiosidad y no termina lo que empieza. En el terreno sentimental es un experto seductor, lo cual le facilita sus conquistas.

Compatibilidad astrológica: Libra, Escorpión, Tauro.

Eva

El Ángel de la receptividad: Permite ser creativos para dar forma a la inspiración y verificar las percepciones con los demás y con las fuentes del guía interior para evitar engaños. Abre el corazón para responder a los demás con compasión sin alentar un estado de dependencia.

Personalidad: Eva es elegante. Sabe hacer valer sus derechos y sus opiniones con suavidad y diplomacia. Si así no lo consigue, saca a relucir su firmeza. Es muy amante de la paz. Es organizada lo que le permite sacar provecho de las enseñanzas de la vida. En el amor es sumamente intrigante y auto centrada en sí misma; su pareja puede sentirla ausente.

Compatibilidad astrológica: Cáncer, Capricornio, Piscis, Tauro.

Evelina

El Ángel de la ternura: Confíe todas sus heridas a éste ángel y sentirá que su energía se expande. Se siente mágicamente tocado por el amor infinito. Brinda misericordia, receptividad y sensibilidad ante las necesidades de los demás.

Personalidad: Se trata de una mujer ordenada y metódica en las cosas prácticas de la vida y muy capaz de asumir responsabilidades, siendo sus mejores cualidades la paciencia y la capacidad de trabajo. Muy tranquila, reposada y sin prisas, su meta es conseguir la tranquilidad y la estabilidad. En la vida conyugal, demuestra su valor como esposa y madre.

Compatibilidad astrológica: Libra, Escorpión, Tauro.

Ezequiel

El Ángel de las profecías: Abre un canal y conexión para una mejor y mayor comunicación con lo trascendente. Brinda energía y seguridad. Aparta entidades negativas del plano astral personal. Al invocarlo experimentas una alta iluminación espiritual. Es indicado para aquellos que diariamente se encuentren en contacto físico o mental con el mundo espiritual. Permite ser serviciales desde un punto de vista espiritual.

Personalidad: Ezequiel aspira a vivir libremente. Tiene grandes proyectos y aunque gusta del cambio, necesita un marco de seguridad para sus acciones. Es generoso y muy seguro de sí mismo. Es valiente y compasivo con sus ideas que defiende en momentos difíciles son su capacidad de reacción y comunicación. En el amor puede ser muy posesivo y trata de no mostrar sus sentimientos.

Compatibilidad astrológica: Acuario, Leo, Libra, Cáncer.

F

Fabián

El Ángel de la retribución: Provee toda la actividad para que la evolución espiritual sea abundante, y tome la acción correcta en el amor, en las posesiones y el poder divino. El Ángel nos ayuda y puede liberarnos de las exigencias negativas del pasado o del presente. Permite desarrollarnos internamente, al igual que otorga capacidad para auto abastecernos.

Personalidad: En Fabián no existe dualidad. Es ordenado, metódico y muy afectivo. Sabe tomar en serio sus responsabilidades y obligaciones, y cumplirlas esforzadamente y con mucha paciencia. Tarde o temprano se ubica en una situación ideal. El entorno familiar crea satisfacción. Necesita sentirse rodeado de paz, amor y tranquilidad para mostrarse un esposo y padre modelo.

Compatibilidad astrológica: Libra, Escorpio, Géminis, Tauro.

Fabiana

El Ángel de la destreza: Brinda un orden cósmico con sabiduría y precisión. Favorece el equilibrio interno, la integridad y la salud. Se adquiere un mayor sentido para crear honestidad. Genera un impulso de disciplina y un espíritu de ser pioneros o primeros creadores ya sea de un trabajo o de un talento. Brinda un sentido de innovación o reforma de las circunstancias presentes y una mejor calidad de vida para la evolución espiritual.

Personalidad: Fabiana es inquieta y nerviosa, y al dudar de sí misma y de los demás, quiere saber las razones. En el amor es muy tímida y una romántica que sueña demasiado. Por eso a veces termina sintiéndose incomprendida y desilusionada.

Compatibilidad astrológica: Piscis, Libra, Cáncer.

Fabio

El Ángel de la habilidad: Tiene todos los colores y posee todas las formas. Aparece aunque no se invoque. Su belleza irradia sonidos celestiales. Tiene una sabiduría increíble. Permite descubrir que las estructuras que hasta ahora ha vivido son más abiertas de lo imaginado, y que es capaz de funcionar con independencia dentro de las posibilidades que ha elegido.

Personalidad: Fabio es un hombre reflexivo, sensible, algo místico y contemplativo. También puede ser dinámico, impulsivo y amante del poder y la riqueza cuando está seguro de sí mismo. En su vida se manifiestan contradicciones entre ambas tendencias. Puede pasar de una actividad frenética, ya sea en los negocios, la política o el deporte, a una actividad de investigación mística, metafísica o artística. Siempre es enérgico y obstinado, imaginativo y rápido. Es un hombre justo que desea evolucionar y superarse teniendo muy claro cuáles son tus derechos y deberes.

Compatibilidad astrológica: Piscis, Libra, Cáncer.

Fabiola

El Ángel de las capacidades: Ayuda a interpretar todas las experiencias de la vida como oportunidades para aprender y realizar una expansión en todo nivel. Es auto consciente, inteligente y práctico. Libera al individuo de las actitudes, conductas o acciones ajenas.

Personalidad: Fabiola es un ser excepcional y posee una fuerte personalidad. Es altruista, tiene una intuición desarrollada y una gran sensibilidad a la que se une un lado místico y abnegado. Sueña con promover un mundo. Siendo abnegada y soñadora, despierta las válvulas de escape que le permiten controlar su excesiva sensibilidad, delicadeza emocional y su dependencia. Sentimentalmente es una romántica afectuosa y maternal. Vive para entregarse a sus seres queridos, aun cuando a veces se sienta desilusionada ante la cruda realidad de la vida.

Compatibilidad astrológica: Cáncer, Tauro, Capricornio.

Facundo

El Ángel del comienzo: Hace que las fuerzas de la naturaleza ayuden en la generación de nuevos proyectos de trabajo. Permite que surjan brillantes ideas. La excelencia puede usarse en cualquier actividad investigativa, desarrollo de proyectos, renovación de actividades laborales, arquitectura, decoración y remodelación de casas, etc.

Personalidad: Facundo posee rápida inteligencia, es hábil y adaptable. Cuando se lo propone es capaz de destacarse en cualquier profesión relacionada con la comunicación, la expresión y la creación —en el arte, la literatura, la música o el teatro—. En el terreno sentimental es afectuoso tierno y paternal, pero también sensual y amante de los placeres.

Compatibilidad astrológica: Sagitario, Piscis, Acuario, Aries.

Federico

El Ángel de los logros: Establece líneas magnéticas entre corazones. La presencia de la persona conectada se vuelve como un imán positivo. La energía comienza a entrar en un proceso de asimilación, y después de lograr la fusión, se irradia para enriquecer a los demás en distintas formas de curación, talentos, creación, amor, etc.

Personalidad: Federico es un hombre ambicioso y algo desconfiado. Es muy reservado con las personas y no otorga su confianza hasta conocerlas a fondo. Su mentalidad es excelente y es ordenado y metódico en todas tus cosas. Puede tener dos tendencias, una conservadora, ordenada y estable, y otra expansiva, ambiciosa y adaptable. Por lo cual no es de extrañar que tras un período de estabilidad sienta el impulso de cambios y novedades. Sentimentalmente es celoso y posesivo.

Compatibilidad astrológica: Acuario, Leo, Libra, Cáncer.

Federica

El Ángel de la fortuna: Con su invocación puede disfrutar de sorpresas agradables, incluso en el plano económico. Permite aumentar la capacidad para actuar, para conducir más allá de sus propios recursos y alienta niveles altamente desarrollados de interdependencia personal. Es indicado para emprender los grandes cambios positivos, sobre todo los relacionados con la casa y en el trabajo y la planificación de nuevos proyectos y creatividad profesional.

Personalidad: Federica le encanta los cambios y nuevas experiencias. Su sentido de la estabilidad, la necesidad de una vida interior y una búsqueda más espiritual, le ocasionan inesperados cambios de humor y de conducta, pasando de la exaltación y el entusiasmo a la pasividad. Presenta dudas y vacilaciones. En el amor se muestra sentimental y maternal.

Compatibilidad astrológica: Piscis, Libra, Cáncer.

Fedora

El Ángel de la unión: Ayuda a limpiar, purificar y remover del plano astral personal toda energía negativa, ya sea propia, del medio ambiente, de otras personas, de influencias negativas de objetos y de trabajos malignos. Recarga instantáneamente de buena energía.

Personalidad: Es extrovertida, afectiva y emotiva, y necesita gustar, agradar, comunicarse y tener amistades. En el amor es sentimental y romántica, buscando al príncipe encantador que la colme de felicidad, lo que puede ocasionarle más de una desilusión.

Compatibilidad astrológica: Géminis, Escorpión, Tauro.

Felipe

El Ángel de la firmeza: Debido a su alta vibración, genera un escudo impenetrable que rechaza todo mal pensamiento, envidia y energía negativa girada contra una persona, intencionalmente o no. Tiene un efecto altamente positivo en cualquier inicio, ya que elimina las trabas y produce bienestar personal en todos los órdenes.

Personalidad: Su sensibilidad y su emotividad son intensas y es capaz de actos generosos. Las dificultades le estimulan. A pesar de su fuerte individualismo, necesita de los demás para poder realizarse y sentirse superior. Toma parte en asociaciones. En el amor es apasionado y celoso, y a pesar de su egocentrismo es atento y desea complacer a su pareja.

Compatibilidad astrológica: Aries, Sagitario, Leo, Libra.

Félix

El Ángel de la imaginación: Ayudar a convertir las imágenes de todos los días en situaciones agradables para aprender a conocerce mejor. Es un gran director de creaciones. Invóquelo para conocer las profundidades del alma y para ayudar a curar las partess más heridas u ocultas y convertirlas en luz.

Personalidad: Félix es activo, dinámico, seductor, alegre e incluso superficial. Algunas veces es inestable y enemigo de toda clase de sujeciones. Ama la libertad, el cambio de acción y la aventura, pero posee otra faceta aparentemente opuesta y mucho más seria. Gusta del estudio, es adaptable y tiene capacidad de destacarse en cualquier actividad creativa, artística, o relacionada con los medios de comunicación.

Compatibilidad astrológica: Sagitario, Piscis, Acuario, Aries.

Felisa

El ángel de la superación: Para vencer la indecisión y escoger una línea de acción correcta en la vida. Permite un contacto con sus necesidades y deseos más profundos. Ayuda a tomar la iniciativa, actuar por su propia cuenta y encontrar placer en todas las actividades que realice. También ayuda de no depender de los demás para obtener satisfacción en cada ocasión.

Personalidad: Felisa es enérgica y emprendedora. Reservada y sólida, muy segura de sí misma. Desea conseguir poder y riqueza, y aunque a veces pueda dudar de sus capacidades, reacciona inmediatamente haciendo frente a las circunstancias. Por esto necesita motivarse y entregarse plenamente a una empresa donde pueda mostrarse práctica, eficaz, bien organizada y dotada para el trabajo en equipo. En el amor es afectiva y tierna y muy fiel consejera.

Compatibilidad astrológica: Capricornio, Escorpión, Tauro.

Fernán

El Ángel de lo original: Permite aflorar lo original en la conciencia para que podamos lograr una evolución mucho más rápida de nuestro ser interior. Dirige las energías sin interferencia de las experiencias pasadas que a veces pueden causarnos temores y ansiedades.

Personalidad: Fernán es ordenado y metódico, pero tiene cambios bruscos de personalidad. Eso lo muestra en su trabajo o amistades, pudiendo pasar repentinamente de amable y agradable a irritable. Es agresivo e incluso violento. Los sentimientos ocupan un lugar preferente en su vida, siendo quizás aquí donde es más estable. Desea dirigir y poner reglas en su familia.

Compatibilidad astrológica: Géminis, Sagitario, Virgo.

Fernanda

El Ángel de la intuición: La conexión con este Ángel es un proceso de alineación puesta en contacto con la usina de energía. Expande la conciencia y el registro correcto de las ideas que llegan desde la mente superior, o incluso desde los niveles de la intuición.

Personalidad: Fernanda es una mujer compleja y contradictoria. Tiene etapas donde necesita mezclarse con la gente, y otras donde necesita reflexionar, meditar y especular sobre temas trascendentales. En el trabajo es activa y eficiente, pero muy irregular, dependiendo mucho de las circunstancias y de su estado de ánimo. En el terreno sentimental se muestra reservada y aparentemente fría. Desea una pareja que responda a tus exigencias.

Compatibilidad astrológica: Aries, Sagitario, Capricornio, Leo.

Fernando

El Ángel de la sagacidad: Permite estar alerta a las necesidades de los demás, expresarse con tacto, cooperar con facilidad sin salirte de balance. Al expresar constructivamente la energía, tendrá conciencia de sus valores y prioridades y actuará para satisfacer sus deseos más profundos en lugar de convertirse en un esclavo de fugaces impulsos. Ayuda a materializar todos los propósitos.

Personalidad: Fernando es astuto y de una inteligencia aguda y penetrante que pueda aplicarla tanto a la vida competitiva y profesional, a la reflexión y la meditación, como a la búsqueda de los orígenes del más allá de la vida terrenal. Tiene una gran necesidad interna de cambio que si lo intenta, transforma lo que había creado sin destruir lo que ha conseguido. En el terreno sentimental puede ser cariñoso y afectuoso, y al mismo tiempo muy variable.

Compatibilidad astrológica: Piscis, Libra, Cáncer.

Fidel

El Ángel de la admiración: Su presencia genera admiración y amor espontáneo hacia los demás seres de la creación. Su penetrante visión interior capacita para experimentar una intensa y profunda vivencia en cada situación positiva. Con esta energía puede organizar su sistema de valores para poder apreciar todo lo real y esencial en la vida. Brinda capacidad para establecer contacto armónico y fluido con todo tipo de personas.

Personalidad: Fidel es tranquilo y calmado. Se encierra en sí mismo o se escapa de la realidad en sueños fantasiosos gracias a su poderosa imaginación. Es idealista y amante del poder. Posee un fuerte sentido social y sabe mostrarse cordial, caritativo y abnegado. A veces introvertido y reflexivo y otras extrovertido, entusiasta y emprendedor, puede desconcertar por su carácter ciclotímico. Él necesita vivir ambas facetas de su personalidad.

Compatibilidad astrológica: Aries, Sagitario, Leo, Libra.

Flavia

El Ángel de las creencias: Puede ayudarlo a lograr sus metas y a emplear su tiempo y energías con excelentes resultados finales. En caso de tener algún problema físico es importante repetir el nombre del Ángel mentalmente y elevarlo para ayudarle a tener esperanza y combatir la enfermedad.

Personalidad: Es una mujer discreta y algo misteriosa, quizás por su apariencia fría y distante. Es emotiva e hipersensible, y procura ocultar su fragilidad bajo una apariencia irónica y escéptica. Es inquieta y nerviosa, y al dudar de sí misma y de

los demás, quiere saber las razones. En el amor es una romántica y desea tener una pareja muy fiel.

Compatibilidad astrológica: Piscis, Libra, Cáncer.

Flavio

El Ángel de la exaltación: Puede percibirlo de color rosa, amarillo o celeste. Los colores pasteles le sientan muy bien, así
como los brillosos y fosforescentes. Cuando nos canta con
su entusiasmo puede levantar hasta una montaña. Puede invocarlo para erradicar toda la tristeza del alma y convertir la
vida en una fiesta.

Personalidad: Flavio aspira a vivir libremente. Sueña con
grandes proyectos y le gusta el cambio. Es seguro de sí mismo, de su valor y de la bondad de sus ideas que defiende a
todo trance apoyado en su poderosa imaginación y capacidad de reacción y diálogo. En el terreno sentimental le
cuesta decidirse; no expresa muy bien los afectos y sentimientos. Nunca rechaza las responsabilidades.

Compatibilidad astrológica: Acuario, Leo, Libra, Cáncer.

Flora

El Ángel de la apertura: Enseña a tolerar los sentimientos negativos para poder afrontar cualquier perdida en la vida, ya
sea física o emocional. Ayuda a liberar y a manejar las crisis
que pueden surgir sin rendirnos ni abatirnos. Aquí se establece la diferencia entre ganar y nunca perder.

Personalidad: Flora es activa, voluntariosa, autoritaria y muy
independiente. Es humanitaria, reservada, sensible y vulnerable. Ante las contrariedades de la vida se repliega en sí

misma o se protege bajo una coraza de dureza. Puede mostrarse egocéntrica y arrogante, y siempre está dispuesta cuando se le necesita. En ella existe una mezcla de egocentrismo y altruismo. Lucha por triunfar en el mundo material. Es franca en el amor.

Compatibilidad astrológica: Aries, Sagitario, Leo, Libra.

Florencia

El Ángel de los registros: Permite mayor concentración, rapidez de reacción y capacidad de comprensión de la realidad. Aprovecha las posibilidades que se presentan y enriquece el caudal de conocimiento según los recursos con conciencia de responsabilidad.

Personalidad: Florencia es trabajadora y paciente, deseando ser útil tanto a quienes lo necesiten como formando parte de asociaciones con fines espirituales. Es una mujer profunda y tímida y dotada de elevadas cualidades morales. Es introvertida. No teme la soledad prefiriendo tener pocos amigos pero de calidad. No quiere que los demás se den cuenta de su vulnerabilidad, prefiriendo ser ella misma quien solucione tus problemas. En el amor prefiere estar sola, antes de elegir la pareja equivocada.

Compatibilidad astrológica: Acuario, Leo, Libra, Cáncer.

Florinda

El Ángel de la simpleza: Su presencia es maravillosa. Da la sensación de estar cubierto y protegido por su energía infinita. Su energía irradia una luz verde esmeralda brillante que es el color de la curación y de la intuición. Su voz es melodiosa y armoniosa, y repara con amor infinito todo lo que necesitamos, aún aquello que no percibimos conscientemente.

Personalidad: Florinda posee total interés por los demás y puede tomar parte en asociaciones humanitarias o sociales. Por momentos puede ser muy egocéntrica, y eso puede impulsarla a dejarse llevar por las circunstancias sin implicarse directamente. Otra tendencia negativa puede ser encerrarse en sí misma y no comunicar los problemas. Es imprevisible según cuál sea la tendencia que domine en aquel momento. Sólo el amor y el matrimonio son capaces de proporcionarle la tranquilidad y estabilidad.

Compatibilidad astrológica: Aries, Sagitario, Leo, Libra.

Franca

El Ángel restaurador: Permite restablecer la armonía física en forma natural y progresiva. Libera tensiones, aplaca el estado agresivo permitiendo entender profundamente la verdad más allá de la injusticia humana. Permite ver la solución a los problemas con mayor claridad. Brinda paz espiritual.

Personalidad: Enérgica, autoritaria y egocéntrica. Es prudente e independiente. Se deja llevar por los acontecimientos cuando no puede dominarlos. Es analítica y concreta. Su carácter es fuerte y a veces explosivo. Puede considerarse como un modelo de ama de casa. Tiene la necesidad de admirar a su pareja, pero también de dominarlo.

Compatibilidad astrológica: Capricornio, Aries, Escorpión.

Francisco

El Ángel de la igualdad: El contacto con el Ángel permite concentrar las energías para manifestar la verdadera naturaleza de su vida. Revela su dirección y proporciona unicidad en las metas. Es posible realizar acciones constructivas cotidianamente y de experimentar la integración de la personalidad. Permite pensar y comunicarse de un modo más efectivo y duradero.

Personalidad: Posee una fuerte individualidad y sentido de la independencia. Gusta de mandar y dirigir. Tiene la capacidad y ambición para triunfar. Tiene una dualidad interna entre la extroversión, el dinamismo y el autoritarismo. En el amor también es extremadamente posesivo, apasionado y celoso, y a veces demasiado independiente para aceptar atarse con los vínculos matrimoniales.

Compatibilidad astrológica: Aries, Sagitario, Capricornio, Leo.

Francisca

El Ángel del desarrollo: Ayuda y canaliza la energía para establecer hacia dónde se dirige. Siempre está en el camino correcto para evolucionar más allá de las circunstancias externas. Así llega la comprensión y la integración del yo interior con un sentido de agradecimiento hacia la evolución superior.

Personalidad: Francisca es muy emotiva y sensible e intenta ocultar al máximo sus emociones. Se muestra desconfiada, susceptible y escéptica. No cree en la suerte y por ello se excede en el trabajo donde se muestra detallista, perfeccionista y voluntariosa. Es reflexiva, prudente, egocéntrica y con un gran sentido de la economía. Es una mujer estricta y de principios. En la vida sentimental es muy posesiva aunque no lo demuestre con un cierto aire de ausencia.

Compatibilidad astrológica: Acuario, Leo, Libra, Cáncer.

Franco

El Ángel de la potencia: Puedes llamarlo para cuando sientas dudas, inseguridades, para ser más eficaz en desarrollar una actividad, también para ayudar a curar o a conocer el verdadero poder interior. También nos da fuerza espiritual en todos los momentos que sentimos que atravesamos situaciones difíciles debido al estrés, la tensión o problemas físicos.

Personalidad: Franco es un hombre curioso, alerta, con los nervios a flor de piel. Es muy hábil, ingenioso y de rápida inteligencia. Posee una buena resistencia física y está bien capacitado para el trabajo de equipo. Sin embargo es amante de la aventura y muy independiente. Tiene dificultades para terminar lo que comienza. En el amor es muy exigente con su pareja.

Compatibilidad astrológica: Géminis, Sagitario, Virgo.

G

Gabina

El Ángel de los momentos: Brinda el verdadero valor de entrega a si mismo y a los demás. Enseña que usted es amor, sabiduría, plenitud y poder en crecimiento, y ayuda a la evolución interior.

Personalidad: Gabina es muy compleja. Bajo una apariencia tranquila, sosegada y autoritaria, se esconde una mujer nerviosa, cerebral, curiosa, crítica, analítica y algo escéptica. Sentimentalmente experimenta las mismas contradicciones internas. Aún cuando se siente atraída por los cambios y aventuras, su necesidad de estabilidad le impide lanzarse a ellas. En resumen, entre querer y temer a su pareja, nunca sabrá a qué atenerse.

Compatibilidad astrológica: Piscis, Libra, Cáncer.

Gabriel

El Ángel del compromiso: Podrá manejar con eficiencia y apreciar los múltiples detalles de la vida cotidiana. Logrará tener sentido de la perspectiva, conciencia de las prioridades y un propósito existencial que le permitan percibirlo todo en su lugar adecuado. La capacidad de establecer contacto con diversas clases de personas, la amplia gama de habilidades prácticas y la amplitud de tus conocimientos contribuirán a darte una versatilidad que no vaya en mengua de la profundidad, al poseer la disciplina mental necesaria para concentrarte en una cosa por vez y llegar a dominarla antes de pasar a la siguiente.

Personalidad: Gabriel es trabajador y amante del detalle. Es un excelente profesional dotado de mucha paciencia y más inclinado a las actividades creativas que a las simplemente manuales. Confía en lograr una situación reconocida. Es determinado, estable, serio y puede asumir cargos de responsabilidad. En el amor es muy exigente pues necesita admirar y respetar a su pareja. Es un padre muy protector.

Compatibilidad astrológica: Aries, Sagitario, Capricornio, Leo.

Gabriela

El Ángel de la comunicación: Libera su espíritu que, al unirse con otros Ángeles, forman un canal para transportar al Cielo las oraciones, agradecimientos y pedidos de las personas. Este Ángel tiene un alto poder vivificante sobre el entorno. Ayuda al crecimiento de los vegetales y contribuye benéficamente a la salud de animales y hombres desde el plano espiritual.

Personalidad: Gabriela es seria, tranquila, estable, sensible y emotiva. Se muestra reservada y algo inhibida. Su capacidad de trabajo es grande, pero le gusta llevarlo a cabo a su manera. Se capacita para cualquier forma de trabajo, negocio o estudios. Es conciliadora y amante del trabajo en equipo. Aún cuando parece rígida y distante, se puede confiar en ella. Sentimentalmente es tímida y púdica. Procura dominar sus sentimientos y emociones, por lo que nunca da el primer paso. Cuando acepta unirse, es una compañera fiel, segura y buena madre de familia.

Compatibilidad astrológica: Cáncer, Capricornio, Piscis, Tauro.

Gala

El Ángel del esplendor: Logra que sus pensamientos se vuelvan inofensivos. Hace sentir amor hacia todos los seres y genera sentimientos de armonía y altruismo. Deja el corazón libre de cargas negativas. Percibe toda la realidad como un plan diseñado con belleza por la divina creación. Genera creatividad, sobre el plano laboral, en lo relacionado con las artes, especialmente con lo estético.

Personalidad: Gala es tranquila, paciente y encerrada en sí misma. A su vez es más difícil de comprenderla debido a su doble naturaleza. A veces se muestra estudiosa, hábil, comunicativa y muy adaptable mientras que otras veces se muestra seria, trabajadora y paciente. Es consciente de que el éxito sólo se alcanza gracias al esfuerzo personal. En el terreno afectivo es más materialista que sentimental, y lo que busca en el matrimonio es, ante todo, la seguridad y la estabilidad.

Compatibilidad astrológica: Sagitario, Piscis, Acuario.

Gaspar

El Ángel que acompaña: Es un Ángel maravilloso y se manifiesta en muchas formas. Como miles de mariposas, sus colores nunca nadie los ha podido pintar o describir. Su vuelo es directo pero no demasiado veloz. Puede posarse por encima de un niño, como de cualquier persona que lo necesite. Tiene el don de comunicar y abrir el corazón para sentir el amor desinteresado que crea la amistad. Es también un Ángel muy curioso; le gusta saber y conocer los secretos de quienes lo invocan. Tiene un sentido del humor muy ocurrente y divertido y a veces ayuda a conectar gente muy diferente.

Personalidad: Sentimentalmente Gaspar es servicial, atento, y en busca de una pareja parecida o afín a su personalidad. Es emotivo e intuitivo, y su timidez le hace depender de los demás. Es cooperador y muy buen negociante. Necesita la aprobación de los demás en todos los niveles de su vida.

Compatibilidad astrológica: Cáncer, Capricornio, Piscis.

Georgina

El Ángel de los gozos: Al acercarse sentirá que todas sus células sonríen como soles al mismo tiempo, como si danzaran en forma armoniosa dentro de su ser. Su color es rosa, amarillo o celeste. Los colores pasteles le sientan muy bien, tanto como los brillosos y fosforescentes. Cuando nos canta con su entusiasmo puede levantar hasta una montaña. Invóquelo para erradicar toda la tristeza del alma y convertir su vida en una fiesta.

Personalidad: Georgina es enigmática y algo paradójica. Es tímida y reservada y a veces se muestra inquieta y nerviosa. Duda de sus propias capacidades y calcula el pro y el contra de las cosas antes de decidirse. Se repliega en sí misma al menor contratiempo.

Compatibilidad astrológica: Piscis, Libra, Cáncer.

Gerardo

El Ángel del honor: Provee concentración, rapidez de reacción, capacidad de comprensión de fenómenos técnicos, conciencia de la responsabilidad. El Ángel siempre responde al solicitar su auxilio en la dificultad. Inspira y enseña el verdadero sentido de ser honorable. Bendice con vida abundante.

Personalidad: Gerardo tiene un espíritu luchador y con ideas claras y de gran ambición. Necesita ejecutar su realización a través del trabajo en el que se muestra paciente y esforzado. Puede ser franco, directo y a veces hasta agresivo. Cuando debe tomar una decisión importante lo hace sin vacilar y se crece ante las dificultades. En el amor puede ser romántico, de repente brusco pero en general protector.

Compatibilidad astrológica: Capricornio, Tauro, Escorpión, Acuario.

Germán

El Ángel de convicción: Revela la maestría interior cada vez de una forma mejor y más perfecta. Brinda creatividad, intuición, sensibilidad, confianza en si mismo, entendimiento y perseverancia para lograr los objetivos propuestos.

Personalidad: En general Germán puede ser autoritario y equilibrado, ordenado en las cosas prácticas de la vida. Tiene exito, posee una intensa vida interior y una capacidad de reflexión y análisis que le permiten adaptarse con éxito a las circunstancias más diversas. Si se siente estimulado puede realizar grandes cosas, aun cuando deba superar bastantes dificultades. En el terreno sentimental es muy romántico y sensual.

Compatibilidad astrológica: Libra, Tauro, Escorpión.

Gina

El Ángel de la perseverancia: Cultiva la paciencia y la conciencia de la oportunidad, y podrá llevar a término la mayoría de las cosas que se propone. Al mismo tiempo, la conciencia de cuáles son las necesidades que requieren satisfacción inmediata impedirá comprometerse en demasiadas actividades que exijan un esfuerzo constante durante un tiempo prolongado. Su vida seguirá siendo interesante cuando haya aprendido a moderar y controlar la energía, porque estará haciendo lo que realmente es importante para y experimentará la realización de muchos logros.

Personalidad: Gina se destaca en actividades creativas o relacionadas con la expresión o la comunicación en su profesión. Tiene gran sentido del deber. Le gusta figurar y ocupar los primeros lugares, apreciando el lujo y los honores. En el terreno sentimental necesita una pareja con cierto reconocimiento social o económico.

Compatibilidad astrológica: Acuario, Leo, Libra, Cáncer.

Gisela

El Ángel de la certeza: Permite entender que cuando una situación comienza a provocar incertidumbre o insatisfacción, es la manifestación de algún mecanismo viejo o negativo con deseos de cambio. Invóquelo para reciclar su energía. Todo lo que se considere perdido puede milagrosamente renovarse con fuerza, entusiasmo, confianza y apertura mental.

Personalidad: Gisela es una mujer llena de encanto y magnetismo, inteligente y con facilidad de palabra. Profesionalmente se inclina tanto por el arte como por las actividades de tipo humanitarias como la psicología o filosofía. En el amor crea conflictos permanentes porque le cuesta comprender que debe primero alimentar el amor a sí misma.

Compatibilidad astrológica: Aries, Sagitario, Leo, Libra.

Gladys

El Ángel de la victoria: Triunfa sobre toda limitación. La energía entra en un proceso de asimilación y fusión, y podemos irradiarla para enriquecer a otros en distintas formas de curación, talentos, creación, amor, etc. Se produce el despertar de nuevas energías que hacen descender la inspiración constante y la luz. Los niveles físico, emocional y mental se integran en una coherencia total a todo el universo.

Personalidad: Gladys es reservada y secreta. Es introvertida y no para de hacerse preguntas. Cuando está angustiada e inquieta sobre temas afectivos se siente impotente. Procura respetar los derechos de los demás. Es muy celosa en el aspecto sentimental.

Compatibilidad astrológica: Piscis, Libra, Cáncer.

Glenda

El Ángel de la transparencia: Fomenta una mayor comunicación con lo trascendente. Brinda energía y seguridad. Aparta entidades negativas del plano astral personal. Al invocarlo se experimenta una alta transparencia espiritual. Es indicado para quienes diariamente están en contacto físico o mental con el mundo espiritual.

Personalidad: Glenda es discreta y algo misteriosa, quizás por aparecer fría y distante. Es emotiva e hipersensible. Procura ocultar su fragilidad bajo una apariencia irónica y escéptica. Es inquieta y nerviosa, y dudando de sí misma y de los demás, quiere saber las razones. En el amor es una romántica que sueña demasiado. Se desilusiona con facilidad.

Compatibilidad astrológica: Piscis, Libra, Cáncer.

Gloria

El Ángel de la resurrección: Brinda la capacidad de convivir con las partes más vulnerables superando los temores y sin limitaciones. Busca lo que necesita y desea, y siente una fuerza donde el impedimento no existe ni en el plano interior ni exterior. Genera una gran capacidad de riesgo y poder. Enseña a tolerar los sentimientos negativos para poder afrontar cualquier pérdida en la vida, ya sea física o emocional. Ayuda a enfrentar y manejar las crisis sin rendirnos ni abatirnos. Con su contacto aprende la diferencia entre ganar y en nunca perder.

Personalidad: Es una mujer que se puede destacar en todos los niveles. Emana autoridad innata. Es extrovertida, tiene gran capacidad de trabajo aun cuando sea inestable a causa de su carácter impulsivo. Es independiente, orgullosa, creativa e inspirada. Brillante intelectualmente, es sociable y capaz de mostrarse inagotable cuando un tema le apasiona. En el amor es atenta y apasionada como reservada y expresiva.

Compatibilidad astrológica: Aries, Sagitario, Capricornio.

Gracia

El Ángel que bendice: Muestra el sendero en la oscuridad tanto como en la luz. Ayuda a superar las limitaciones, convirtiendo la vida en una bendición. Él estará a su lado en todas las dificultades.

Personalidad: Gracia es dulce, agradable y con un gran dinamismo interno. Es prudente, hipersensible y algo introvertida. Esconde su energía y capacidad de iniciativa en un aspecto soñador. Es receptiva y algo mística. Se interesa por los aspectos humanitarios y los movimientos de fraternidad universal en los que es capaz de realizar una gran labor. Es una mujer a la que hay que tratar con afecto pues es muy vulnerable en el terreno amoroso. Sólo se sentirá realizada dentro de la vida familiar.

Compatibilidad astrológica: Acuario, Leo, Libra, Cáncer.

Graciela

El Ángel de la seguridad: Purifica todo tipo de objetos sagrados de la casa o de la persona, que han sido expuestos a la absorción de energías nocivas. Es un Ángel protector y armonizador en todo lo referente a las relaciones afectivas. Es imprescindible para cualquier operador y para todas las personas que deseen tener una efectiva protección.

Personalidad: Graciela es una mujer celosa de su independencia, sabe respetar los derechos de los demás. Externamente es alegre y optimista, en el fondo es seria y reflexiva. Es comunicativa. Adaptable, muy hábil y capaz de destacar en cuanto se refiera a la creatividad o la comunicación. Tiene salidas o reacciones que no dejan de sorprender a quienes la rodean. En el amor tiene dificultades para entregarse porque tiene mucho miedo a ser abandonada.

Compatibilidad astrológica: Sagitario, Piscis, Acuario.

Greta

El Ángel de la permanencia: Da fuerzas para mantenerse firme en cualquier circunstancia por más hostil que sea. Su aspecto es de un color blanco y azul brillante y su poder refleja una sensación de plenitud y poder al mismo tiempo.

Personalidad: Greta es enérgica y tenaz, muy sólida y segura de sí misma. Es ambiciosa y deseosa de conseguir riquezas y poder. Reacciona muy rápido a cualquier circunstancia y la resuelve. En el amor es muy afectiva y sensual pero no demuestra sus sentimientos. Es exigente con su pareja.

Compatibilidad astrológica: Capricornio, Tauro, Escorpión, Aries.

Gonzalo

El Ángel de la inteligencia: Permite mayor concentración, rapidez de reacción, capacidad de comprensión de nuestra realidad para aprovechar las posibilidades que se presentan. Enriquece nuestro caudal de conocimiento conociendo nuestros recursos con conciencia de responsabilidad.

Personalidad: Es prudente y actúa con reflexión. Siente una fascinación y amor por el detalle, lo que puede paralizarlo y hacerlo perder muchas ocasiones importantes por perder tiempo en cosas pequeñas. Tiene una mentalidad de rápida comprensión e inteligencia para ver la realidad. Ama el arte y todas las expresiones de cultura. En el amor necesita mucha comprensión, pues suele ser celoso, brusco y muy sentimental sin demostrarlo. En los momentos difíciles sabe resolver situaciones y ser compasivo con su pareja.

Compatibilidad astrológica: Acuario, Leo, Libra, Cáncer.

Guadalupe

El Ángel que sostiene: Brinda la energía para comprender el mundo interno y poder manifestar en el plano externo a pesar de que los deseos no siempre coinciden con la percepción externa. A través de ese equilibrio crece como ser humano.

Personalidad: Guadalupe es trabajadora. Es capaz de mostrar una gran paciencia y tenacidad. Es oportunista y algo testaruda. Está capacitada para asumir responsabilidades y cargos directivos. A pesar de ser muy posesiva, es generosa aun cuando posee una fuerte personalidad. En el terreno sentimental se muestra reservada y aparentemente fría.

Compatibilidad astrológica: Aries, Sagitario, Capricornio, Leo.

Guillermina

El Ángel que auxilia: Logra una profunda comunicación con la naturaleza y con la esencia de la vida, permitiendo sentir gran energía renovadora. Ayuda a percibir aquello que no es visible como las influencias que existen a su alrededor. A través de su contacto puede entender cuáles son las formas de relaciones, alimentación, actividad, etc. que nos benefician o enferman. Las plantas, por ejemplo, absorben mucho la energía curadora del Ángel cuando lo llamamos y los animales se curan casi instantáneamente.

Personalidad: Guillermina trasluce la pureza y la fragilidad. Es una mujer ordenada y metódica en las cosas prácticas de la vida y muy capaz de asumir responsabilidades. Sus mejores cualidades son la paciencia y la capacidad de trabajo. Es muy tranquila y reposada; no tiene prisa. Su meta es conseguir la tranquilidad y la estabilidad.

Compatibilidad astrológica: Libra, Escorpión, Géminis.

Guillermo

El Ángel de la voluntad: Tiene un rol muy importante. Trabaja sobre la base del plan divino y la voluntad universal. Puede ayudar a discriminar la verdadera voluntad y deseos de otras personas que puedan influir sobre su persona. También ilumina para dirigir la energía hacia las cosas que realmente merecen la atención para el desarrollo y la evolución.

Personalidad: Guillermo practica la justicia. Siente gran respeto por los derechos ajenos a quienes desea otorgar protección y ayuda. Es un hombre que en su madurez se vuelve cerrado y enigmático. Posee mucha perspicacia y su inteligencia es muy penetrante; la emplea en la vida competitiva pero también prefiere hacerlo en la reflexión, la meditación y en la búsqueda de los orígenes y la existencia más allá de esta vida terrenal.

Compatibilidad astrológica: Piscis, Libra, Cáncer.

Gustavo

El Ángel de la paz: Su acción permite liberar la mente de presiones cuando se puede ver claramente la solución real de un problema. Concentra fuerzas protectoras pasivas y activas en todo tu entorno. Cuida el campo mental. Fomenta la alegría y baña el camino de vida por la luz y el color del arco iris. El ángel con su armonía permite abrir nuevas puertas para conocerce mejor y poder interactuar con los demás.

Personalidad: En el terreno sentimental Gustavo es franco, apasionado y fiel. Puede ser muy buen esposo y padre. Es muy sensible, afectivo y dependiente del entorno familiar. Necesita estar muy seguro antes de emprender algo y tiende ante todo a protegerse y evitar problemas y dificultades. Busca la tranquilidad, la simplicidad y lo natural.

Compatibilidad astrológica: Capricornio, Piscis, Tauro.

H

Haydee

El Ángel que conmueve: Da el poder de adquirir libertad a través del compromiso. Puede liberar las energías para ser más eficaz y estar más satisfecho con las actividades. Puede liberarse de las imposiciones que en el pasado han desarrollado condicionamientos internos, al igual que la capacidad para auto disciplinarse y mantenerse a sí mismo.

Personalidad: Haydee es curiosa, inteligente y adaptable. Desea hacerlo todo y ser la mejor. Pasa con facilidad de un tema a otro sin llegar nunca al fondo de las cosas. Ama el cambio y la libertad, lo que la convierte en un poco inestable. Es temperamental y algo autoritaria. Necesita de una pareja, un hogar y una familia, en la que se sienta realmente comprendida.

Compatibilidad astrológica: Aries, Sagitario, Leo, Libra.

Héctor

El Ángel de la prudencia: Ayuda a permanecer alerta a las necesidades de los demás, a expresarse con tacto, a cooperar con facilidad. Al expresar constructivamente la energía tendrá conciencia de sus valores y prioridades y actuará para satisfacer los deseos más profundos en lugar de convertirse en un esclavo de fugaces impulsos. De un modo enérgico, auto motivado, entusiasta y activo, se entregará plenamente a actividades que están de acuerdo con el propósito central.

Personalidad: Héctor es sociable, entusiasta, extrovertido y con facilidad de expresión. Es tierno, pacífico, sensible y humanitario. Tiene un gran magnetismo con la gente para hacer amistades. En el terreno sentimental es seductor, encantador, sensual e hiper-emotivo, por lo cual es muy fácil herirlo sentimentalmente. Le cuesta mucho entregarse.

Compatibilidad astrológica: Aries, Sagitario, Leo, Libra.

Helena

El Ángel que envuelve: Cultiva la paciencia y la conciencia de la oportunidad y serás capaz de llevar a término las cosas que inicie. El conocimiento de cuáles son las necesidades que requieren satisfacción inmediata impedirá el compromiso en demasiadas actividades que exijan un esfuerzo sostenido durante un tiempo prolongado.

Personalidad: Es una persona que posee la acción y el coraje para enfrentar las distintas situaciones que se le presentan. Es original y tiene una gran iniciativa e ingenuidad. Tiene la habilidad para tomar decisiones al instante. Es vulnerable ante sus enemigos porque su primer impulso es confiar en todos. Al ser franca, espera que los otros actúen igual, pero con frecuencia no es así.

Compatibilidad astrológica: Aries, Sagitario, Leo, Libra.

Hernán

El Ángel que construye: Es uno de los más silenciosos entre todos los seres de luz. Está siempre alerta a perfeccionar sus actos. Puede comprender y asesorarlo con su radiante mirada. Su luz es de varios tonos de amarillo dorado. En su presencia puede sentirse como envuelto en una gran voluntad y fortaleza interior.

Personalidad: Posee dones relacionados con la intuición y la clarividencia, mas cierto magnetismo que influye en los demás. Hay tendencia a adoptar convicciones políticas únicas y algo innovadoras. Puede descubrir, fundar o crear un nuevo concepto religioso.

Compatibilidad astrológica: Piscis, Libra, Cáncer.

Horacio

El Ángel de la salud: Su presencia crea una maravillosa sensación de frescura. Esta sensación es como estar protegido por pétalos de rosas. Su energía irradia un verde esmeralda brillante que es el color de la curación y de la intuición. Su voz es melodiosa y armoniosa, y repara con amor infinito, todo lo que necesitamos y aquello de lo que no somos conscientes.

Personalidad: Gusta del deporte y la aventura. Ama la naturaleza, los animales y la humanidad en general. No se preocupa demasiado por las posesiones materiales, ni se interesa por acumular grandes riquezas. Puede ganar grandes sumas de dinero por sus ideas originales, pero lo más probable es que haga sustanciosas contribuciones a instituciones de caridad. En el amor es un emotivo y romántico, al que a veces un cierto pudor y timidez le impide expresar todo lo que siente.

Compatibilidad astrológica: Aries, Sagitario, Leo, Libra.

Hugo

El Ángel de los colores: Tiene como función limpiar, purificar y remover del plano astral personal toda energía negativa, ya sea propia, del medio ambiente, de otras personas, de influencias negativas de objetos o de trabajos malignos. Recarga instantáneamente de buena energía.

Personalidad: Hugo es sabiduría, el aprender de la experiencia, la estabilidad, la paciencia y la responsabilidad. También posee seguridad financiera, cautela, autodisciplina y autocontrol. En el terreno sentimental es tierno, comprensivo y muy necesitado de afecto. Su mayor deseo es la paz y estabilidad de la vida cotidiana, aunque algunas veces se muestre algo rudo.

Compatibilidad astrológica: Capricornio, Tauro, Escorpión, Aries.

T

Tan

El Ángel de la alegría: Es indicado para convertir ambientes fríos en lugares amenos y agradables. También para actuar sobre personas o niños que manifiestan tristeza, soledad o depresión. Su llegada fomenta la risa y la alegría.

Personalidad: Es un hombre con gran talento y habilidades, pero debe tener cuidado con cierta tendencia a los extremos del despilfarro. Rara vez muestra una actitud neutral con respecto a las finanzas. Experimenta un marcado amor por la belleza en todos los aspectos de la vida. Casi todos se sienten profundamente atraídos por la naturaleza. Sus modales son impecables. En sus relaciones se muestran siempre corteses. Sin embargo, cuando albergan fuertes sentimientos, no vacilan en hacer conocer sus opiniones.

Compatibilidad astrológica: Libra, Tauro, Escorpión.

Tnda

El Ángel del arte: Convierte los pensamientos en inofensivos. Siente amor y compasión hacia todos los seres. Los sentimientos se armonizan. Comienza a tener el corazón libre de cargas negativas. Percibe toda la realidad como un plan diseñado con belleza por la divina creación. Genera creatividad sobre el plano laboral, sobre todo lo relacionado con las artes, especialmente con lo estético.

Personalidad: Exige el respeto de los demás y habitualmente lo obtiene. Insiste en organizarlo y controlarlo todo. Tiene gran originalidad. Es una persona con un punto de vista muy definido. Le disgustan las restricciones pues necesita sentirse libre. Casi siempre se elevan a una posición de cierta autoridad. Insisten en que la pareja, los amigos, los familiares, los compañeros de trabajo y el jefe la traten con respeto.

Compatibilidad astrológica: Aries, Sagitario, Capricornio, Leo.

Ignacio

El Ángel que organiza: Es importante invocarlo para reafirmar las intenciones antes de emprender cualquier tarea o actividad. Ayuda a mantener constancia en las actividades laborales y en las relaciones afectivas.

Personalidad: Ignacio es muy curioso y amante de los cambios. Diversifica sus actividades y sabe adaptarse a todas las circunstancias con tal de lograr lo que desea, pues le es muy importante preservar su libertad e independencia. A causa de dicha duplicidad interna no es raro que empezando las cosas a conciencia se desmotive con facilidad y cambie de objetivos. En el terreno sentimental desea fundar un hogar que le procure amor y seguridad. Si no se siente totalmente correspondido puede que no sea del todo fiel.

Compatibilidad astrológica: Géminis, Sagitario, Virgo.

Ileana

El Ángel que busca: Da un verdadero impulso para aprender más y ser más fiel a uno mismo. Aumenta los deseos crecientes de servir y elevar a otras personas. Provoca pensamiento claro. Genera entusiasmo por el bienestar de la humanidad y mejores relaciones con los demás.

Personalidad: Cuando se siente apreciada y respetada, no hay nadie más generosa ni benévola que ella. Amar y ser amada es una necesidad tan vital para ella como el aire que respira. Se siente herida con facilidad. El único modo de ganarle una confrontación es mostrarse humilde y pedir sinceras disculpas.

Compatibilidad astrológica: Tauro, Escorpión, Géminis.

Inés

El Ángel de la comunicación: Las palabras son energía tan poderosa que crean mundos. Si pronuncia nada, nada será. Aquello que afirma así será. Pero si dice así podrá ser, va ser. Si siempre dice "soy pleno creador y nada tendrá medida para mi plenitud", así será. Es el Ángel guía para lograr paz en la expresión hacia los semejantes.

Personalidad: Es una mujer que posee grandes proyectos y le gusta gozar de entera libertad. Es hábil e inteligente y suele destacarse en cualquier profesión. Si algo puede reprochársele es un exceso de versatilidad e inestabilidad a causa de su necesidad de cambios, ya sea de trabajo o de residencia.

Compatibilidad astrológica: Aries, Sagitario, Capricornio.

Ingrid

El Ángel de la lucidez: Cuando no logre comprender su realidad, imagine al Ángel de la lucidez, proyectándose en todas las situaciones confusas por las que pueda estar atravesando. El Ángel actuará, se ordenará automáticamente y limpiará todo reflejo confuso o negativo. Realmente soluciona y organiza todo.

Personalidad: Es una mujer nacida para triunfar. Es enérgica, imaginativa y de rápidos reflejos, pero además con una gran fuerza interior reflexiva. Es constante y más práctica que intelectual. No vacila en luchar por aquello que cree justo. En el amor es posesiva y celosa pero se entrega sin reparos a sus relaciones.

Compatibilidad astrológica: Tauro, Escorpión, Acuario.

Irene

El Ángel de la contemplación: Enseña a manejar con eficiencia y a apreciar los múltiples detalles de su vida cotidiana. Llegará a tener sentido de la perspectiva, conciencia de las prioridades y un propósito existencial que permitan percibirlo todo en su lugar adecuado. Amplia gama de habilidades prácticas y desarrollo de los conocimientos que contribuirán a dar una versatilidad necesaria para concentrarse en una situación a la vez, y llegar a dominarla antes de pasar a la siguiente.

Personalidad: Es una mujer prevenida. Antes de iniciar algo necesita informarse. Busca la libertad en su interior. Es segura e independiente; tiene gran poder para escuchar a los demás. Se interesa por la psicología y la filosofía. En el terreno sentimental es poco expresiva y necesita mucha seguridad por parte de su pareja.

Compatibilidad astrológica: Piscis, Libra, Cáncer.

Iris

El Ángel que atraviesa: Libera una poderosa energía capaz de transformar la materia y de hacer que actúe productivamente en el mundo material. Su penetrante visión interior lo capacita para tener la vivencia interior como algo más que su cuerpo físico. Obliga a refinar y reorganizar el sistema de valores para poder apreciar lo que es esencial en la vida.

Personalidad: Es una mujer práctica, adaptable, seductora, comprensiva y muy independiente. Posee una memoria que le permite destacar en cualquier profesión relacionada con la expresión, la comunicación y la creatividad. Puede trabajar en equipo o en asociaciones. Su ambición se incrementa y se hace más creativa y original. Para ella la familia y la maternidad son importantes.

Compatibilidad astrológica: Sagitario, Piscis, Acuario, Aries.

Irma

El Ángel de los sonidos: Sus colores rosados y su mirada con brillos imperceptibles y a la vez cálidos le hace sentir toda la enorme ternura de la creación. Sus sonidos son como caricias, y sus palabras como oraciones de adoración constante para que pueda sentir su presencia y poder escucharlo.

Personalidad: Es una mujer nacida para el hogar y la familia. Es activa, dinámica y muy ordenada en la vida práctica. Está siempre dispuesta a asumir sus propias responsabilidades. Tiene reacciones inesperadas por momentos bruscas que desconciertan a su interlocutor. En el amor es fiel a los principios de fidelidad y armonía con su pareja.

Compatibilidad astrológica: Libra, Géminis, Tauro.

Isaac

El Ángel de los reencuentros: Con su invocación se pueden lograr encuentros favorables, a veces fortuitos o aparentemente por obra de la casualidad. Puede invocarlo para circunstancias importantes de todo tipo y reuniones en las que se decidan objetivos deseados.

Personalidad: Los sentimientos ocupan un lugar preferente en su vida y a pesar de ser tímido y reservado, es capaz de mostrarse tierno y delicado. Es muy protector con su familia. Es un hombre con una apariencia misteriosa para quien lo más importante es su vida interior. Es por momentos demasiado lógico y un poco escéptico.

Compatibilidad astrológica: Piscis, Libra, Cáncer.

Isabel

El Ángel de los ideales: Da paciencia para soportar a los provocadores. Da la capacidad de escuchar a los demás; el don de reconciliar a grupos enfrentados; la compasión para consolar a los que sufren; la habilidad de vivir de tal manera que nadie encuentra algo para criticar.

Personalidad: Es una mujer de principios. Es franca, ingeniosa y directa, curiosa, hábil y deseosa de expresar sus ideas y establecer contactos. Es dotada de una buena inteligencia y adaptabilidad; con mucho espíritu de iniciativa, activa y deportista, le gusta mandar y decidir. Se interesa por asuntos relacionados con el pasado.

Compatibilidad astrológica: Acuario, Leo, Libra, Cáncer.

Isis

El Ángel de los sueños: Su mirada es envolvente y magnética. Su color es parecido al azul del mar y tiene un vuelo dulce sobre nosotros con un ritmo lento que acompaña nuestro descanso. Es tan receptivo como el Ángel protector.

Personalidad: Isis es una mujer emotiva y sensible, responsable, disciplinada, activa y decidida. Establece amistades y contactos para intercambiar ideas y conocimientos con facilidad. Es muy capaz en su trabajo o estudio y siempre se destaca. En el amor es abierta y directa en sus relaciones.

Compatibilidad astrológica: Acuario, Leo, Cáncer.

Ismael

El Ángel de los secretos: Es un fiel compañero y lo conoce profundamente, hasta aquellas cosas que no se anima a declarar ni a si mismo. Por su intermedio podemos conocer datos ocultos del universo. Su presencia da una sensación de estar acompañado por un amigo de toda la vida. Genera una gran confianza.

Personalidad: Posee un aspecto reservado y secreto, y a la vez se muestra deseoso de agradar. Atraído por los factores familiares, sociales y afectivos, es muy prudente y gusta de aceptar las responsabilidades de la vida práctica, para lo cual está muy capacitado. Sus únicas dudas residen en cómo resolver la dualidad que existe entre su tendencia a la vida familiar y la necesidad de mantener su independencia y triunfar en el mundo.

Compatibilidad astrológica: Libra, Tauro, Escorpión, Géminis.

Iván

El Ángel de los comienzos: Guía la llamada a la trascendencia de su espíritu. Es como el toque de trompetas que recuerda al alma que debe salir de su marco físico para alzarse a la vida superior. Aquí se puede confirmar las experiencias y estar más alerta a todo lo que sucede a nuestro alrededor.

Personalidad: Iván posee un sentido de la conciliación y la cooperación para el trabajo en equipo, tanto en los negocios como en las asociaciones. Es elegante y con una agilidad mental que le permite asimilar toda clase de ideas y experiencias. Es adaptable y maleable en apariencia. Pero en realidad es más enérgico de lo que parece y sabe hacer valer sus derechos y sus ideas de una forma suave pero decidida. Íntimamente está convencido de ser metódico y buen organizador.

Compatibilidad astrológica: Cáncer, Piscis, Capricornio.

J

Jacob

El Ángel de la comprensión: El contacto con el Ángel permite mayor concentración, rapidez de reacción, capacidad de comprensión de la realidad, de aprovechar las posibilidades que se presentan, enriquecer el caudal de conocimiento conociendo los recursos con conciencia de responsabilidad.

Personalidad: Es un hombre amable y extrovertido. Su comunicación es tranquila y segura. Tiene un espíritu analítico y bien organizado. Es muy creativo. Puede tener interés por lo artístico y tiene gran necesidad de estar en contacto con la gente. Suele ser un buen comerciante o escritor. En sus relaciones personales es afectuoso, tierno y paternal, pero también sensual y epicúreo.

Compatibilidad astrológica: Géminis, Sagitario, Virgo.

Jaime

El Ángel de las estructuras: Revela la dirección de la vida y proporciona una unicidad de propósito. Puede realizar cotidianamente acciones constructivas y de experimentar la integración de la personalidad, lo cual permite pensar y comunicarse de un modo más efectivo y positivo con el resto del universo.

Personalidad: Jaime es organizado, detallista en su aspecto físico y con facilidad para asimilar conocimientos y experiencias. Tiene astucia para los negocios. A pesar de ser adaptable, sabe hacer valer sus ideas con firmeza. Aunque es intuitivo no se fía de la misma y lo hace pasar todo bajo el tamiz de la lógica y el sentido práctico. En el amor es muy unido a la familia, pero demasiado exigente y detallista. Tiene dificultades para encontrar una compañera a su medida, y muchas veces termina por no encontrarla.

Compatibilidad astrológica: Cáncer, Tauro, Capricornio.

Jacqueline

El Ángel de las fantasías: Su mirada es envolvente y magnética. Su color es parecido al azul del mar y tiene un vuelo dulce sobre nosotros con un ritmo lento que acompaña nuestro descanso.

Personalidad: Jacqueline es una mujer inteligente e intuitiva. A pesar de tener una mente muy bien organizada, no ha nacido para una vida rutinaria y necesita de la aventura y el cambio especialmente en el terreno sentimental. Su enamorado debe poseer muchas cualidades y posibilidades para que ella se destaque socialmente.

Compatibilidad astrológica: Aries, Sagitario, Leo, Libra.

Jairo

El Ángel del silencio: Es el más silencioso entre todos los seres de luz. Está siempre alerta a perfeccionar sus actos, puede comprender y asesorar con su radiante mirada. Su luz es de varios tonos de amarillo dorado. Podemos sentirnos ante su presencia como envueltos en una gran voluntad y fortaleza interior.

Personalidad: Es un hombre con una acusada personalidad activa. Es dinámico, emprendedor y adora estar en el escenario de la vida para representar su papel, tener un público y sentirse admirado. A pesar de su individualismo su ideal lo lleva a superarse, siendo capaz de organizar, dirigir y administrar. También es muy sensible y emotivo, capaz de servir a un fin elevado. Puede sentir y entregarse abnegadamente al servicio de una causa, siempre y cuando pueda ocupar un lugar destacado. En el terreno sentimental necesita a una mujer que esté a su altura y a la que pueda amar y admirar.

Compatibilidad astrológica: Aries, Sagitario, Leo.

Javier

El Ángel de los favores: Este Ángel permite ser portador de luz para ir más allá del pensamiento y lograr la realización en la vida. El Ángel es de gran hermosura y utiliza recursos que no se encuentran en el mundo ordinario. Permite ser visionario de una tierra ideal y contribuir espiritualmente al avance de la sociedad.

Personalidad: Javier es prudente y puede ser muy intelectual. Prefiere apoyarse en su propio juicio. Tiene capacidad de trabajo, organización y disciplina. Es muy independiente. Siente una cierta atracción por el pasado y la historia, e incluso por el arte. En el amor busca ante todo paz y seguridad.

Compatibilidad astrológica: Acuario, Leo, Libra, Cáncer.

Jazmín

El Ángel que inspira: Con él se inspira, guía y levanta el ánimo a la gente que le rodea, y atraes relaciones y actividades nuevas que, a su vez, estimulan y satisfacen la búsqueda de conocimiento y diversidad. El contacto con el entusiasmo y el optimismo de otras personas, y el comunicarles su comprensión de las cosas, elevas el nivel de sus interacciones personales.

Personalidad: Jazmín es una mujer contradictoria. Existe en su persona un conflicto entre la independencia y dinamismo, y la pasividad y dependencia. Todo esto suscita contradicciones internas que se manifiestan exteriormente en períodos de actividad. Posee audacia y confianza en sí misma, seguidos de dudas, vacilaciones y abandono. En el amor es sensible y emotiva, pero tiende a ocultar sus emociones que considera debilidades.

Compatibilidad astrológica: Capricornio, Piscis, Tauro.

Jerónimo

El Ángel que venera: Crea un intens sentimiento de entusiasmo por la vida y una sensación de estar unido al propósito superior. Produce una energía radiante, magnética y dinámica. La invocación a los Ángeles es una forma de devolverle al universo todo lo que te entrega.

Personalidad: Jerónimo es abierto y comprensivo. Es capaz de destacarse en cualquier actividad creativa, especialmente en las relacionadas con la expresión y la comunicación. Siendo un trabajador paciente, tenaz e incansable, muestra exceso de emotividad que muchas veces le hace poco diplomático. A veces puede desaparecer todo el aspecto pasivo de su carácter y muestra su ambición y es capaz de grandes logros, especialmente en la segunda parte de su vida. En el amor es tierno, sensual y seductor.

Compatibilidad astrológica: Sagitario, Piscis, Acuario, Aries.

Jessica

El Ángel de la conciencia: Permite tomar decisiones a partir de centralizarse en las enseñanzas que muestra el corazón. Ayuda a la práctica de la meditación como medio de liberar pensamientos y emociones que bloquean el libre accionar. Si siente la necesidad de cambiar un hecho en su vida y no sabe cómo realizarlo, invoque a este Ángel para que entregue la magia necesaria para cumplir su deseo.

Personalidad: Es una mujer curiosa, inteligente y adaptable que quiere hacerlo todo y ser la mejor. Pasa con facilidad de una meta a otra, sin llegar nunca a fondo a las cosas. Ama el cambio y la libertad. En el amor desea hallar una pareja que la asegure material y socialmente, cosa que resulta algo difícil al no ser precisamente un modelo de fidelidad y castidad.

Compatibilidad astrológica: Géminis, Sagitario, Virgo.

Jesús

El Ángel de la transfiguración: A medida que la inspiración y la revelación del Ángel iluminan su razonamiento, le ayuda a adquirir una comprensión intuitiva que enriquece la vida cotidiana. El Ángel dirige la mente hacia un conocimiento significativo que favorece la evolución, expande la conciencia y permite percibir, por mediación de los ámbitos del entendimiento superior; una unidad de propósito que trasciende la diversidad de tu experiencia.

Personalidad: Para Jesús la libertad y la independencia son lo más importante. En su interior existe un profundo sentido de sacrificio cuando puede sentirse útil ayudando a los demás. Tiene un nivel de sabiduría capaz de asimilar ideas, conceptos e incluso sacarle provecho a las experiencias de la vida. En el plano sentimental es sensual, sensible y emotivo y tiene una gran atracción con las personas.

Compatibilidad astrológica: Géminis, Sagitario, Virgo.

Jimena

El Ángel que conoce: Su función es traducir los signos del ambiente o de la naturaleza en forma de presagios. Crea una fuerza para captar y percibir las señales externas, aumentando significativamente la videncia y generando una sabiduría especial para saber lo que vendrá y dar presagios de alta precisión.

Personalidad: Jimena enfrenta dos influencias que la convierten en cerebral, reflexiva e introvertida. Es soñadora, idealista y con ansias de libertad. Esto se traduce en un carácter cambiante lleno de dudas y contrastes sobre un fondo de inadaptación. Es susceptible de caer en la agresividad o la abulia. En el terreno sentimental le cuesta mucho comprometerse.

Compatibilidad astrológica: Piscis, Libra, Cáncer.

Joaquín

El Ángel que edifica: Al contactarlo produce entusiasmo y optimismo. La comprensión y la comunicación elevan el nivel de las interacciones personales. El contacto con este Ángel no permite dispersar las energías, ni involucrarse en conversaciones o intereses que signifiquen un desperdicio de las capacidades mentales.

Personalidad: Joaquín es sociable, entusiasta, extrovertido y con facilidad de expresión. Es dulce, pacífico, sensible y muy humanitario. Es agradable a la gente y no le cuesta hacer amistades. Cuando se siente motivado es capaz de realizar grandes esfuerzos, mostrándose metódico, ordenado y muy detallista. Debido a su nerviosismo, a veces puede caer en un exceso de movilidad y dispersarse. En el terreno amoroso es muy fácil herirlo emocionalmente.

Compatibilidad astrológica: Aries, Sagitario, Leo, Libra.

Job

El Ángel del perdón: Inicialmente, y por medio de los pensamientos, es necesario perdonarse a sí mismo de sentimientos negativos. A través del Ángel del perdón puede borrarse en este instante todo aquello que se ha creado debido a la ignorancia de las leyes universales. Así podrá abrir paso a la verdadera liberación.

Personalidad: Job posee una fuerte individualidad, capacidad de mando y dirección. Es imaginativo y toma rápidas decisiones. Es el hombre ideal para asumir responsabilidades; sin embargo, bajo su aspecto más bien rudo y viril se esconde una gran emotividad y mucha sensibilidad. Posee gran voluntad.

Compatibilidad astrológica: Aries, Sagitario, Capricornio, Leo.

Jorge

El Ángel que triunfa: Es portador de riquezas profundas, de bienestar, de poder. Ayuda a desarrollar el espíritu. Permite lograr prestigio a nivel social y ser amado por los compañeros. Es un líder. En forma solemne y ceremoniosa consigue imponerse en lo profesional.

Personalidad: Jorge es entusiasta, comprensivo y cuida su aspecto exterior. Es de rápida inteligencia, hábil y adaptable. Cuando se lo propone es capaz de destacarse en cualquier área profesional relacionada con la comunicación, la expresión y la creación. Tiende a ser muy orgulloso de su ego. Es un idealista que quiere ser útil a los demás. En el amor es generoso, demostrativo, sensual. Es amante del placer y de la diversión. Necesita tener una relación estable.

Compatibilidad astrológica: Sagitario, Piscis, Acuario, Aries.

José

El Ángel de las expectativas: Permite que con la esperanza de la energía pueda continuar adorando al amor eterno en el plano universal. Genera un campo interior positivo como una plataforma de apoyo por el vértigo que a veces provoca la libertad de elegir. Brinda más alegría y ganas de vivir.

Personalidad: José siempre está dispuesto a desplegar encanto y seducción. Es inteligente, hábil, muy curioso y comunicativo. Profesionalmente tiene aspectos de contradicción por su intención en destacarse y brillar. Es posible que a lo largo de su vida esto le genere confusión y se quede con una sensación de no haber cumplido sus deseos de realizarse. En el amor sabe desplegar tacto y seducción, pero es muy inestable.

Compatibilidad astrológica: Libra, Escorpión, Géminis.

Josefina

El Ángel que iguala: Permite ir a buscar lo deseado en la vida. De igual manera apreciará la satisfacción de las relaciones personales íntimas y tendrá en cuenta el bienestar de otras personas. Al ganar respeto, actuará de un modo directo y con frecuencia enérgico, pero también es sensible al efecto que produce en los demás. En las relaciones personales conseguirá una reciprocidad que le permitirá realizar la mayor parte de sus deseos.

Personalidad: Josefina busca abrirse al mundo y realizarse en todos los niveles de su personalidad. Puede mostrarse abnegada y decidida en participar en tareas humanitarias o sociales, siempre y cuando no redunde en detrimento de su libertad personal. En el amor es romántica y sensual, pero también necesita algunos momentos para estar sola.

Compatibilidad astrológica: Aries, Sagitario, Leo, Libra.

Juan

El Ángel de la compasión: Da la capacidad para reconocer y recibir el alimento que nutre los planos material, emocional, mental y espiritual. Ayuda a equilibrar las acciones, dando y recibiendo sin medir ni especular. Da capacidad para formar estrechas relaciones sin sacrificar la independencia o la separación.

Personalidad: Juan es un hombre tranquilo. Gusta de mantener la armonía en sus relaciones. Conoce muy bien la psicología de quienes lo rodean. En el amor es tierno, sensual y bastante dependiente de su pareja cuando puede confiar en ella.

Compatibilidad astrológica: Cáncer, Capricornio, Piscis, Tauro.

Juana

El Ángel que despierta: Recuerda permanentemente que hay que estar alerta para que la felicidad sea el canto de los Ángeles que busca la verdad del corazón. Ayuda a inspirar a las personas que tienen ideas rígidas de la vida.

Personalidad: Juana es una mujer elegante, inteligente y muy creativa. Sabe sacar provecho de todas las circunstancias de la vida. Su único problema reside en su ego, el cual es excesivamente fuerte convirtiéndola en algo autoritaria. En el aspecto personal necesita de un ambiente familiar afectivo y tranquilo.

Compatibilidad astrológica: Sagitario, Piscis, Acuario, Aries.

Judith

El Ángel de la imaginación: Es un excelente director que crea, realiza y concreta todas sus fantasías. Permite conocer las profundidades de su alma para ayudara curar las zonas más heridas y ocultas y convertirlas en luz. Ayuda a descifrar sus verdaderos anhelos que, a veces por condiciones externos a tu naturaleza interior, lo alejan de su camino. Este Ángel ayuda a convertir sus sueños en realidades.

Personalidad: Judith es introvertida, cerebral e instintiva. Es tierna, receptiva, muy sensible e impresionable. Se siente herida con gran facilidad, por lo que tiende a protegerse, a evitar problemas o dificultades, a preservar al máximo su intimidad e independencia. Busca siempre la estabilidad material y anímica. En el amor es muy tierna, sentimental y afectuosa. Se caracteriza por su fidelidad.

Compatibilidad astrológica: Cáncer, Capricornio, Tauro.

Julia

El Ángel de la distribución: Este Ángel es mi mejor guía para realizar las acciones más acertadas con fe, gracia y bendición eterna. Permite discriminar con voluntad y fuerza llevando a todas las partes de la vida la divinidad y la igualdad.

Personalidad: Julia es materialista y pragmática, es trabajadora, voluntariosa, paciente y eficaz. Esto le permite mantener su independencia personal. Su necesidad de principios la lleva a ser humanitaria comprendiendo el dolor ajeno. En el amor es estable y muy buena ama de casa, pero también celosa y respeta a quienes ama.

Compatibilidad astrológica: Aries, Sagitario, Leo, Libra.

Julio

El Ángel de la responsabilidad: El contacto con este Ángel restablece el animo, da fuerza, temple y empuje para realizar cualquier tarea que se emprenda. Aumenta la vitalidad y la energía. Actúa contra las fluctuaciones de animo, produciendo un campo mental y una actividad positiva. Ayuda a estar receptivos a una fuerza superior que se traduce en lo físico y psíquico de la persona, aumentando la potencia y el compromiso para realizar cualquier acción que se emprenda.

Personalidad: Es un hombre para asumir toda clase de responsabilidades, y posee mucha capacidad de trabajo, suele triunfar en la vida aunque deba luchar dura y pacientemente. Su deseo espiritual se centra en la paz y la tranquilidad, especialmente emocional. En el amor necesita sentirse acompañado y apoyado. Es un marido fiel y un padre protector.

Compatibilidad astrológica: Libra, Géminis, Escorpión.

Julieta

El Ángel de la reflexión: Este Ángel es protector y armonizador, esencialmente en todo lo referente a las relaciones afectivas. Crea la posibilidad de ver todos los lados que nos muestran en sus dimensiones guiada por la ley de amor supremo de los Ángeles.

Personalidad: Julieta tiene un carácter fuerte y a veces explosivo. Tiene necesidad de admirar a su pareja y sentirse plena en el tema afectivo. No acepta ningún tipo de confusión. Es casi intransigente. Puede ser reflexiva, cerebral y analítica. También es materialista y concreta.

Compatibilidad astrológica: Capricornio, Tauro, Escorpión.

Juliana

El Ángel de la conexión: En la medida en que la inspiración y la revelación del Ángel iluminan el razonamiento, se adquiere una comprensión intuitiva que enriquece la vida. Da una nueva perspectiva, considerando las implicaciones éticas del conocimiento y de la comunicación cotidiana y la percepción del futuro. Ayuda a tener una mejor rutina personal. Su transparencia es total. Es posible percibir todo cuando lo invoca con un sentimiento de cálida libertad y se siente dueño y señor de su mundo.

Personalidad: Juliana es servicial, agradable y algo coqueta. Ella ha nacido para amar, seducir y repartir paz y armonía. Pero no por ello es menos consciente de sus responsabilidades y sabe cumplir con ellas. Siendo ordenada y metódica en su vida práctica, especialmente en cuanto se refiere al hogar y el entorno familiar, puede también ser a veces autoritaria y quiere ocupar los primeros puestos. En el terreno amoroso se realiza a través de una familia tradicional.

Compatibilidad astrológica: Libra, Escorpión, Tauro.

K

Karina

El Ángel de la comprensión: La filosofía de vida, el conjunto de creencias y el propósito que tiene fijado, recibe un significado concreto cuando se aplica de manera consciente en el diario vivir a través de la comunicación, las conductas y actividades.

Personalidad: Karina es sentimentalmente abierta y tolerante. Puede parecer una persona fácil, pero sabe decir las cosas con energía y suavidad. Cuando se enamora, aparece su lado autoritario y prefiere llevar la iniciativa. Esta puede ser una de las razones que causan problemas con su pareja. Es dinámica y original. Se interesa por distintos temas en plan creativo como intelectual. Posee voluntad enérgica y es dotada de iniciativa y espíritu de empresa; sabe abrirse camino en la vida.

Compatibilidad astrológica: Aries, Sagitario, Capricornio, Leo.

Karen

El Ángel de la valentía: Este es un Ángel silencioso. Cuando se invoca es difícil percibir su presencia. Luego de unos instantes es posible sentir seguridad sin igual. Exprese su agradecimiento al Ángel por lo que es capaz de lograr en las relaciones. Utilice y valore sus propios recursos.

Personalidad: Es una mujer dinámica, valiente y autoritaria. Quiere hacerlo todo, conocerlo todo y ser la mejor. Su personalidad la impulsa al cambio y a la adaptabilidad. Para ella lo importante es su libertad y espera conseguirla gracias a su rápida inteligencia y capacidad de reacción. Le encanta viajar y conocer las distintas formas de pensar de la gente. En el amor busca su pareja con una cierta posición social. Le cuesta mucho entregarse.

Compatibilidad astrológica: Géminis, Virgo, Sagitario.

Katia

El Ángel de las facilidades: Su pureza hace difícil describirlo con palabras. Si desea invocarlo piense en lo más transparente y perfecto posible de imaginar. Es especial para personas que fácilmente entran en ira o sufren enojos. Restablece la armonía, libera tensiones, aplaca el estado agresivo. Permite ver la solución a los problemas con mayor claridad. Brinda paz espiritual.

Personalidad: Lo más importante es su vida interior, la reflexión e incluso la fe. Muchas veces da la impresión de ser distante e insensible. Si es capaz de responder a la voluntad propia y ser menos dependiente de la opinión de otros, puede lograr grandes cosas. En el amor es mucho más tierna y apasionada de lo que parece. Da seguridad, pero no espera mucho de su pareja porque puede tener ciclos de depresión si no es correspondida.

Compatibilidad astrológica: Tauro, Cáncer, Capricornio, Piscis.

Kendo

El Ángel de la unión: Es la energía suprema y creadora que habita en su ser. Es amor en esencia. Nunca juzga ni clasifica. El amor nunca falla.

Personalidad: Es de pensamientos y decisiones rápidas. Con frecuencia impulsivo en sus actos. Tiene un agudo sentido de la novedad. Está dispuesto a correr riesgos y es especulador nato. Puede triunfar en la literatura, la publicidad, las relaciones públicas y las publicaciones. Posee una admirable elasticidad en sus puntos de vista y la capacidad de adaptabilidad a las circunstancias. Tiene un gran encanto natural y, como regla general, es muy agradable su trato. Existe una fuerte tendencia a analizar excesivamente a las personas y a las situaciones, lo cual resta emoción al plano sentimental.

Compatibilidad astrológica: Géminis, Virgo, Sagitario.

L

Lakshmi

El Ángel de la misericordia: Brinda receptividad y sensibilidad ante las necesidades de los demás; empatía natural con todo el mundo. Presenta conductas nutritivas y maternales para protegerlo y para ayudar también a los demás. Da la capacidad para recibir el alimento perfecto que nutre todos los planos material, emocional, mental y espiritual. Provoca el amor que el Ángel irradia al invocarlo. Da lealtad y devoción a sus seres queridos. Genera verdadera compasión por los demás.

Personalidad: En el amor es una romántica sentimental. Depende demasiado del ser amado y por eso sufre decepciones. Tiene una gran imaginación y sensibilidad. La maternidad es uno de sus sueños y objetivos. Siente cierto temor a lo desconocido y por tal razón debe desarrollar su intuición. Teme a la pérdida del amor, de la propiedad, del dinero, de la amistad, del empleo, o la pérdida de sus seres amados.

Compatibilidad astrológica: Cáncer, Capricornio, Piscis, Tauro.

Laura

El Ángel de los pactos: Aumenta la conexión con la divinidad, liberando las trabas o los impedimentos con su vibración. Incrementa sensiblemente la percepción de lugares o personas negativas para sentirte más protegido. Se presenta una apertura de nuevas posibilidades de vida.

Personalidad: Tiene un sentido práctico en todas las cosas que emprende pero al mismo tiempo es demasiado apasionada y puede fanatizarse con lo que hace. Posee una gran fuerza de persuasión; es bastante sociable y le gusta sentirse admirada. A veces cuando realiza algo con éxito existe el peligro que su ego se vuelva excesivamente omnipotente. En el amor se muestra selectiva, y cuando encuentra el hombre de su vida trata de retenerlo como sea.

Compatibilidad astrológica: Aries, Capricornio, Leo.

Laurencio

El Ángel de la concentración: Da la energía para comprender el mundo interno y poder manifestar en el plano externo a pesar que los deseos no siempre coinciden con la realidad exterior. Presenta formas y habilidades para experimentar y satisfacer las necesidades en el momento. Despeja la mente para encontrar la solución a los problemas más difíciles en todos los planos de la vida.

Personalidad: Laurencio es un hombre curioso, abierto y comunicativo, todo le interesa y disfruta de la relación con los otros. Es ambicioso y desea llegar a ser un líder. Es cuidadoso de su apariencia de la que se desprende un carisma que le hace destacar; es fuerte, autoritario, acogedor, leal y a la vez generoso. En el amor es franco, directo y leal.

Compatibilidad astrológica: Capricornio, Piscis, Tauro.

Lautaro

El Ángel de lo confortable: Con su alta vibración genera un escudo impenetrable que rechaza todo mal pensamiento, envidia y energía negativa enviada contra una persona, intencionalmente o no. Tiene un efecto altamente positivo en cualquier inicio, ya que elimina las trabas y produce bienestar personal en todos los órdenes.

Personalidad: Es un tímido imaginativo que vive más de sueños que de realidades. Desea sobresalir creyéndose un ser excepcional; su mayor peligro es la impaciencia y el fanatismo. En el amor necesita una compañera que lo acompañe y estimule todo el tiempo.

Compatibilidad astrológica: Cáncer, Capricornio, Piscis, Tauro.

Leandro

El Ángel de la fascinación: La invocación de éste Ángel ayuda a disminuir los miedos. Podrá descubrir las causas interiores ocultas que provocan la armonía en la vida, y también, cuales son las razones que lo llevan a cometer errores diferentes situaciones.

Personalidad: Es franco y honesto, pero brusco e intransigente. Es un hombre que sigue tranquilamente su camino hacia adelante gracias a su voluntad y capacidad de trabajo. Para él una palabra vale más que un contrato escrito. Puede obtener logros superando muchas dificultades. En el amor es consecuente con las relaciones.

Compatibilidad astrológica: Capricornio, Tauro, Escorpión.

Leila

El Ángel del consuelo: Brinda la posibilidad de disminuir el nerviosismo, el estrés y la tensión provocados por el desequilibrio energético, propio de la "contaminación" espiritual que experimentamos por el desgaste de los problemas cotidianos. Aparta malos pensamientos que alejan a su ser de los objetivos importantes para alcanzar en la vida.

Personalidad: Leila es prudente, metódica y bien organizada. Sabe conservar su independencia, y cuando no le es posible, lucha para obtener futuros logros. Es intuitiva y clarividente; sueña con lograr un papel destacado en algo creativo e importante. Tiene un gran deseo de ser comprendida. En el terreno sentimental busca una persona ambiciosa, de buena posición social y especialmente inteligente.

Compatibilidad astrológica: Sagitario, Piscis, Acuario, Aries.

León

El Ángel que abastece: Facilita el normal funcionamiento de los centros energéticos del ser humano (los chakras). Su presencia permite purificar desde el plano espiritual, hasta los más complejos mecanismos del sistema inmunológico del cuerpo. Mejora sensiblemente el contacto con su guía espiritual, permitiendo elevar la evolución espiritual y sensibilidad personal.

Personalidad: León es hábil, inteligente e imaginativo y tiene mucha facilidad para establecer contactos y amistades con las que intercambia opiniones y experiencias. Posee un fuerte olfato y gran capacidad para los negocios. Es sensible y puede ser dependiente de su entorno porque necesita reconocimiento afectivo. En el amor es exigente y está atento a las reacciones ajenas.

Compatibilidad astrológica: Cáncer, Capricornio, Piscis, Tauro.

Leo

El Ángel del placer: Su presencia termina con el aburrimiento y genera nuevas formas de satisfacción a través de la alegría. Es indicado para convertir ambientes fríos en lugares amenos y agradables. También para actuar sobre personas que se manifiestan tristes solas o deprimidas. La llegada de los Ángeles fomenta siempre la risa y la alegría.

Personalidad: Leo es pura energía. Su curiosidad es extrema y le resulta difícil terminar lo que empieza en su impaciencia por empezar otra cosa. En el terreno sentimental es seductor y encantador, ingenioso, inteligente, comunicativo y muy afectivo. No es extraño que sea muy apreciado por cuantos le conocen. Todo lo que tenga que ver con la comunicación le atrae y es muy efectivo en esa labor.

Compatibilidad astrológica: Libra, Escorpión, Géminis, Tauro.

Leonardo

El Ángel de los instantes: Ayuda a disfrutar mejor los distintos ámbitos de su vida sin descuidar tus deberes. Aumenta la energía positiva y entusiasmo y hace valorar el presente como instante único. Permite escuchar sus propios sentimientos para estar más abierto y alerta.

Personalidad: Para Leonardo sus mayores necesidades se centran en paz y tranquilidad, especialmente emocional. Es muy tradicional y protector con sus amigos o seres queridos. Es ordenado, metódico y capacitado para asumir toda clase de responsabilidades. Debido a su capacidad de trabajo suele triunfar en la vida aunque deba luchar dura y pacientemente.

Compatibilidad astrológica: Libra, Escorpión, Géminis.

Leonor

El Ángel de la confirmación: Permite ir en busca de lo que desea en la vida, mientras que al mismo tiempo, aprecia la satisfacción de las relaciones personales íntimas y el bienestar de otras personas. Cuando se hace valer, actuará de un modo directo y con frecuencia enérgico. También sensible al efecto que produce en los demás. En las relaciones personales conseguirá una reciprocidad que permitirá realizar la mayor parte de sus deseos.

Personalidad: Cuando se siente apreciada y respetada, es una persona generosa y benévola. Lo más importante para ella es amar y ser amada. Es una necesidad tan vital como el aire que respira. Tiene un fuerte sentido del propio valor y le disgustan mucho las críticas. Exige el respeto de los demás y habitualmente lo obtiene. Insiste en organizarlo y controlarlo todo. . . y a todos. Tiene una gran originalidad en su trabajo.

Compatibilidad astrológica: Aries, Sagitario, Capricornio, Leo.

Leopoldo

El Ángel del esfuerzo: Facilita el encuentro de personas positivas que pueden ayudarlo. Para tener éxito en el plano laborar y afectivo. Permite concretar objetivos positivos para la evolución diaria y asiste para purificar naturalmente el proceso de la sanación interior.

Personalidad: Obstinado, reservado, realista y pragmático. Suele ser desconfiado y necesita pruebas tangibles y sólidas antes de dar su confianza. Gran trabajador y es consciente de que el éxito sólo le llegará a base de esfuerzo. En el amor es fiel y seguro, pero poco sentimental y romántico.

Compatibilidad astrológica: Capricornio, Tauro, Escorpión.

Leticia

El Ángel de la distinción: Gracias a su presencia podrá sentir como aumenta su alegría y ganas de vivir. Logrará imantar, o atraer la fuerza interna necesaria para emprender el camino de las realizaciones. Ayuda a concretar con amor, fe, seguridad y esperanza todos los deseos.

Personalidad: Es una mujer sensible, emotiva y con mucha imaginación. Tiene tendencia a soñar despierta, aunque a veces lo hace para evadirse de la realidad. Emite una sensación de paz, calma y tranquilidad. En el trabajo se muestra ordenada y perfeccionista. Su naturaleza servidora la hace sentir feliz cuando encuentra un sentido a su existencia y considera que puede ser útil o aportar un poco de alegría a quienes lo necesiten.

Compatibilidad astrológica: Escorpión, Géminis, Tauro.

Libertad

El Ángel de la complacencia: Para incrementar los procesos de regeneración física, psíquica y espiritua. Asiste y permite valorar sus sentimientos. Libera la coraza emocional para comprender los dictados delcorazón. Otorga la indulgencia y la paciencia necesaria para relacionarte con las personas que lo rodean.

Personalidad: Libertad es una mujer dinámica y emprendedora. En el terreno intelectual es muy creativa y le encanta saber el conocimiento profundo de las cosas. A nivel laboral sabe manejarse con orden y efectividad. En el amor es complaciente, muy dulce y cariñosa.

Compatibilidad astrológica: Aries, Sagitario, Capricornio, Leo.

Liliana

El Ángel de lo liviano: Guía hacia la trascendencia del espíritu. Es como el toque de trompetas que recuerda al alma que debe salir de su marco físico para alzarse a la vida superior. Su destino es singular y excepcional, donde uno puede confirmar las experiencias y estar más alerta a todo lo que sucede a nuestro alrededor.

Personalidad: Su deseo es establecer contacto y subir a bordo con esperanzas de no regresar al caos de la Tierra. Los movimientos reformistas, como el de la Liberación Femenina o el de Igualdad de Derechos de los niños o menores la atraen profundamente. Tiene un auténtico sentido de dedicación, tolerancia y hermandad. La amistad resulta vital. Con frecuencia tiene cantidad de amigos de distintos orígenes.

Compatibilidad astrológica: Acuario, Leo, Libra, Cáncer.

Liz

El Ángel de los arreglos: Da concentración, rapidez de reacción, capacidad de comprensión de fenómenos técnicos y conciencia de la responsabilidad. Tiene un sentido real del valor. Ve las motivaciones; lee su corazón. Inspiración. Todas sus acciones tienen una irradiación de gracia. Está en el torrente de las ideas de la Nueva Era. Tiene nuevas vías de aproximación.

Personalidad: Liz es voluntariosa, enérgica y decidida. Es una mujer de principios. Es franca, ingeniosa y directa, curiosa, hábil y deseosa de expresar sus ideas y establecer contactos. Está dotada de una buena inteligencia y adaptabilidad con mucho espíritu de iniciativa. Es activa y deportista, y le gusta mandar y decidir. Se interesa por el pasado. En el terreno sentimental es posesiva, dominante y celosa hasta con sus amistades.

Compatibilidad astrológica: Sagitario, Piscis, Acuario, Aries.

Lorena

El Ángel que perfecciona: Ayuda a tener un gran sentido de la unidad. No hay barreras en su mente. Respeta a todas las razas, religiones, filosofías y artes. Observa el denominador común en todo. Al invocarlo se convierte en un ser universal cósmico. Se expone intrépidamente al peligro por un principio o por una causa importante. Actúa por la voluntad de la gloria interior. Da amor a sus amigos. Registra todo como es. Siempre está alerta. Adopta un sentido de la belleza. Disfruta con gran admiración. Sabe como entrar en éxtasis.

Personalidad: Lorena es dulce y tranquila. Su timidez hace que a veces dude de sus capacidades y se muestre intranquila e insegura. Es introvertida y no lleva una vida superficial porque es racional y práctica. Se apoya siempre en la lógica y el sentido común. Si a veces sueña, no tarda en volver a la realidad. En la vida sentimental necesita seguridad y sentirse amada.

Compatibilidad astrológica: Acuario, Leo, Libra, Cáncer.

Lorenzo

El Ángel de la vigilancia: Para aprender a ser moderado y equilibrado en las acciones. Brinda la fuerza, la voluntad y la ocasión para ampliar los conocimientos sobre la vida en su pleno desarrollo. Ayuda a superar los defectos personales, los estados de debilidad y depresión. Es un gran protector; nunca aparta la mirada de quien custodia.

Personalidad: Es un hombre autoritario y dominador. Puede ser tierno, emotivo, generoso y muy sensible con los que ama. En el amor es romántico, pero también exigente. Ama los niños. Es un líder en todos los niveles que interactúa, desde lo artístico hasta lo más material. Se maneja en forma acertada y correcta.

Compatibilidad astrológica: Aries, Sagitario, Capricornio, Leo.

Lourdes

El Ángel de la grandeza: Actúa directamente sobre cualquier tipo de objetos, limpiándolos y purificándolos de energías negativas. Para purificar un ambiente. Brinda la fuerza espiritual para tomar fuerzas y realizar una tarea física o intelectual de envergadura.

Personalidad: Lourdes es dinámica, emprendedora y deportista con una fuerte personalidad. Es muy discreta y reservada. Es una mujer en la que se puede confiar cuando se trata de guardar un secreto. Siente un gran respeto por los derechos de los demás y por la justicia en general. Siente la necesidad de evolución interior. En el terreno sentimental duda entre la profesión y el matrimonio.

Compatibilidad astrológica: Capricornio, Tauro, Escorpión.

Lucas

El Ángel del aumento: Ayuda y da la energía para saber hacia donde dirigirse. Ideal para estar siempre en el camino correcto y único para evolucionar en todos los planos de la vida más allá de las circunstancias externas.

Personalidad: Sueña con grandes proyectos y puede lograrlos. Para ello cuenta con su sentido del orden, de la organización, de la constancia y de su amor al detalle. Tiene gran facilidad en asimilar conocimientos y experiencias. En el terreno sentimental es romántico pero también práctico y cerebral cuando tiene que elegir su pareja.

Compatibilidad astrológica: Acuario, Leo, Libra, Cáncer.

Lucía

El Ángel que salva: Enseña a estar siempre en su favor para proteger y ayudar a mantener todos los reinos de la creación en perfecta armonía. Su acción permite liberar la mente de presiones que impiden ver la luz que lo llevará a la solución real del problema. Concentra fuerzas protectoras pasivas y activas en todo su entorno para sobreponerse a cualquier desafío que no le permita evolucionar.

Personalidad: Es una idealista que sueña con grandes proyectos. Ordenada y metódica en las cosas prácticas, especialmente las relacionadas con el hogar. Esta dualidad entre la independencia soñada y la dependencia vivida, hace que pueda pasar por fases muy contradictorias. Lo importante en su vida lo constituyen el amor y la vida familiar en la que espera que su pareja le proporcione la seguridad y estabilidad.

Compatibilidad astrológica: Cáncer, Capricornio, Piscis.

Luciana

El Ángel de los enamorados: Es tan bello que casi para recibirlo hay que vestirse de gala. Sus colores rosados y su mirada tiene brillos imperceptibles y a la vez tan cálidos que nos hace sentir la enorme ternura de la creación. Sus sonidos son como caricias y sus palabras como oraciones de adoración constante para que podamos sentir su presencia y también así escucharlo.

Personalidad: Le gustan las nuevas ideas y experiencias. Se siente atraída por la música, la poesía, las causas humanitarias y el mundo de lo oculto e irracional. Parece que soñara despierta. En su vida diaria existen momentos en que se la ve como distante. Sentimentalmente es ambivalente y le cuesta comprometerse en una relación estable.

Compatibilidad astrológica: Acuario, Capricornio, Tauro.

Luciano

El Ángel de la iniciativa: Será más persistente y decidido. Con su contacto puedes recuperar rápidamente la energía perdida, mejorando su percepción sensorial. Mejora todas las defensas frente a contaminaciones físicas, psíquicas y espirituales. Ayuda en los proyectos que no puede realizar.

Personalidad: Luciano es hábil y de rápida inteligencia. Posee una buena resistencia física. Prefiere hacerlo todo y ser el mejor. Su espíritu es independiente y le atrae la aventura. Sólo se asocia cuando ello no coarta su libertad personal. Se caracteriza por su ambición y originalidad. En el amor es sensible y no le gustan los cambios. Necesita estabilidad.

Compatibilidad astrológica: Géminis, Sagitario, Virgo.

Lucio

El Ángel de la alabanza: Le dice que esté atento a quien golpea a las puertas de su corazón. Al invocarlo genera lealtad y devoción a los seres queridos, también genera verdadera compasión por los demás. Da un sentido de agradecimiento a todos los reinos de la creación.

Personalidad: Es enérgico y viril, valiente y combativo. Lucio sueña en mandar y dirigir. Es imaginativo, rápido, obstinado y muy reservado. Su objetivo es el poder y los bienes materiales, y para conseguir sus objetivos sabe actuar y reaccionar con sorprendente eficacia. No soporta la supeditación. Si debe aceptarla se convierte en impulsivo e irritable y es difícil que reconozca sus errores.

Compatibilidad astrológica: Capricornio, Escorpión, Tauro.

Lucila

El Ángel de lo genuino: Ayuda a expresar mejor los sentimientos. A ser más receptivo de nuevas posibilidades. Puede comprender la verdadera naturaleza de todo lo existente.

Personalidad: Lucila es curiosa, inteligente y adaptable. Desea hacerlo todo y ser la mejor, pero pasa con facilidad de un tema a otro sin llegar nunca al fondo de las cosas. Ama el cambio y la libertad, lo que la convierte en algo inestable. Es temperamental y algo autoritaria. Es una feminista convencida y quiere imponerse en la vida para realizar grandes cosas.

Compatibilidad astrológica: Géminis, Sagitario, Virgo.

Lucrecia

El Ángel que fortifica: Da fuerza espiritual en los momentos y situaciones difíciles creados por el estrés, la tensión o los problemas físicos. Brinda mayor auto-confianza en las relaciones personales porque genera un aura muy especial y magnética a su alrededor.

Personalidad: Su conflicto reside en el miedo a la dependencia y a la pasividad. En ocasiones ambas condiciones pueden armonizarse, apareciendo en la vida social como seductora, tranquila, afable y protectora, mientras que en su vida intima se muestra distante. En el amor tiende a ocultar sus emociones porque las considera debilidades.

Compatibilidad astrológica: Cáncer, Piscis, Tauro.

Ludmila

El Ángel de las ocurrencias: Hace que las fuerzas de la naturaleza ayuden a generar nuevos proyectos de trabajo. Permite que surjan brillantes ideas.

Personalidad: Es una mujer dinámica, simpática y acogedora, con un profundo sentido de la justicia y deseos de evolución interior. Necesita sobresalir, realizarse y dirigir su vida. En el terreno sentimental se muestra reservada y aparentemente fría. Desea encontrar una pareja que responda a sus exigencias y afinidades intelectuales, culturales o espirituales.

Compatibilidad astrológica: Aries, Sagitario, Capricornio, Leo.

Luis

El Ángel de las manifestaciones: Otorga la magia correcta para atraer lo mejor y perfecto para usted. Al invocarlo recibirá algún llamado o alguna visita imprevista de la persona deseada. Es un Ángel que se siente muy cercano a su ser, como el mejor amigo que pueda tener.

Personalidad: Luis tiene gran facilidad en asimilar nuevos conocimientos y experiencias que le permiten triunfar, especialmente en la primera mitad de su vida. El deseo de estabilidad lo hace sentir más pleno. Puede ser emotivo y abnegado. Se interesa en asuntos sociales. En el amor no es demasiado expresivo o fiel con sus sentimientos.

Compatibilidad astrológica: Aries, Sagitario, Leo, Libra.

Luisa

El Ángel de la exhortación: Brinda la capacidad de convivir con sus partes más vulnerables y superar los temores. Genera una gran capacidad de riesgo y poder. Enseña la diferencia entre ganar y nunca perder. Prepara todo su ser (físico, psíquico y espiritual) para recibir una adecuada vitalización de la energía de vida.

Personalidad: Luisa es impulsiva y espontánea. Es curiosa. Adaptable y rápida. Vive la vida a tope sin importarle los peligros. Es enérgica, egocéntrica, oportunista y siempre apresurada. Es capaz de asumir responsabilidades de mando y dirección. Es incapaz de reconocer sus errores o su agresividad. En el amor le gusta más seducir y gozar de la vida que establecer una familia.

Compatibilidad astrológica: Aries, Capricornio, Leo.

Luján

El Ángel de las experiencias: Ayuda a que las experiencias sean más significativas. A expresar y cumplir el propósito de la vida. Permite concretar planes futuros, a estudiar y prepararse mejor para futuras posibilidades. Explora nuevas opciones.

Personalidad: Luján trasciende un cierto fondo de nobleza y fiereza que se manifiesta en su configuración física. Es inquieta y nerviosa. Tiene un profundo sentido de la justicia. Es curiosa y posee dotes artísticas y la imperiosa necesidad de cambios. Es lo suficientemente prudente para proteger su independencia, lo cual a veces puede darle una apariencia distante y poco sociable.

Compatibilidad astrológica: Géminis, Sagitario, Virgo.

Luna

El Ángel de la genialidad: Genera una reparación en el plano psicológico y físico, ideal para las situaciones donde es necesario sentirte relajado y en armonía con los demás. Su genialidad ayuda a liberar lo negativo de su entorno inmediato creando una sensación de paz y quietud. Es excelente para barrer energías oscuras permitiendo crear soluciones ingeniosas en forma inmediata.

Personalidad: Posee un innato talento para predecir el futuro. Su estilo de vida va desde lo no convencional a lo absurdo. Tiene éxito la mayoría de las veces por ser una persona de intenciones honestas. Cualquier cosa que se aparte del sendero común le atrae fuertemente. Puede vivir y adaptarse en cualquier circunstancia.

Compatibilidad astrológica: Acuario, Leo, Libra, Cáncer.

Lydia

El Ángel de las técnicas: Es ser portador de riquezas, bienestar y poder. Ayuda a desarrollar el espíritu. Permite desarrollar un gran prestigio a nivel social. Es amado por sus compañeros. Con maneras solemnes y ceremoniosas consigue imponerse en lo profesional.

Personalidad: Lydia es ordenada y metódica. Es refinada y elegante y se muestra misteriosa y enigmática. Necesita afirmar su independencia. En muchos casos su única salida reside en la búsqueda interna de algo superior. En el amor es una extraña mezcla de timidez y narcisismo. En realidad es una sentimental necesitada de un entorno afectivo y familiar.

Compatibilidad astrológica: Piscis, Libra, Cáncer.

Luz

El Ángel de la permanencia: Este Ángel nos ilumina en forma milagrosa creando posibilidades para manifestar todos los proyectos que impliquen un cambio profundo y positivo en nuestras vidas. Genera un aura de protección alrededor de nosotros. Permite una rápida apertura en el terreno laboral e intelectual.

Personalidad: Luz tiene contradicciones internas. Por un lado siente la necesidad de cambios y nuevas experiencias. Por otro su sentido de la estabilidad, su necesidad de una vida interior e incluso de una búsqueda más espiritual le ocasionan inesperados cambios de humor y de conducta. Puede pasar de la exaltación y el entusiasmo a la pasividad, las dudas y vacilaciones. En el amor es protectora y celosa.

Compatibilidad astrológica: Piscis, Libra, Cáncer.

M

Mabel

El Ángel de lo esencial: Ayuda a liberar toda influencia mental negativa. Su contacto nos permite conocer como opera profundamente la providencia infinita en nuestras vidas. Brinda sabiduría y felicidad para concretar todos nuestros sueños Su llamado es de gran ayuda para sentimos satisfechos de nuestros actos.

Personalidad: Mabel busca y brinda amor y ternura. Es responsable, creativa y metódica. Siente gran capacidad de servicio por su trabajo. Su verdadero propósito en esta vida es el amor, donde centra todos sus deseos de estabilidad, felicidad y maternidad. Mabel tiene una personalidad definida, autosuficiente y parece una rival peligrosa. Su escudo es tan grande para protegerse, pero su parte blanda siempre dice que sí.

Compatibilidad astrológica: Libra, Escorpión, Géminis, Tauro.

Macarena

El Ángel de la sencillez: Da facilidad de comunicación con los demás. Permite que las buenas ideas sean recibidas por los otros sin distorsiones. Genera nuevas amistades. Trabaja sobre el plano afectivo, mejorando las relaciones, dejando de lado los miedos y desarrollando un campo energético de proyección en la persona que lo usa.

Personalidad: Macarena posee dinamismo, espíritu de iniciativa y el deseo de mandar y decidir. Es muy adaptable, comunicativa y creativa, lo que dulcifica su autoritarismo y la hace más dulce y seductora. Es aficionada al estudio relacionado con la comunicación y el espectáculo. En el terreno sentimental se debate entre el egocentrismo y su necesidad de amor; entre su vida profesional y la familiar, por lo que muchas veces no se casa sin haber consolidado antes su situación profesional.

Compatibilidad astrológica: Sagitario, Piscis, Acuario, Aries.

Maciel

El Ángel que focaliza: Puede apreciar y manejar con eficiencia los múltiples detalles de su vida cotidiana. Llegará a tener sentido de la perspectiva, conciencia de las prioridades y un propósito existencial que le permitan percibirlo todo en su lugar adecuado. Su capacidad de establecer contacto con diversas clases de personas, su amplia gama de habilidades prácticas y la amplitud de sus conocimientos, contribuirán a darle una versatilidad que no vaya en mengua de la profundidad. Posee la disciplina mental necesaria para concentrarte en una cosa a la vez y llegar a dominarla antes de pasar a la siguiente.

Personalidad: Su gran exigencia muchas veces le impide concretar su verdadero ideal masculino, lo que puede conducirla a la soledad. Es reservada y secreta; una introvertida que no para de hacerse preguntas. A veces se angustia y otras veces es inquieta. Prefiere los temas de interés artístico, filosófico, metafísico o espiritual. Posee un agudo sentido de la justicia y el respeto por los derechos de los demás. Es muy celosa de su libertad. En los momentos difíciles de la vida prefiere doblarse como el bambú y continuar como si nada hubiera sucedido. Otras veces se repliega sobre sí misma.

Compatibilidad astrológica: Piscis, Libra, Cáncer.

Magdalena

El Ángel de la salvación: Su presencia neutraliza las energías nocivas que emiten las personas a su alrededor. Su alta vibración genera un escudo impenetrable que rechaza todo mal, pensamiento, envidia y energía negativa girada contra usted, intencionalmente o no. Su poder es muy importante para personas con bajas defensas físicas.

Personalidad: Magdalena es franca y directa, tiende a ser reservada y a controlar a los demás. Tiene cierto rasgo de autoritarismo e incluso a veces de agresividad que suele desconcertar a quienes la tratan. Es fuerte, determinada y ambiciosa. Cuando ha decidido algo es inútil hacerla cambiar de opinión. Es inteligente y suele conseguir lo que quiere. Es posesiva, pero sabe manejar situaciones conflictivas con su pareja.

Compatibilidad astrológica: Acuario, Leo, Libra, Cáncer.

Maitreya

El Ángel de la disposición: Provoca en forma inmediata un efecto altamente positivo en cualquier emprendimiento. Tiene la capacidad y el poder de eliminar las trabas; produce bienestar personal en todos los órdenes de la vida. Su llamado da respuesta a situaciones que prácticamente parecen imposibles de revertir.

Personalidad: Es una persona de gran energía y voluntad que necesita acción y cambio. Tiende a tomarse tiempo para estar consigo mismo y eso le da una imagen fría o de ausencia. En realidad es una persona muy profunda que le gusta meditar y percibir el vínculo y el origen de las cosas. En el amor es muy sensible y comprensivo.

Compatibilidad astrológica: Géminis, Sagitario, Virgo.

Marcela

El Ángel de las emociones: Toma sus decisiones a partir de centralizarse en las enseñanzas que le muestra su corazón. Ayuda a la práctica de la meditación como medio para liberar pensamientos y emociones que bloquean su libre accionar. Posee intuición y la palabra correcta para cada situación o persona.

Personalidad: Es emotiva y sentimental. Cuando se siente contrariada o herida tiende a encerrarse en sí misma o a descargar su frustración en el trabajo o en tareas de carácter social o humanitario. Logra su evolución interior por medio de la abnegada entrega a una buena causa. Su vida sentimental es difícil. Es romántica e hipersensible. Sólo puede llegar a ser feliz si su amor y abnegación sabe dirigirlo hacia la maternidad.

Compatibilidad astrológica: Aries, Sagitario, Leo, Libra.

Marcelo

El Ángel de la inmensidad: Da una compresión del verdadero valor y sitio de cada cosa, y así ignorar situaciones que no le permiten evolucionar. Genera mayor intuición. Su función es reparar con amor infinito todo lo que necesita, aún aquello que no es consciente de que realmente desea. El Ángel con su maestría recuerda que crear es dar infinitamente.

Personalidad: Marcelo es un hombre ordenado y metódico en las cosas prácticas de la vida y muy capaz de asumir cualquier clase de responsabilidad. Es laborioso y detallista. Prefiere trabajar en equipo y considera que puede obtenerse un mayor entendimiento, hacer amistades y gozar de su compañía. Sus mejores cualidades son la paciencia y la perseverancia. Está convencido de que el tiempo está a su favor y que tarde o temprano llegará a triunfar en la vida. Siempre quiere ampliar sus metas y gozar de mayores oportunidades. En su vida sentimental es muy emotivo, sensual y necesitado de amor y estabilidad. Necesita ser el centro de un hogar.

Compatibilidad astrológica: Libra, Escorpión, Géminis, Tauro.

Marcos

El Ángel de las ideas: Permite utilizar el pensamiento en niveles multidimensionales. Genera la posibilidad de sentir que estamos siempre siendo guiados por la ley de amor supremo. Nos consagra al auténtico poder interior sin dejar de interactuar en forma eficaz con el exterior. Su función es hacer sentir una relación con todos, y vibrar en armonía total.

Personalidad: Es independiente, activo y emprendedor, y con los pies bien asentados en el suelo. Su interés primordial se centra en sí mismo y en su bienestar. Puede ser compasivo y abnegado. Es altruista e interesado en formar parte en agrupaciones o sociedades que compartan sus ideales. Sus acciones muestran su personalidad y sentido práctico. En el amor es franco y fiel pero si se siente engañado puede ser vengativo.

Compatibilidad astrológica: Aries, Sagitario, Leo, Libra.

Marcia

El Ángel del idealismo: Su conexión hace sentir apertura en el estudio, en lo afectivo, y en la vida espiritual. Su presencia guía y protege el camino de su bienestar y prosperidad. Tendrá más capacidad para comunicarse con los demás. Su ideal personal será cada día más elevado y perfecto.

Personalidad: Marcia tiene gran entusiasmo en sus actividades y puede ser muy constante con aquello que le interesa. Tiene un carisma que atrae a los demás. Su personalidad es intelectual, pero también le gusta la acción. A veces es muy exigente y puede ser muy impaciente o intolerante. En el amor es inestable por lo que necesita un hombre que le dé seguridad y logre estabilizar sus emociones.

Compatibilidad astrológica: Aries, Sagitario, Capricornio, Leo.

Marsha

El Ángel de la vitalidad: Tiene una luz rosa combinado en color dorado. Sus brazos parecen estar siempre abiertos. Su presencia envía rayos de energía como uniendo la tierra con el cielo. Su canto es envolvente y provoca serenidad y confianza. Actúa contra las fluctuaciones de ánimo, produciendo un campo mental y una actividad positiva. Al invocarlo permite recibir una fuerza superior que se traduce en lo físico y psíquico de la persona, aumentando su capacidad y energía.

Personalidad: Marsha, nombre anglosajón para Marcia, es desbordante de vitalidad y con alegría de vivir. Puede mostrarse enérgica obstinada y ambiciosa. A pesar de ser generosa e interesarse por quienes la rodean, es muy consciente de las realidades de la vida para ser más eficiente en sus decisiones. La verdadera finalidad de su vida es el amor: necesita amar y ser amada.

Compatibilidad astrológica: Capricornio, Tauro, Escorpión, Aries.

Margarita

El Ángel de la pureza: Este Ángel puede tener distintos aspectos. Su apariencia es muy similar a los seres humanos. Su energía es de color celeste como construido de algodones y luces celestiales. Su mirada es tierna y muy penetrante. El sonido de su canto es susurro que ayuda a centrarte en su corazón. Responde siempre cuando simplemente practica cualquier gesto que puede parecerle una llamada.

Personalidad: Margarita es independiente, segura de sí misma y quiere vivir su vida sin obstáculos. Esto no impide para que pueda desempeñar cualquier tipo de responsabilidades. Es muy hábil, ingeniosa con sentido artístico y de rápida inteligencia. Sabe dejarse llevar por los acontecimientos y esperar el momento propicio para recuperar el dominio de la situación. A veces puede ser autoritaria. Es sentimental y tolerante, y puede parecer fácil convivir con ella.

Compatibilidad astrológica: Sagitario, Capricornio, Leo.

Magali

El Ángel de la magia: Al acercarse se siente su poder y es posible lograr todas las maravillas de la vida. Él aparece con energía de sabiduría como si se tuviera un libro de gran conocimiento frente a sus ojos. Sus colores son el rosa claro, blanco y todo rodeado por un aura color dorado.

Personalidad: Magali es reflexiva e introspectiva. Puede desarrollar una actividad desbordante, pero siempre tiene la necesidad de introversión. Se siente atraída por temas humanitarios como la psicología. La vida sentimental es muy importante para ella, pero casi siempre se siente incomprendida y muchas veces tiende a la soledad. Da una apariencia de misterio.

Compatibilidad astrológica: Piscis, Libra, Cáncer.

Malena

El Ángel de lo perpetuo: Con la presencia del Ángel comienzas a percibir el mismo calor y la misma sensación de bienestar, que experimentas con la compañía de un fiel amigo de toda la vida. Su invocación genera gran confianza en nosotros mismos para dar ánimo y luz a nuestras dudas personales Cuando sentimos su contacto podemos revelar los datos oculto que existen en el universo.

Personalidad: Malena se destaca en todos los niveles por su autoridad innata. Es extrovertida, alegre, optimista dejándose llevar por su gran vitalidad y capacidad de trabajo aun cuando sea irregular a causa de su carácter impulsivo. Es independiente, orgullosa, creativa e inspirada. Brillante intelectualmente. Es sociable y capaz de mostrarse inagotable cuando un tema le apasiona. En el amor es apasionada como reservada y expresiva. Necesita cierta confirmación de que es deseada.

Compatibilidad astrológica: Aries, Sagitario, Capricornio, Leo.

Manuel

El Ángel de las realidades: Meditar con este Ángel ofrece la paz que necesitamos para lograr los cambios profundos en nuestra personalidad y confiar en el orden supremo. Estimula la inspiración. Puede ayudar a abrirnos a nuestras visiones internas. También permite revelarnos nuestro poder interior.

Personalidad: Posee un gran encanto para el amor, pero también en dicho aspecto quizás le sea más importante el placer que los sentimientos. Es un hombre independiente, seguro de sí mismo y original, en el que se encuentra una extraña mezcla de realizador que lo impulsan a buscar la facilidad, el placer y la diversión sin olvidar el trabajo bien hecho. Necesita hallar una profesión que le llene; más que un trabajo debe ser un placer.

Compatibilidad astrológica: Acuario, Leo, Libra, Cáncer.

Manuela

El Ángel de las maravillas: Aporta una capacidad de discernimiento espiritual. Favorece el proceso de solucionar problemas intelectuales. Estimula la flexibilidad mental. Aporta alegría, sabiduría y claridad en situaciones donde no se encuentra una salida. No hay retos que no se pueden enfrentar con la asistencia de este Ángel.

Personalidad: Manuela es comunicativa. No le gusta la vida rutinaria. Le interesa viajar y descubrir nuevos horizontes y conocimientos, pero ante todo sentirse viva, libre e independiente. Es apasionada, ardiente y a la vez romántica. Necesita amor y seguridad, sin lo cual llega a deprimirse. Es también desconcertante; puede mostrarse impúdica, libertina y fantasiosa.

Compatibilidad astrológica: Géminis, Sagitario, Virgo.

María

El Ángel de los prodigios: Su manifestación y presencia prodigiosa estimula el proceso de iniciación y de transformación del ser. Proporciona un canal claro para dejar pasar la energía angelical. Integra toda nuestra existencia. Aporta claridad de pensamiento. A nivel emocional, libera y transforma todos los sentimientos que no sean positivos.

Personalidad: En María se enfrentan dos influencias que la convierte en cerebral. Es reflexiva e introvertida, es soñadora, idealista y con ansias de libertad. Esto se traduce en un carácter cambiante, lleno de dudas y contrastes sobre un fondo de inadaptación, siendo susceptible de caer en la agresividad o la abulia. Si encamina su idealismo hacia derroteros espirituales, es más fácil que pueda superar sus contradicciones internas. En el terreno sentimental le cuesta mucho comprometerse seriamente, pues teme sufrir las posibles consecuencias.

Compatibilidad astrológica: Piscis, Libra, Cáncer.

Mario

El Ángel de lo inesperado: Ayuda a percibir intuitivamente cual será el próximo cambio a vivir. Dirige sus energías sin interferencia de las experiencias pasadas que a veces pueden causarnos temores y ansiedades. Ayuda a modificar el contexto de su vida dando lugar a experiencias nuevas. Brinda una nueva perspectiva e importancia de sí mismo. Ayuda a liberar de estructuras que limitaban sus correctas acciones y deseos de crecer.

Personalidad: Mario posee fuertes deseos de triunfar para lo que cuenta con su inteligencia y facilidad en asimilarlo todo. Es ambicioso y es capaz de grandes realizaciones. En el amor prefiere la admiración de su pareja y destaca las virtudes de quien lo acompaña.

Compatibilidad astrológica: Acuario, Leo, Libra, Cáncer.

Miriam

El Ángel del dinamismo: Este Ángel es indicado para emprender los grandes cambios positivos, sobre todo los relacionados con la casa: obtención, compra, alquiler, mudanza, etc. En el trabajo: obtención, planificación de nuevos proyectos y creatividad profesional, etc.

Personalidad: Miriam exige el respeto de los demás y habitualmente lo obtiene. Desea organizarlo y controlarlo todo. Tiene gran originalidad. Es una persona con un punto de vista muy definido. Le disgustan las restricciones, pues necesita sentirse libre. Casi siempre se eleva a una posición de cierta autoridad. Insiste en que la pareja, los amigos, los familiares, los compañeros de trabajo y el jefe la traten con respeto.

Compatibilidad astrológica: Aries, Sagitario, Capricornio, Leo.

Marianela

El Ángel que compone: Ayuda a superar problemas espirituales del pasado; por lo tanto, es capaz de sacar a la luz su creatividad. Aclara cualquier tipo de confusión y es muy útil para alcanzar un equilibrio interior. Su contacto lo libera de toda preocupación.

Personalidad: Marianela es una mujer adaptable, seductora, comprensiva y muy independiente. Es inteligente y con una memoria que le permite destacar en cualquier profesión relacionada con la expresión, la comunicación o la creatividad. En el amor es apasionada, tierna, sensual y seductora, pero es muy posible que sacrifique su vida afectiva por la profesional.

Compatibilidad astrológica: Sagitario, Piscis, Acuario, Aries.

Mariano

El Ángel de la disciplina: Genera y recuerda cómo fue el origen de nuestro deseo antes de darnos por vencidos. Al llamarlo se liberan todas las tensiones. Es importante invocarlo para reafirmar nuestras intenciones antes de emprender cualquier tarea o actividad. Ayuda a mantener constante el buen humor.

Personalidad: En el terreno sentimental, Mariano es muy exigente en la selección de su compañera. Desea que los demás lo admiren. Es muy idealista, le gusta militar en asociaciones o movimientos de carácter social, humanitario o benéfico. Es una persona práctica y es capaz de hacer el espacio necesario para llevar una vida tranquila. Sabe con exactitud cuándo está en el camino correcto o en una dirección equivocada. Es muy alegre y cuando se encuentra en armonía irradia felicidad y confianza.

Compatibilidad astrológica: Aries, Sagitario, Capricornio, Leo.

Mariana

El Ángel del perdón: Recomendado para las personas que fácilmente entran en ira o sufren enojos. Restablece la armonía, libera tensiones, aplaca el estado agresivo. Permite ver la solución a los problemas con mayor claridad. Brinda paz espiritual. Confíe en el Ángel todas sus heridas y sentirá, que toda su energía se expande y crece. Se sentirá mágicamente tocado por el amor infinito.

Personalidad: Su carisma e intuición son muy grandes lo cual le permite realizar creaciones perdurables en distintos ámbitos. En el terreno sentimental es una mujer fiel y una buena ama de casa, pero muy autoritaria y celosa, y si se siente engañada o decepcionada, nunca perdona. Mariana es una mujer activa, enérgica y voluntariosa a quien le gusta mandar y decidir. Es laboriosa, amante del orden, la tradición y la estabilidad.

Compatibilidad astrológica: Acuario, Leo, Libra, Cáncer.

Marino

El Ángel del magnetismo: Su conexión nos despierta del largo sueño ilusorio de nuestras vidas. Puede comprender la verdadera esencia de las cosas, corriendo el velo de lo superficial e intrascendente. Puede ver las motivaciones y ayuda a leer su corazón. Así todas tus acciones tienen una irradiación de gracia especial.

Personalidad: En el terreno sentimental se muestra duro, leal, franco, generoso, pródigo y fiel. Marino se centra en sí mismo y en su bienestar material. Pero también presenta otra faceta que le impulsa a ser compasivo, abnegado, altruista e interesado en formar parte de grupos o sociedades que comparten sus mismos ideales. Aún practicando dichas actividades siempre mantendrá su carácter y su personalidad y espíritu práctico.

Compatibilidad astrológica: Aries, Sagitario, Leo, Libra.

Marina

El Ángel de los hallazgos: Apoya en nuestro proceso personal con la intención de disolver cualquier inquietud interior. Brinda una gran apertura para desarrollar mayor creatividad en todo momento. Inspira con constancia. Da la seguridad para afrontar cualquier prueba personal. Al invocarlo sentimos amor infinitamente majestuoso.

Personalidad: Marina está consciente de su misión en la vida. Siente un gran compromiso cuando se enamora. Necesita que el amor siempre la acompañe. Se aferra al cariño y los cuidados de otros. No se preocupa por las posesiones materiales ni por acumular grandes riquezas. Puede ganar grandes sumas de dinero por sus ideas muy originales. Le gusta apoyar a la gente que se encuentra en situaciones difíciles.

Compatibilidad astrológica: Acuario, Leo, Libra, Cancer.

Marisol

El Ángel de las consagraciones: Brinda paz, armonía y fuerza para ayudar a superar situaciones muy traumáticas o periodos de prueba. Aumenta el amor propio y la compasión por los demás. Disipa todo tipo de frustraciones. Aprende a proponerle cambios positivos a los demás, comunicándolos en forma diplomática y certera.

Personalidad: Es intuitiva, receptiva y llena de encanto y sensualidad. Es altruista y humanitaria, y cuando ello no le es posible, tiene sueños fantasiosos y quiméricos. Se dirige al mundo de lo oculto y misterioso. A pesar de su mente bien organizada no ha nacido para una vida rutinaria. Su ambición suele ser muy grande, especialmente en el terreno sentimental. El hombre que quiera ser su pareja debe poseer muchas cualidades y posibilidades. Si carece de las mismas, su amor e ilusiones no tardan en apagarse.

Compatibilidad astrológica: Aries, Sagitario, Leo, Libra.

Marta

El Ángel de la excelencia: Se encuentra en permanente movimiento, a veces parece un guerrero, otras un niño y en general se presenta con un amor por cuidarnos y servirnos. Sus colores se mezclan entre el naranja, amarillo, rosa y blanco.

Personalidad: Marta posee una fuerte personalidad sensible y emotiva. No por ello deja de ser capaz de asumir toda clase de responsabilidades y decidir cómo ha de ser su propia vida. Y si de algo peca es de ser poco diplomática y muy autoritaria. Es una individualista para quien la emancipación de la mujer es algo real al menos en lo que a ella se refiere. Es orgullosa, nerviosa, oportunista e imaginativa y con excelentes reflejos. Más que una intelectual es una mujer de acción con un elevado sentido práctico. En el terreno sentimental es ardiente, apasionada y posesiva; busca la estabilidad. Para ella el hogar debe tener una base sólida y afectiva.

Compatibilidad astrológica: Aries, Sagitario, Capricornio, Leo.

Martín

El Ángel de la conservación: Tiene una energía parecida al fuego. Los colores de su luz son naranja brillante y puede invocarlo para renovar la belleza y recomponer la salud. Su calor provoca una fuerte circulación de la sangre, acelerando los procesos vitales para sentirte mejor. La práctica de su contacto provoca el sentido de la unidad con la humanidad y con el universo.

Personalidad: Martín es viril y activo, deseoso de hacerlo todo y ser siempre el mejor. Es desconfiado e inquieto y le cuesta conceder su amistad, pero cuando lo hace es un amigo sincero con el que se puede contar. Para él lo más importante es su libertad. Su curiosidad lo hace cambiar y viajar, conocer nuevas gentes y paisajes. A pesar de buscar la seguridad en la vida familiar, su pareja deberá hacer gala de bastante fantasía si quiere conservarlo.

Compatibilidad astrológica: Géminis, Sagitario, Virgo.

Martina

El Ángel de la reciprocidad: Puedes definir metas, desarrollar poderes personales y vivir en el presente. Estimula el contacto con la existencia con todos los seres vivos y con el propósito de la vida. Permite superar falsas expectativas. Ayuda a apreciar las cosas buenas.

Personalidad: Martina es ambiciosa y sueña con realizar grandes cosas. Allí se hacen más evidentes sus capacidades de organización y mando. En el amor su objetivo es la vida familiar siendo muy feliz cuando se halla rodeada de su familia. Es una magnífica ama de casa y necesita de tranquila estabilidad. Es trabajadora y paciente, organizada y metódica y a pesar de ser muy autoritaria desearía llevar una vida apacible.

Compatibilidad astrológica: Libra, Escorpión, Géminis.

Martiniana

El Ángel que identifica: Ayuda a establecer contacto con el momento presente y a dejar atrás el pasado. Permite que fluyan tus sentimientos. Proporciona acceso a la paz y la alegría a través de la superación de emociones que han estado estancadas. Ayuda a poner orden en los temas relacionados con los sentimientos. Asiste para aprender a decidir y elegir las prioridades en la vida.

Personalidad: Es muy adaptable, de buen humor, sociable y de rápida comprensión. Gusta del diálogo y la conversación, siendo muy persuasiva e ingeniosa. Es muy reservada en lo que se refiere a su persona e intimidades. Es muy trabajadora, hábil y paciente. Puede destacarse en cualquier actividad creativa relacionada con la artesanía, el arte o la escritura. En el terreno sentimental es apasionada y necesita ser escuchada y respetada.

Compatibilidad astrológica: Sagitario, Piscis, Acuario, Aries.

Matías

El Ángel que domina: Tiene una voz muy imponente que resuena como un viento cálido. Se presenta con un color azul muy potente. Jamás retrocede ante ningún obstáculo o problema; su vuelo es muy firme y nada puede detenerlo. Siempre está cerca esperando alguna conexión. Su presencia es imposible de confundir, porque crea un sentimiento de entusiasmo o una fortaleza sobrenatural que no poseía antes de invocarlo.

Personalidad: Matías tiene un buen sentido del amor, de las asociaciones ya sean en el trabajo o la vida en pareja. Se siente más realizado ejecutando tareas que puedan redundar en beneficio de los demás. Es altruista. Lleva a la práctica sus ideales, su ambición y deseo de realizar grandes cosas. En el terreno sentimental es un idealista que necesita hallar un alma gemela que le cuide y le mime.

Compatibilidad astrológica: Cáncer, Piscis, Capricornio.

Mateo

El Ángel de las apariciones: Su aspecto es maravillosamente divino. Aparece como un sabio milenario y su mirada es tierna como un bebé. Los colores de su energía son iguales al cielo cuando amanece. Cambian del azul intenso pasando por el púrpura hasta el amarillo brillante como el Sol. Su sabiduría, amor y poder son tan inmensos que siempre cumple con lo que se le pida.

Personalidad: Mateo transmite sus conocimientos con claridad y amabilidad, puede abrir perspectivas nuevas a otras personas. Le gusta descubrir cosas nuevas en todos los ámbitos de la vida. Se acerca a la vida no desde un modo intelectual sino desde el corazón y los sentimientos. Ama la naturaleza. Le gusta tomar decisiones que lo muevan hacia una nuevas direcciones porque no se ata al pasado.

Compatibilidad astrológica: Cáncer, Tauro, Capricornio.

Mauro

El Ángel que impacta: Refuerza la integración de los aspectos pasivos y activos de la personalidad. Equilibra la tendencia a pensamientos muy analíticos. Infunde claridad y armonía cuando se presentan problemas relacionados con el amor o el trabajo. Proporciona una profunda paz y el perdón a uno mismo en los momentos de conflicto.

Personalidad: Mauro es inteligente, enérgico, reservado y obstinado y su fin primordial es el poder y los bienes materiales. Es hábil, ingenioso e inteligente. Desea expresarse y comunicar, y dada su facilidad para sacar provecho de sus experiencias, no es raro que llegue a triunfar en la vida. Es tímido e inquieto y a veces llega a dudar de sus propias capacidades, lo que compensa desplegando una gran actividad. En el terreno sentimental basa su vida amorosa y familiar en la mutua confianza, el respeto y la autenticidad.

Compatibilidad astrológica: Capricornio, Tauro, Aries.

Mauricio

El Ángel de la agudeza: Equilibra los extremos emocionales. Ayuda a que desaparezcan bloqueos, en particular los relacionados con la comunicación con los demás. Ayuda en el proceso de encontrar la verdad, alcanzando una nueva dirección espiritual. Permite descubrir los secretos más profundos de nuestro ser.

Personalidad: Mauricio es muy sensible y dependiente del ambiente familiar. Es afectivo. Fuera de ser hábil tiene excelentes reflejos físicos y mentales. Es de rápida inteligencia y buen comunicador. Se inclina a la pasividad, la reflexión y la introversión. Esto hace que ambos aspectos de su personalidad pueden alternarse o hacer que a veces se bloqueen. Su tendencia es intelectual. No es realmente un pensador o un filósofo, sino un hombre con un buen sentido de los negocios y la cooperación. En el terreno sentimental es franco, fiel y apasionado, pero espera hallar justa correspondencia en su pareja y formar una familia. Es muy protector con sus hijos.

Compatibilidad astrológica: Cáncer, Tauro, Piscis.

Máxima

El Ángel de las riquezas: Enseña que la vida es como la búsqueda del tesoro; una pista lleva a la siguiente. Primero encuentra la clave y comienza a descifrarla. Esto puede llevar tiempo, paciencia y perseverancia, pero hasta que no la haya logrado, no podrá pasar a la siguiente. Es necesario estar sereno y en paz para resolver hacia donde va y lo que va a hacer.

Personalidad: Es dinámica, activa, emprendedora, ambiciosa y siempre dispuesta a asumir sus responsabilidades. Su visión del mundo es algo estricta; todo es blanco o negro, bueno o malo, sin matices. Es generosa y enemiga de engaños e injusticias ante las cuales puede reaccionar en forma agresiva porque está en juego su amor propio. Posee un fuerte sentido práctico y puede convertirse en una excelente mujer de negocios. Es femenina, seductora y coqueta, amante del lujo y los signos externos de riqueza. Busca la amistad y la cooperación.

Compatibilidad astrológica: Capricornio, Tauro, Escorpión, Acuario.

Máximo

El Ángel de lo indivisible: Su misión es ayudar a tomar conciencia del infinito poder que tiene cuando funciona en armonía con el universo. Su conocimiento permite entender que la vida es un continuo aprendizaje. Posee un efecto sorprendente y maravilloso porque brinda calma y paz. Permite que la luz celestial descienda sobre la persona que lo llama.

Personalidad: Máximo posee autoridad e individualidad naturales sobre los demás, en el mejor sentido de la palabra. Se preocupa mucho por la comunidad. Puede ver los dos aspectos de una situación y tomar la decisión correcta. Tiende al equilibrio de la mente consciente e inconsciente. Demuestra madurez emocional e intuitiva. Es amable, sensible y sabe brindar consuelo.

Compatibilidad astrológica: Géminis, Sagitario, Virgo.

Maya

El Ángel de la fe: Brinda asistencia desde lo espiritual en problemas graves donde la persona tiene bajas sus defensas. Este Ángel es un canal para la purificación física y espiritual de una persona o de un lugar determinado. Otorga más alegría y ganas de vivir. Es ideal para superar la depresión ocasionada por cualquier motivo, para conseguir una pareja y formar una familia.

Personalidad: Siempre está dispuesta a desplegar encanto, seducción y simpatía. Es inteligente, hábil, muy curiosa y comunicativa. Profesionalmente tiene aspectos de contradicción porque parece que quiere destacarse y brillar. Pero puede que a lo largo de su vida esto le genere confusión y se quede con una sensación de no haber cumplido sus deseos de realizarse. En el amor, sabe desplegar tacto y seducción, pero es muy inestable.

Compatibilidad astrológica: Géminis, Sagitario, Virgo.

Melania

El Ángel de la naturaleza: Permite la conexión de su verdadero origen con los poderes que posee y con aquellos que debe reconocer. El Ángel está conectado con todas las energías vivientes que se llaman debas, duendes, ondinas, salamandras, gnomos, hadas que ayudan a crear el equilibrio de la naturaleza. Permanece observando a su alrededor y recuerda la vida infinita que amorosa y poderosamente nos brinda la presencia de los seres de luz.

Personalidad: En el trabajo es activa y eficiente, pero muy irregular, dependiendo mucho de las circunstancias y de su estado de ánimo. En lo sentimental se muestra reservada y aparentemente fría, lo que no impide que sea fiel. Es muy exigente y le cuesta encontrar una pareja que responda a sus exigencias y afinidades intelectuales, culturales o espirituales. Por tal razón a veces vive en soledad. Posee una fuerte personalidad. Es enérgica, voluntariosa e independiente, y también hábil, maleable y adaptable. Posee habilidad manual, sentido de la comunicación y cierta sofisticación.

Compatibilidad astrológica: Aries, Sagitario, Capricornio, Leo.

Melchor

El Ángel de la obediencia: Brinda la capacidad para resolver cualquier situación. La palabra que vibra en su interior es "yo puedo". También canaliza la energía y explora sus mejores cualidades para que salgan a la luz. Ayuda a ser más positivos. Puede aprender a conquistar situaciones del mundo exterior.

Personalidad: Es un hombre casi siempre sereno, tranquilo reservado y profundo. Es algo tímido y honesto. Puede atraerle todo lo relacionado con lo religioso o trascendente. Durante su vida puede tornarse ambicioso pero es capaz de realizar grandes cosas sin esperar recompensa. En el terreno sentimental es tímido y romántico. Es poco expresivo con sus sentimientos.

Compatibilidad astrológica: Acuario, Leo, Libra, Cáncer.

Melisa

El Ángel que nutre: Da el poder de adquirir libertad a través del compromiso. Al encontrar la tarea, el grupo o la profesión indicada, es posible liberar las energías para ser más eficaces y estar más satisfechos con nuestras actividades. Su contacto ofrece poder y sabiduría.

Personalidad: Melisa es una mujer un poco soñadora, muy tierna y sensitiva. A pesar de su necesidad de una vida sentimental, a veces puede ser inestable y transparente. Necesita libertad y al mismo tiempo estabilidad en las relaciones afectivas.

Compatibilidad astrológica: Libra, Escorpión, Géminis, Tauro.

Mercedes

El Ángel de las asociaciones: Se presenta como un abanico de múltiples tonos de rosa. Tiene una presencia muy delicada y su conexión se manifiesta como un perfume ilimitado de todo tipo de flores. Permite generar nuevas amistades. Trabaja sobre el plano afectivo, mejorando las relaciones, dejando de lado los miedos y desarrollando un campo energético de proyección en la persona que lo invoca.

Personalidad: Mercedes es una mujer elegante y adaptable que saca provecho de todas las circunstancias tanto positivas como negativas. Su sensibilidad y su sentido de la cooperación son muy notorios. Puede formar parte de asociaciones profesionales o simplemente lúdicas. A veces tiende a evitar responsabilidades tornándola inestable. Para ella la vida sentimental es muy importante, y se revela como muy afectuosa, emotiva y maternal. La vida en pareja es quizás lo único que puede estabilizarla.

Compatibilidad astrológica: Cáncer, Tauro, Capricornio.

Merlina

El Ángel del espíritu: Ayuda a eliminar todo lo que no es esencial para la vida. Enfrenta aquello que es oscuro o incierto y toma lo mejor de su ser. Facilita la creación de nuevas ideas y acciones. Actúa para que su corazón esté listo para amar a todos los seres humanos.

Personalidad: Merlina se caracteriza por ser una autoridad natural y una gran fuerza de persuasión. Siente necesidad de mandar y dirigir. Una vez conseguidos sus objetivos sabe mantenerlos y estabilizarse. Es muy sociable y le gusta sentirse admirada. Sabe mantener la distancia con los demás con la suficiente destreza para no ser notada. En el terreno sentimental es selectiva y demasiado exclusiva en sus elecciones.

Compatibilidad astrológica: Sagitario, Capricornio, Leo.

Miguel

El Ángel de la libertad: Genera un campo positivo que pone fin a la tristeza y depresión. Brinda alegría y ganas de vivir. Ayuda a eliminar la ansiedad de la depresión. Es indicado para lograr una recuperación rápida, incluyendo problemas afectivos de pareja. Ayuda a tomar decisiones sin la presión de ninguna situación externa.

Personalidad: Miguel es simpático, abierto, sociable, activo y dinámico. Desea hacerlo todo y ser el mejor. Se destaca en todas las actividades que realiza. Puede estar dispuesto a accionar cuando se lo necesite. Mide cada situación al detalle. En el terreno sentimental es muy protector y amante de los niños. Desea formar una pareja estable.

Compatibilidad astrológica: Géminis, Sagitario, Virgo.

Micaela

El Ángel de la combinación: La invocación del Ángel brinda paz mental. Ayuda a resolver los asuntos que complican la armonía en la vida diaria. Aporta más confianza en uno mismo, e independencia con respecto a la aceptación de los demás. Promueve la integración del alma con la personalidad.

Personalidad: Es voluntariosa. Dinámica y emprendedora con una fuerte personalidad que la impulsa a mandar y dirigir. Es discreta y amante de guardar los secretos, tanto los personales como los ajenos. Tiene un profundo sentido de la justicia y sabe respetar los derechos de los demás al igual que desea le respeten los suyos. Su vida se orienta más hacia el terreno profesional y personal que al matrimonial. Necesita mucha libertad para sus relaciones aunque éstas sean temporales.

Compatibilidad astrológica: Capricornio, Tauro, Escorpión, Virgo.

Milagros

El Ángel del beneficio: Acelera el proceso del despertar espiritual. Permite desarrollar bondad y amor para poder compartirla con los demás. Calma la mente cuando se encuentra intranquila o agitada. Estimula la intuición, así como la concentración para la creación.

Personalidad: En el terreno sentimental es una mujer enigmática que no hace nada para ser comprendida; unas veces apasionada, demostrativa y generosa, y otras dura y amargada. También es activa y dinámica. Intenta dar una impresión de fortaleza a quienes la rodean. En ella se mezcla la pasión, exageración, actividad, autoridad e impulsividad. Tiende a ser reflexiva posee mucha sensibilidad. En el amor es vulnerable a las personas más débiles que ella, o que muestran que no poseen el afecto de los demás.

Compatibilidad astrológica: Piscis, Libra, Cáncer.

Mirna

El Ángel que domestica: Da capacidad para recibir alimento que nutre los planos material, emocional, mental y espiritual. Equilibra la acción en el dar y recibir. Da capacidad para formar estrechas relaciones sin sacrificar la independencia o la separación. Crea un sistema de nutrición afectiva para sentirnos más íntegros y así poder controlar las emociones negativas.

Personalidad: Es más importante su vida interior, la reflexión e incluso la fe. Muchas veces parece ser solitaria e indiferente. En su vida se despierta el deseo de hacer grandes cosas, principalmente si es estimulada por su pareja o por cualquier otra persona. En el amor es tierna y apasionada y da seguridad a su pareja.

Compatibilidad astrológica: Cáncer, Capricornio, Piscis, Tauro.

Mirta

El Ángel que relaciona: Su apariencia es sutil. El color con el que se presenta es azul intenso y brillante como el color del cielo cuando amanece. Tiene una energía de gran intensidad. Al invocarlo repentinamente sientes en el cuerpo que la sangre comienza a circular en forma vital, generando más fuerza física.

Personalidad: Es una mujer emotiva, intuitiva, receptiva y sensual. Mirta es a veces un poco contradictoria. Aparenta en su interior dos personalidades: una introvertida y otra extrovertida que aparecen y se intercambian según las circunstancias. En el amor es sensual y apasionada, pero exigente y perfeccionista.

Compatibilidad astrológica: Aries, Sagitario, Leo, Libra.

Moisés

El Ángel de las consultas: Logra conectamos con nuestra maestría interna. Ayuda a estar alertas a cualquier situación complicada o peligrosa. Permite superar las desilusiones emocionales. Asiste para ser paciente y receptivo en todo momento. Es excelente para los momentos en que necesitamos paz interior.

Personalidad: Moisés es un idealista que precisa se le aprecie en su justo valor, se le quiera y además se lo digan. Cuando se siente querido y respaldado es capaz de dar lo mejor de sí mismo. Necesita de un alma gemela que le cuide y lo ame. Profesionalmente es preceptivo y bien organizado, con el deseo de ser independiente. Su mayor atracción es la vida interior. Busca momentos para la meditación o puede refugiarse en la religión. En el amor necesita de mucha ternura. Es muy sensual, pero su compleja naturaleza a veces no permite exteriorizar demasiado.

Compatibilidad astrológica: Cáncer, Capricornio, Tauro.

Mónica

El Ángel de las confesiones: Su presencia es fácil de advertir porque cuando aparece, el mundo se detiene para escucharte. Su transparencia es total. Todo lo que antes no percibía, ahora es familiar y se siente a salvo.

Personalidad: Es sensible, emotiva, dependiente y puede llegar a ser muy desconfiada y prudente cuando no se halla a gusto. Es muy sensible al éxito social y material. Mónica posee un sentido comercial innato. Cuando es necesario sabe mostrarse como una mujer valiente y emprendedora a quien estimulan las dificultades y lo desconocido. En el amor es muy emotiva y necesita relaciones estables.

Compatibilidad astrológica: Cáncer, Capricornio, Piscis.

Morya

El Ángel de la divinidad: Libera el espíritu para que pueda sentir la verdadera sustancia espiritual. Con otros Ángeles forman un canal para transportar al Cielo las oraciones, agradecimientos y pedidos de las personas. Este Ángel tiene un alto poder vivificante sobre el entorno de la persona que lo invoca.

Personalidad: En el terreno sentimental es tierna, emotiva, sensible y generosa. La fidelidad no es su fuerte, lo que disimula mostrándose celosa. Es simpática, sociable, comunicativa y adaptable, por lo que se siente cómoda en cualquier ambiente en que se encuentre. Tiene facilidad de palabra, seducción e inventiva. Podría parecer superficial y vanidosa si no fuera por la ingenuidad y simpatía que desprende y la forma en que intenta ser útil a los demás.

Compatibilidad astrológica: Sagitario, Acuario, Aries.

Muriel

El Ángel de la conformidad: Libera de la necesidad de compararnos con otros permitiendo descubrir los talentos personales. Nos habilita a vernos tal como somos. Suaviza los sentimientos pasionales. Ayuda a disfrutar los acontecimientos cotidianos de la vida.

Personalidad: En el amor es una mezcla de brusquedad, exigencia, intolerancia, posesividad, pasión y celos; todo ello unido a algo que podría considerarse como romanticismo. Es una mujer nacida para triunfar. Es enérgica, obstinada, imaginativa y de rápidos reflejos. Tiene una gran fuerza interior. Es reflexiva, sólida, constante y más bien práctica que intelectual. Quizás le falte algo de espontaneidad. Desea ser útil y hallar una finalidad a la vida, por cuyo motivo no vacila en luchar por aquello que cree justo.

Compatibilidad astrológica: Capricornio, Tauro, Escorpión.

N

Nadia

El Ángel de la plenitud: Al contactar este Ángel puede cambiar la conciencia modificando todo efecto negativo de sus emociones. Brinda creatividad, intuición, sensibilidad, confianza en uno mismo, entendimiento armónico y perseverancia para lograr los objetivos.

Personalidad: Nadia es ordenada y metódica, especialmente, en las cosas prácticas como el hogar y el trabajo. Es noble y soñadora. Su prioridad es el amor y la vida familiar, por eso busca un tipo de pareja para canalizar su forma de sentir en el plano afectivo y crear una familia.

Compatibilidad astrológica: Cáncer, Capricornio, Piscis, Tauro.

Nahim

El Ángel de las correspondencias: Permite encontrar la verdadera identidad espiritual que reside dentro de su ser. Proporciona una dirección mental clara y profunda. Reduce "el estrés mental". Fortalece la mente. Ofrece una salida después del estancamiento en cualquier situación o circunstancia.

Personalidad: Nahim es un hombre seguro de sí mismo, fuerte, reservado, independiente, activo y emprendedor. Es pragmático y con los pies bien asentados en la tierra. Tiende a ser parte de grupos o sociedades que compartan sus mismos ideales.

Compatibilidad astrológica: Aries, Sagitario, Leo, Libra.

Natividad

El Ángel de las alturas: Provoca un sorprendente efecto de apertura de los centros energéticos abriendo los canales de comunicación aumentando enormemente la sensibilidad. Es fundamental para todos aquellos que realicen cualquier tipo de actividad relacionada con el crecimiento espiritual.

Personalidad: Natividad es simpática, franca, directa y comunicativa. Siempre está deseosa de agradar y relacionarse socialmente. Conocer y probar es su elección para conocer su libertad personal. Es de carácter sentimental. Si encuentra al hombre de su vida, sabrá hacer todo lo necesario para consolidar su hogar y la familia.

Compatibilidad astrológica: Géminis, Sagitario, Virgo.

Natacha

El Ángel de los deberes: Ayuda a mantener una actitud positiva con las personas con las que está en contacto. Permite ser consciente de la influencia ejercida sobre las personas. Ayuda a mantener firme su posición sin parecer obstinado, pero teniendo claridad en el dominio de las situaciones.

Personalidad: Natacha es creativa, posee autodominio, ambición, voluntad en sus actividades personales. Es una mujer perseverante, prudente, reflexiva, estable y con un notable sentido del deber. Su voluntad es firme y algo autoritaria. En el amor es fiel, honesta y buena administradora.

Compatibilidad astrológica: Acuario, Leo, Libra, Cáncer.

Natalia

El Ángel de lo familiar: Facilita aclarar problemas relacionados con el corazón, proporcionando el impulso para actuar de manera positiva y correcta, en vez de reaccionar en forma negativa. Es un excelente armonizador ante conflictos de índole familiar que requieran una resolución rápida y efectiva. Ideal para pedir bendiciones divinas para la familia, niños y adolescentes.

Personalidad: Natalia es una mujer alerta, hábil, ingeniosa y de rápida inteligencia. Físicamente es más fuerte y resistente de lo que parece, y se halla capacitada para el trabajo en equipo o en asociaciones políticas, sociales o comerciales. Es muy independiente y amante de la aventura, por lo cual sólo se asocia cuando tiene garantizada su independencia personal. En el amor es apasionada y está expuesta a aventuras.

Compatibilidad astrológica: Géminis, Sagitario, Virgo.

Néstor

El Ángel de las recompensas: Permite mayor concentración, rapidez de reacción. Tiene capacidad de comprensión de nuestra realidad. Ayuda a aprovechar las posibilidades que se presentan para enriquecer el caudal del conocimiento y para ampliar sus recursos con conciencia de responsabilidad.

Personalidad: Néstor es sociable, activo y dinámico. Dado que es muy curioso y amante de los cambios, diversifica sus actividades y sabe adaptarse a todas las circunstancias con tal de lograr lo que quiere. Desea preservar su libertad e independencia. Es ordenado, metódico y detallista. A causa de dicha duplicidad interna no es raro que inicie proyectos a conciencia y luego pierda la motivación e inicie nuevas tareas.

Compatibilidad astrológica: Géminis, Sagitario, Virgo.

Nicolás

El Ángel de las responsabilidades: Su presencia termina con la soledad. Limpia y purifica tanto física como espiritualmente a la persona que lo invoca, así como al lugar que desee proteger de entidades negativas. Brinda alegría y deseos de vivir. Mejora la relación con la pareja y la familia en su totalidad.

Personalidad: Nicolás es un hombre muy adaptable y con una rápida comprensión. Es reservado en cuanto a su vida privada. Es buen trabajador, hábil y paciente. Puede destacarse en cualquier actividad relacionada con la creatividad ya sea artística o literaria. En el amor es apasionado, celoso y posesivo.

Compatibilidad astrológica: Sagitario, Piscis, Aries.

Nicole

El Ángel de las aventuras: Ayuda cuando la vida nos somete a duras pruebas. Cuando no podemos superar la pérdida de un ser querido, cuando la depresión, angustia y soledad se han apoderado de nuestras esperanzas y nuestros sueños. Asiste a atravesar los senderos de la oscuridad y encontrar el camino de la luz. Libera el cuerpo y alma de las energías de baja vibración.

Personalidad: Posee un gran carisma y al mismo tiempo disciplina. Le da a otras personas calidez, apoyo, atención y comparte con ellos sus conocimientos de las cosas de la vida. Tiene potencial para vivir el momento presente y una gran habilidad para comunicarse con claridad. Puede tener acceso a empresas muy importantes en su destino personal. Tiene la habilidad de reírse de los misterios de la vida.

Compatibilidad astrológica: Géminis, Sagitario, Virgo.

Nieves

El Ángel de la velocidad: La velocidad de este ángel reside en su nivel de vibración superior de luz que se alimenta de todas las cualidades divinas que naturalmente poseemos los seres humanos.

Personalidad: Nieves es estable, bien organizada, ordenada y resuelta. Posee mucha facilidad de expresión y de comunicación. Nunca se entrega por completo y guarda para sí sus vivencias íntimas. En el amor es posesiva, dominante y desea ser querida y admirada.

Compatibilidad astrológica: Acuario, Leo, Libra, Cáncer.

Nilda

El Ángel de la calidad: Gracias a su asistencia puede acentuar la entrada de la luz a cualquier situación. Atrae la luz dando energía a nuestro cuerpo y espíritu. Estimula la percepción de la mente. Ayuda a la clarificación del pensamiento. Renueva la energía en las relaciones con los demás, provocando un aroma nuevo pleno de dulzura y armonía.

Personalidad: Nilda es cariñosa, tierna e intuitiva. Tiene un sentido muy particular de la compasión y pone en práctica esta cualidad. Ama al prójimo y confía en el amor de los demás. Es de carácter fuerte y tiene mucha energía. El posible reto que debe enfrentar está en el amor. Enfrenta grandes dificultades en su vida por negar a veces su realidad.

Compatibilidad astrológica: Acuario, Leo, Libra, Cáncer.

Noel

El Ángel de la dedicación: Ayuda y puede ser útil para estimular la energía y tener siempre un sentido realista de la vida. Aumenta el nivel de conciencia, para estar alerta en todas las situaciones y circunstancias. Para estimular la creatividad cuando se necesite aplicar en forma práctica. Conecta con la parte más pura de nuestro ser.

Personalidad: Noel es un hombre tranquilo y le interesa mantener la armonía en sus relaciones. Conoce muy bien su personalidad y a quienes lo rodean. Es muy detallista. Suele ser un buen negociante o un buen socio y le gusta trabajar en equipo. En el amor es tierno, sensual y bastante dependiente de su pareja. El camino más corto para llegar a su corazón pasa por su estómago.

Compatibilidad astrológica: Cáncer, Capricornio, Piscis, Tauro.

Noelia

El Ángel del regocijo: Para elevar un pedido importante; para recibir ayuda espiritual. Da fuerzas y consuelo ante situaciones que sentimos que no somos capaces de resolver. El poder que irradia es tan profunda que experimentamos una confianza inmediata con su contacto.

Personalidad: Noelia es una mujer que tiene la capacidad de cuestionarse a sí misma. Tiene poder de persuasión cuando desea conseguir algo. Se comporta con serenidad ante situaciones difíciles. Es una persona que tiende a la perfección, pero debe intentar hacer una sola cosa paso a paso y con cuidado. Un paso a la vez. En el trabajo es muy ambiciosa y quiere lograr todo lo que se propone.

Compatibilidad astrológica: Piscis, Acuario, Aries.

Noemí

El Ángel de la lealtad: El contacto de este ángel manifiesta cualidades de la persona que lo invoca. Ayuda a discriminar hasta donde funcionan los intereses personales con respecto a los demás. Transforma, nutre y protege nuestras relaciones. Ayuda a entrar en contacto con una profunda paz interior y con el propósito espiritual.

Personalidad: Noemí es mujer atractiva y sofisticada. Cuida mucho su aspecto físico. Es encantadora, simpática, seductora y muy comunicativa. Debajo de la apariencia física existe un fondo de idealismo y religiosidad. Tiene capacidad para destacarse en cualquier actividad que se proponga. En el amor es muy práctica y posesiva con los sentimientos.

Compatibilidad astrológica: Sagitario, Piscis, Acuario, Aries.

Nora

El Ángel de la transferencia: Transmite una poderosa energía, capaz de transformar su mundo emocional. Su penetrante visión interior lo capacita para experimentar la más profunda vivencia en su interior. Ayuda a discriminar y apreciar lo que es esencial en su vida y a liberarse del exceso de carga producidas por todas las exigencias y tensiones.

Personalidad: Nora es una mujer curiosa, inteligente y adaptable que quiere hacerlo todo y ser la mejor. Ama el cambio y la libertad. Prefiere el cambio permanente pues su ansia de vivir es insaciable. En el amor desea hallar una pareja que le asegure el plano material y social, y en general le resulta difícil al no ser precisamente un modelo de fidelidad y castidad.

Compatibilidad astrológica: Géminis, Sagitario, Virgo.

Norberto

El Ángel que prodiga: Su contacto nos permite diluir los temores que nos paralizan. Su energía armoniza los problemas de caracter emocional. Abre a los poderes tanto de la imaginación como de la intuición. Ayuda a tener acceso a las emociones más positivas para enfrentar la vida con una sonrisa.

Personalidad: Norberto es activo, curioso, crítico, analítico y algo escéptico. Su carácter dependerá del medio social porque a veces suele ser muy influenciable. En el amor se entrega a su pareja, pero le teme a la dependencia.

Compatibilidad astrológica: Piscis, Libra, Cáncer.

Norma

El Ángel de los espacios: Equilibra el nivel mental. Incrementa la memoria y la asimilación de la información. Ayuda a las capacidades telepáticas e intuitivas. Crea unidad de pensamiento y claridad de conciencia entre las personas Ayuda en las crisis de identidad sexual y en los desequilibrios de la polaridad masculina y femenina.

Personalidad: Gracias a su gran intuición puede adelantarse a las dificultades de la vida, antes de que éstas ocurran, y así poder defenderse. Intereses materiales la convierten en una persona previsora y conservadora frente a las inversiones. Tiende a hacer relaciones entrañables en su ambiente laboral. Buena iniciativa para adaptarse a los cambios sociales. Sus sentimientos armonizan en la lógica tanto como en la estética.

Compatibilidad astrológica: Cáncer, Capricornio, Piscis, Tauro.

O

Ofelia

El Ángel que obtiene: Ayuda a encontrar la bondad y alegría en cada situación. Aprendemos a utilizar la sabiduría en su máximo potencial. Es útil meditar para identificar los miedos ocultos. Su invocación provoca una energía que permite atraer hacia nosotros gente especial y muy tierna.

Personalidad: Ofelia tiene grandes cualidades mentales para planificar y manuales para realizar con pulcritud y detalle. Mentalmente es una persona llena de ingenio y originalidad. Tiene bien desarrollada su capacidad de concentración. Tiende a hacer relaciones verdaderas para toda la vida. Su actitud estricta y austera le sirven para conseguir sus fines previamente propuestos.

Compatibilidad astrológica: Acuario, Leo, Libra, Cáncer.

Olga

El Ángel de las medidas: Permite mayor confianza en sus deseos manteniendo la firmeza en sus decisiones. Ayuda a mantener el respeto propio y poder escuchar los dictados internos. Puede también canalizar mejor su energía y ejercer control sobre su vida tomando las decisiones correctas. Ayuda a ser más positivo respetando las necesidades. Ayuda a evolucionar en forma espiritual, física, mental y emocional. Genera energía y un dinamismo especial pleno de magnetismo.

Personalidad: Olga se preocupa por los temas ecológicos. Le gusta las aventuras o el contacto alejado de su medio cotidiano, especialmente cuando se dedica a crear. Se expresa muy bien de forma oral y escrita. Dedicarse a la comunicación le puede proporcionar ingresos económicos. Tiene una personalidad muy sociable que busca la felicidad de compartir. Escoge amistades preferentemente en ambientes artísticos o estéticos. La idea de servicio está presente en sus relaciones.

Compatibilidad astrológica: Aries, Sagitario, Leo, Libra.

Omar

El Ángel de las canciones: Puede ayudar a penetrar en su interior para abrir los bloqueos que lo agobian. Ayuda a liberar la zona más cerrada del cuerpo, mente o sentimientos. Es un Ángel que realiza su misión y luego continua volando; muy pocas veces se detiene. Se conecta siempre con el Ángel del amor para continuar su misión.

Personalidad: Omar es tranquilo, reservado, honesto, paciente, estable y voluntarioso. Es introvertido no gusta de hacer muchas amistades ni de una vida social activa. Prefiere la soledad y resolver sus problemas sin solicitar ayuda. Se apoya siempre en la lógica y el sentido común. En el amor su mayor meta es formar un hogar y una familia tranquila y estable.

Compatibilidad astrológica: Acuario, Leo, Libra, Cáncer.

Oriana

El Ángel de la claridad: Desvía las energías negativas del medio ambiente. Genera un campo de energía que inmuniza contra influencias que afectan el cuerpo y la mente. Su contacto asiste para neutralizar las energías negativas propias, (la cólera, los celos, la inseguridad, etc).

Personalidad: Suele atraer a los otros como un imán. Sus amigos y conocidos la aman sinceramente. Cuando asume un compromiso afectivo demuestra verdadera devoción por el ser amado. Posee más idealismo y afecto que sensualidad en su naturaleza amorosa. Es romántica de nacimiento, con una fuerte veta sentimental. Se siente atraída por el arte y le une intensa afinidad con la música. Gusta de las casas bonitas y los muebles de buen gusto, los colores pastel y la armonía en el ambiente que habita.

Compatibilidad astrológica: Libra, Escorpión, Tauro.

Oscar

El Ángel de las trayectorias: Canaliza una energía de seguridad y protección. Brinda éxito en el trabajo y en los negocios. Ofrece fuerza espiritual en todos los momentos. Su llamado es fundamental para mantener el equilibrio, y sobre todo en todas aquéllas personas que practican usualmente algún tipo de ritual, yoga y otras técnicas corporales.

Personalidad: Oscar es sociable y activo. Adora la libertad, los cambios y los viajes. Es muy rápido y adaptable, pero a la vez ordenado y metódico. Se desenvuelve bien en cualquier lugar y trabajo. A veces, por iniciar algo nuevo, se dispersa inútilmente. En el terreno sentimental es encantador y deseoso de fundar un hogar que lo ate, estabilice y le dé seguridad. Esto es bastante difícil, casi tanto como ser fiel.

Compatibilidad astrológica: Géminis, Sagitario, Virgo.

Osiris

El Ángel de la gentileza: Gracias a este Ángel podemos canalizar la luz necesaria para desbloquear nuestra energía metal. Brinda la fuerza necesaria para llevar a cabo los sueños.

Tiende a disolver las emociones negativas y reprimidas, disi-
pando y purificando la mayor parte de los esquemas negativos en los residuos áuricos. Incrementa la capacidad de concentración.

Personalidad: Sus rasgos más característicos son el idealismo y
la educación superior. Desea realizar viajes por el extranjero y
descubrir los secretos de las distintas religiones. Es optimista
por naturaleza, y se encuentra siempre en movimiento. En el
terreno económico busca la expansión constantemente para
lo cual vuelca todos sus conocimientos. Admira la transparencia ya sea en una relación amorosa, en el ámbito laboral o
en la amistad.

Compatibilidad astrológica: Sagitario, Piscis, Acuario, Aries.

Osvaldo

El Ángel de la concordia: Ayuda a abrir el corazón para sentir el amor incondicional. Asiste para liberarnos de conflictos espirituales del pasado. Crea espacio para momentos
nuevos de alegría y lucidez. Fomenta nuevos comienzos
para lograr grandes cambios. Permite superar etapas de
cambios generales en la vida cuando la persona se siente
insegura, fuera de equilibrio y carente de paz.

Personalidad: Osvaldo es vulnerable, amante de la compañía; depende mucho del ambiente en que se encuentre, especialmente el familiar. Puede ser práctico, especialmente
en las relacionadas con el hogar o el trabajo. Es idealista y
desea sobresalir creyéndose un ser excepcional. Su mayor
peligro es la impaciencia y el fanatismo. En el amor tiende
a ocultar sus emociones porque las considera debilidades.

Compatibilidad astrológica: Cáncer, Capricornio, Piscis, Tauro.

P

Pablo

El Ángel de las sonrisas: Da el poder de adquirir libertad a través del compromiso. Al encontrar la persona, la tarea, el grupo o la profesión acertada, puede liberar sus energías para ser más eficaz y alcanzar mayor satisfacción en sus actividades. Una vez conocidas las prioridades y metas, puede dedicarse a ellas y concretar nuevas posibilidades.

Personalidad: Pablo es muy adaptable, tiene buen humor, es sociable y de rápida comprensión. Le gusta dialogar y conversar. Es también reservado en lo referente a su persona e intimidades. Es muy trabajador, hábil y paciente. Puede destacar en cualquier actividad creativa relacionada con la artesanía, el arte o la escritura. En el amor es apasionado y necesita ser escuchado y respetado.

Compatibilidad astrológica: Sagitario, Piscis, Acuario.

Paula

El Ángel de las necesidades: Proporciona formas y habilidades para experimentar y satisfacer las necesidades en las relaciones sin perder identidad e independencia. Despeja la mente para encontrar la solución a los problemas más difíciles.

Personalidad: Paula es una mujer activa, estable, segura de sí misma y deseosa de adquirir poder y riqueza. Para esto utiliza su original intuición. En el amor es importante llevar una relación que le permita abrir las puertas de sus intereses personales.

Compatibilidad astrológica: Capricornio, Tauro, Escorpión, Aries.

Paloma

El Ángel que deslumbra: Estimula la energía del plexo solar. Brinda verdad, justicia y brillo en cada situación. A este Ángel se le atribuyen poderes mágicos divinos. Es un aliado inmejorable para conseguir conocimientos superiores. Permite comprender el verdadero sentido del tiempo.

Personalidad: Es afectiva y necesita gustar, agradar, comunicarse y tener muchas amistades. Le es difícil decidirse. Su carácter es influenciable y perfeccionista. En su interior es abnegada y se siente tentada de huir de la realidad material, por lo que sus sueños pueden ser un medio para escapar de los problemas y conflictos de sus relaciones. En el amor es sentimental, romántica, fiel y estable.

Compatibilidad astrológica: Libra, Escorpión, Géminis.

Pamela

El Ángel del goce: La guía de este Ángel nos ayuda a trabajar con los impactos emocionales, los miedos y nos equilibra el aura cuando nos sentimos "desfasados de nosotros mismos". Su contacto permite aceptar todo lo que está sucediendo a nuestro alrededor y comprender la función divina detrás de cualquier circunstancia.

Personalidad: Pamela tiende a encerrarse en sus ideas y alejarse del mundo cuando su realidad no corresponde a sus deseos. Es detallista y con fuerte voluntad para realizarse. En el amor es muy misteriosa, introvertida, reservada, exigente y a veces es difícil comprenderla.

Compatibilidad astrológica: Acuario, Leo, Libra, Cáncer.

Patricio

El Ángel de la consideración: Impulso a la acción, voluntad, entusiasmo, vitalidad. Permite desintegrar hábitos negativos. Permite descubrir nuestra parte espiritual. Libera formas de pensamiento negativas que limitan la evolución.

Personalidad: Es sociable, activo y dinámico y desea hacerlo todo y ser el mejor. Es curioso y amante de los cambios. Diversifica sus actividades y sabe adaptarse a todas las circunstancias con tal de lograr sus deseos. Trata de preservar su libertad e independencia. Puede ser detallista y celoso. En el amor desea un hogar y seguridad.

Compatibilidad astrológica: Géminis, Sagitario, Virgo.

Patricia

El Ángel que motiva: Da un sentido real del valor. Sus acciones tienen una irradiación de gracia. Este Ángel reparará sus emociones, pensamientos y cuerpo.

Personalidad: Es decidida y desbordante de vitalidad y energía. Cuando le conviene sabe mostrarse reservada, obstinada y ambiciosa. Esto no es obstáculo para seguir siendo femenina, maternal e incluso algo coqueta. A pesar de ser generosa e interesarse por quienes la rodean, es consciente de las realidades de la vida y sabe mostrarse práctica y eficaz. La finalidad de su vida es el amor; necesita amar y sentirse amada, fundar una familia sólida y estable en un hogar bello y acogedor.

Compatibilidad astrológica: Capricornio, Tauro, Escorpión, Aries.

Paz

El Ángel de la expansión: Ayuda a confiar en los demás. Ayuda a ver de una manera realista nuestras relaciones personales, sin interferencia de juicios negativos, o de condicionamientos errados. Brinda la posibilidad de elevarnos por encima de las críticas y las ataduras psicológicas.

Personalidad: Parece más dura de lo que es en su interior. Es valiente, decidida, rechaza la injusticia, es hipersensible y muy vulnerable. Tiene una contradicción entre su lado egocéntrico y autoritario y el altruista dependiendo las circunstancias. A veces ambas facetas se armonizan resultando en actividades de tipo social o humanitario donde puede ocupar una posición directiva. En el amor es sensual, fiel, y quiere ser correspondida en la misma intensidad.

Compatibilidad astrológica: Aries, Sagitario, Escorpión, Leo.

Pedro

El Ángel que determina: Aplaca estados de tristeza que no han sido originados por motivos lógicos y están más relacionados con contaminaciones propias del plano espiritual. Nos trae otra visión que conecta el pensamiento con los sentimientos. Ayuda a encontrar una nueva dirección relacionada con la comunicación con los demás.

Personalidad: Su personalidad es compleja. Bajo una apariencia tranquila y sosegada se esconde un hombre nervioso y cerebral. Puede ser crítico, analítico y algo escéptico. En el terreno sentimental es ambivalente y su pareja tendrá que tener mucha paciencia.

Compatibilidad astrológica: Piscis, Libra, Cáncer.

Penélope

El Ángel de la persuasión: Brinda voluntad fuerte, decisión y recursos para lograr metas excepcionales. Fomenta la penetración y la habilidad para resolver conflictos, para enfrentar el lado oscuro de la naturaleza humana y poner su energía al servicio de la humanidad.

Personalidad: Posee autoridad natural y una gran fuerza de persuasión. Tiene armas que le permiten conseguir la independencia y la capacidad de mandar y dirigir a base de esfuerzo y paciencia. Es sociable y gusta sentirse admirada. Puede mantener una distancia conveniente con los demás con la destreza para no ser notada. En el amor se muestra selectiva e idealista, pero cuando encuentra al que ha de ser el hombre de su vida, no lo deja escapar.

Compatibilidad astrológica: Aries, Sagitario, Capricornio, Leo.

Pilar

El Ángel de las decisiones: La energía de este Ángel es positiva, especialmente para el plano emocional, porque brinda seguridad interna. Su potencia revitaliza los estados anímicos, libera el estrés, estabilizando en general, los pensamientos. Genera un estado de éxtasis profundo.

Personalidad: Pilar posee una firme voluntad y es capaz de llevar a buen término trabajos o empresas que requieran tiempo y paciencia. Puede ocupar los primeros lugares y ser admirada. Profesionalmente es capaz de destacar en actividades creativas o relacionadas con la expresión y la comunicación, incluso en aquellas que requieran habilidad manual. En el amor es fiel, honesta y buena administradora, y espera de su pareja la ayuda total.

Compatibilidad astrológica: Acuario, Leo, Libra, Cáncer.

R

Rafael

El Ángel del restablecimiento: Ayuda a percibir lo que necesitamos en cada momento. Ayuda a reconocer las influencias negativas que existen en nuestro ambiente. A través de su contacto angelical, podemos comprender cuáles son las formas de relaciones, alimentación, y actividad, que nos benefician o enferman.

Personalidad: Rafael es activo, emprendedor y muy voluntarioso. Es un hombre nacido para mandar y dirigir. Rechaza la mediocridad y no soporta desempeñar empleos subalternos que no sean transitorios y con posibilidades de ascender o independizarse. Es oportunista que sabe aprovechar las ocasiones. Cuando sufre algún fracaso, se amarga y le cuesta recuperarse. En el amor es poco emotivo, y a pesar de comprender a su pareja, le falta expresividad.

Compatibilidad astrológica: Capricornio, Escorpión, Tauro.

Rafaela

El Ángel que adivina: Brinda energía psíquica que proviene de fuentes internas. Permite tener claro el sentido de vocación. El contacto con este ángel ayuda a mantener los objetivos. Permite ser persistente y decidido. Al invocarlo, la fe y la aceptación aparece naturalmente dentro de su ser.

Personalidad: Rafaela es emotiva, intuitiva, receptiva. Plena de encanto y sensualidad. A pesar de aparentar superficialidad, en el fondo es una idealista que busca darle un sentido a la vida. Suele destacarse por su espíritu sistemático y capacidad organizativa. En el amor es sensual y apasionada, pero exigente y perfeccionista.

Compatibilidad astrológica: Aries, Sagitario, Leo, Libra.

Ramiro

El Ángel que moviliza: Ayuda a eliminar todo lo que no es esencial para vivir. Ayuda a enfrentar las pérdidas. Facilita la creación de lo nuevo. Inculca a ahondar en la experiencia, a ser más receptivo y perceptivo para beneficiarse a sí mismo y a los demás. También a tener experiencias sobre procedimientos profundos de autoconocimento.

Personalidad: Ramiro tiene buenas oportunidades de triunfar en su trabajo. Se entrega a una causa ideológica con generosidad. Tiene cierta inclinación a una excesiva comodidad, cuando no encuentra la meta de su vida. Tiene buena iniciativa para adaptarse a los cambios sociales. Mentalmente es muy equilibrado. Siempre toma decisiones con cautela. En el amor es ardiente y apasionado.

Compatibilidad astrológica: Géminis, Sagitario, Virgo.

Ramón

El Ángel del agrado: Su contacto brinda la capacidad para poseer estrechas relaciones sin sacrificar la independencia. Genera una verdeara compasión por los demás. Es especial para la armonía del hogar. Estabilizan las emociones y su presencia ayuda a las reconciliaciones.

Personalidad: Este hombre conoce como concentrarse en el detalle, al igual que como liberar la tensión que ello produce. Tiene necesidad de ponerse a prueba y arriesgarse hasta al máximo en cada situación. La utilidad y el pragmatismo son dos conceptos mentales que pone a trabajar con su inteligencia en el plano laboral. En el amor es discreto y amante de la verdad.

Compatibilidad astrológica: Aries, Sagitario, Leo, Libra.

Raquel

El Ángel de las fases: Es un Ángel transparente porque refleja nuestra alma. Ayuda a la evolución porque es el encargado de centrar la personalidad en el eterno aquí y ahora. Sus colores son amarillo, rosado y celeste intenso. Su presencia se siente como un anclaje profundo en nuestro interior.

Personalidad: Raquel es individualista y enemiga de cualquier tipo de ataduras. Muchas veces su iniciativa la lleva más lejos de lo que esperaba. Si se siente motivada es capaz de desarrollar una gran capacidad de trabajo. Es una buena organizadora, con capacidades de mando y administración. En el amor es una seductora, apasionada y puede ser agresiva ante la injusticia.

Compatibilidad astrológica: Géminis, Sagitario, Virgo.

Raúl

El Ángel de los emprendimientos: Ayuda a realizar emprendimientos con vitalidad y con un estado excelente psicológico y físico. Neutraliza los sentimientos y emociones para comprender nuestra profunda necesidad interior.

Personalidad: En el terreno sentimental su problema reside en su exceso de emotividad y entrega, que puede convertirlo en un esclavo de su pareja y familia. Al mismo tiempo necesita libertad. Es muy sensible por lo que tiende a protegerse. Sin embargo esto no es ningún obstáculo para mostrarse generoso e interesado en las vidas y problemas de los demás. Le gusta participar en tareas sociales y humanitarias.

Compatibilidad astrológica: Aries, Sagitario, Leo, Libra.

Rebeca

El Ángel de la aplicación: Reanima el optimismo para la tarea cotidiana. La invocación disipa los momentos de malhumor, cólera y rabia. Promueve el interés por nuevas aventuras, nuevos negocios y perspectivas. Su energía angelical alinea los cuerpos físicos y etéreos.

Personalidad: Rebeca es una mujer de carácter, impaciente e incluso autoritaria. Desconoce lo que son el tacto, la tolerancia y la debilidad. Es muy apasionada necesita encontrar un sentido a su vida. Tiene necesidad de triunfar. En su interior es emotiva y sensible. A pesar de su materialismo y amor al dinero, es generosa y capaz de sacrificarse por quienes ama o por aquellas causas que considera que lo merecen. En el amor sabe lo que necesita para tener la aprobación de los demás.

Compatibilidad astrológica: Escorpión, Capricornio, Tauro.

Reina

El Ángel que suministra: Ayuda su invocación al proceso de la transformación de la personalidad. En el ámbito laboral asiste para cambiar las situaciones difíciles. Permite superar las heridas y la ira después de una separación. Ayuda a vencer la falta de certeza en nosotros mismos. Su contacto crea un sentido de bienestar.

Personalidad: Reina es directa, franca y no tolera los engaños ni las injusticias. Es agradable y conciliadora, pero capaz de grandes cóleras cuando se la provoca. Tiene un profundo sentido de la amistad y le gusta participar en grupos de amigos con los cuales se muestra charlatana y espontánea, alegrándoles con su crítica.

Compatibilidad astrológica: Cáncer, Capricornio, Piscis, Tauro.

Renata

El Ángel de la meditación: Toma sus decisiones a partir de las enseñanzas que le muestra su corazón. Promueve la meditación como medio de liberar pensamientos y emociones que bloquean su libre accionar.

Personalidad: Renata es la que volvió a nacer. Es una mujer mezclada de pasión, exageración, actividad, autoridad, impulsividad y reflexión. Es pasiva y sensible, lo que produce un carácter explosivo. Es enigmática y no hace nada para ser comprendida; unas veces es apasionada, demostrativa y generosa, y otras es dura y amargada. En el amor sus sentimientos son sólidos.

Compatibilidad astrológica: Piscis, Libra, Cáncer.

Reinaldo

El Ángel de las metas: Permite mayor concentración, rapidez de reacción, capacidad de comprensión de la realidad. Aprovecha las posibilidades que se presentan para enriquecer el conocimiento y la conciencia de responsabilidad. Posee buena memoria. Tiene poder de convicción. Brinda creatividad, intuición, sensibilidad, confianza propia, entendimiento armónico y perseverancia para lograr los objetivos.

Personalidad: Reinaldo es contradictorio a causa de antagonismos emocionales. Su vida puede girar en insospechadas alternancias entre ambas tendencias. Puede pasar de una actividad ya sea en la política, el deporte o los negocios, a una tranquila tarea de investigación. En el amor puede ser apasionado o demostrativo, como cerrado, celoso y posesivo.

Compatibilidad astrológica: Piscis, Libra, Cáncer.

Ricardo

El Ángel de las empresas: Abre las puertas de la imaginación y la creatividad en el campo laboral. Su fórmula hace que las fuerzas de la naturaleza ayuden a generar nuevos proyectos de trabajo. Permite crear brillantes ideas. Su creatividad puede usarse en cualquier actividad. Permite que las fuerzas de la naturaleza le ayuden a crear situaciones de permanente crecimiento espiritual.

Personalidad: Ricardo es franco y honesto, pero brusco e intransigente. Es un hombre que sigue tranquilamente su camino siempre adelante. Gasta el dinero, pero le gusta acumularlo de un modo seguro y estable para invertirlo sin riesgos a fin de aumentarlo mediante dividendos e intereses.

Compatibilidad astrológica: Capricornio, Escorpión, Tauro, Aries.

Roberto

El Ángel de la emanación: Incrementa la entereza mental y psicológica frente a la aridez de los procesos de la vida. Promueve su presencia a ser más amigables y confiables. Facilita la elevación de conciencia espiritual. Su invocación magnetiza y cura todo lo que irradia.

Personalidad: Roberto es prudente. Duda mucho antes de emprender algo. Cuando se decide no hay nada que pueda detenerlo. Ambiciona conseguir poder e independencia. Es valiente y determinado. Siente la necesidad de gastar la energía que le sobra y le atrae el mundo de los negocios y las finanzas. A veces, se esconde bajo una apariencia crítica o irónica. En el terreno sentimental le falta espontaneidad y no sabe demostrar su cariño.

Compatibilidad astrológica: Capricornio, Tauro, Piscis.

Rocío

El Ángel que conduce: Ayuda a efectuar el trabajo atendiendo a las tareas que exigen más concentración y energía. También a actuar de una manera práctica, confiable y perseverante. Para lograr metas y a emplear el tiempo y las energías con excelentes resultados finales.

Personalidad: Rocío es materialista, trabajadora, voluntariosa, paciente y eficaz. Todo esto la beneficia para mantener su independencia personal. Es también idealista y de principios. Es emotiva, abnegada y humanitaria. Hace parte en actos o asociaciones sociales o benéficas. En el amor es fiel y estable.

Compatibilidad astrológica: Aries, Sagitario, Leo, Libra.

Rodolfo

El Ángel de la creación: Hace que las fuerzas de la naturaleza ayuden a generar sentimientos positivos para compartir con los demás. La excelencia puede usarse en cualquier actividad: investigación, desarrollo de proyectos, renovación de actividades laborales, arquitectura, decoración y remodelación de casas, etc.

Personalidad: En el amor es una mezcla de brusquedad, exigencia, intolerancia, pasión y celos. Desea expresarse y comunicar. Dada su elegancia natural y su facilidad en sacar provecho de todas sus experiencias, piensa siempre en ir hacia adelante gracias a su voluntad y capacidad de trabajo. Para él una palabra vale más que un contrato escrito.

Compatibilidad astrológica: Capricornio, Escorpión, Tauro.

Rodrigo

El Ángel que magnetiza: Permite el acceso a la belleza interior. Facilita el proceso del auto-conocimiento. Ayuda a abrir el chakra del tercer ojo. Proporciona acceso a las ideas nuevas, creativas y originales. Proporciona la atención nutritiva y maternal para auto protegernos.

Personalidad: Rodrigo es nervioso, inquieto, cerebral y con una gran imaginación. Su elegancia innata y su facilidad en asimilar nuevas ideas le permite triunfar en la vida y cumplir con su necesidad de poder para lograr la estabilidad interna y externa que necesita. Le gusta el deporte, la aventura y ama la naturaleza.

Compatibilidad astrológica: Aries, Sagitario, Leo, Libra.

Rolando

El Ángel de la combinación: Ayuda a edificar la vida para que cada acción sea un paso para acercarse al cielo interno. Permite crear confianza en sí mismo y en los demás. Genera sensibilidad combinada con una dosis sana de autoprotección. Despeja la mente para encontrar la solución a los problemas más difíciles en todos los planos de la vida.

Personalidad: Rolando posee una fuerte personalidad. Es estricto, autoritario y dominante; pero en el fondo es tierno, emotivo y generoso. En él se encierra un fondo de religiosidad o misticismo que hace que sólo se sienta realizado siendo útil. Ocupa cargos importantes y directivos tanto en su faceta profesional como en la humanitaria. En el amor es exigente. Es generoso y amante de los niños.

Compatibilidad astrológica: Aries, Sagitario, Capricornio, Leo.

Roldán

El Ángel que circula: Brinda su presencia sin demora. Al invocarlo lo traslada a otro tiempo y espacio donde puede discernir qué le sucede profundamente más allá de toda duda o condicionamiento externo. Transmite una poderosa energía. Es capaz de transformar la materia y hacer que realice funciones productivas.

Personalidad: Roldán es simpático, sociable, comunicativo y adaptable. Encaja muy bien en cualquier ambiente que se encuentre. Tiene facilidad de palabra. Es seductor e inventivo. Podría parecer superficial y vanidoso si no fuera por la ingenuidad y simpatía que desprende y la forma en que intenta ser útil a los demás. En el terreno sentimental es tierno, emotivo, sensible y generoso.

Compatibilidad astrológica: Sagitario, Piscis, Acuario, Aries.

Román

El Ángel del optimismo: Proporciona un verdadero contacto con el Yo Superior y con las propias capacidades psíquicas. Amplía los horizontes de nuestra vida. Facilita poder hablar sobre experiencias espirituales. Ayuda a entrar en contacto con la verdad cuando las emociones nublan el pensamiento.

Personalidad: Román es seguro de sí mismo. Tiene gran facilidad en asimilar nuevos conocimientos y experiencias para adaptarlas posteriormente. Es un triunfador en la vida, especialmente en la primera mitad. Luego el deseo de estabilidad lo hace sentir más pleno. Puede ser emotivo y abnegado, interesándose por actividades sociales. En el amor no es expresivo o fiel con sus sentimientos.

Compatibilidad astrológica: Aries, Sagitario, Leo, Libra.

Romeo

El Ángel de los intentos: Permite aflorar lo nuevo en la conciencia para lograr una evolución mucho más rápida en el ser interior. Ayuda a percibir intuitivamente cuál será el próximo cambio que experimentará.

Personalidad: Romeo es agradable del que se desprende un gran magnetismo y una sensación de fuerza. Es ordenado, metódico y capaz de asumir toda clase de responsabilidades. Es imaginativo y con buenos reflejos. Sabe reaccionar ante los acontecimientos con rapidez y eficacia. Tiene un buen sentido de la justicia y el deseo de evolucionar en todos los planos de la existencia.

Compatibilidad astrológica: Escorpión, Géminis, Tauro.

Romina

El Ángel de las definiciones: La invocación del Ángel refuerza el sistema inmunológico. Bloquea la depresión, alivia el estrés y la angustia. Es excelente para ayudar en momentos de confusión, temor o miedo ante situaciones difíciles. Es equilibrante entre la materia y el espíritu. Sana heridas sentimentales y aplaca dolores físicos.

Personalidad: Emotiva y sentimental, cuando se siente contrariada o herida tiende a encerrarse en sí misma o a descargar su frustración en el trabajo. Es idealista y soñadora, con ambiciones irrealizables. Su vida sentimental es difícil. Es romántica e hipersensible, espera demasiado, y sólo puede ser feliz si sabe dirigir su amor y abnegación hacia la maternidad.

Compatibilidad astrológica: Aries, Sagitario, Leo, Libra.

Rosa

El Ángel que permanece: Corrige los desbalances sexuales y emocionales. Ayuda a sanar relaciones difíciles con la pareja. Elimina tensiones y equilibra problemas de neurosis. Estimula la creatividad y la intuición. Ejerce un efecto sedante. Ayuda al cuerpo a asimilar nutrientes fortificando el sistema inmunológico.

Personalidad: Rosa posee el encanto, la feminidad, la sensibilidad, la intuición, la imaginación y la facilidad de expresión y comunicación de la vida en pareja. Es tierna y sensual. Es elegante y con una agilidad mental que le permite asimilar toda clase de ideas y experiencias. Es adaptable y maleable en apariencia, pero en realidad es más enérgica de lo que parece y sabe hacer valer sus derechos.

Compatibilidad astrológica: Cáncer, Capricornio, Piscis, Tauro.

Rosalía

El Ángel de los destinos: Tiene un claro sentido de vocación. Aquí conoce sus objetivos y metas a través de su estrella guía. Es persistente y decidido. Genera fe, aceptación y resistencia. Tiene continuas relaciones con el núcleo interior de todo.

Personalidad: Es influenciable, refinada y perfeccionista. Es muy sensible al confort. En su interior es abnegada y se siente tentada a huir de la realidad material. Tiende a escapar de problemas y conflictos, aun cuando a veces su huida puede concretarse en forma de viajes. Al mismo tiempo es extrovertida, afectiva y emotiva. Necesita llamar la atención.

Compatibilidad astrológica: Libra, Tauro, Escorpión, Géminis.

Rosario

El Ángel de la satisfacción: Ayuda a recuperar el entusiasmo natural y la alegría para ver la realidad con un sentido de gozo y satisfacción. Permite actuar de una manera práctica, confiable y perseverante. Ayuda a triunfar y a gozar de los logros.

Personalidad: Posee una autoridad natural y una gran fuerza de persuasión. Es sociable y gusta sentirse admirada. Cuando encuentra al hombre de su vida no lo deja escapar. Necesita atención y nunca se halla plenamente satisfecha.

Compatibilidad astrológica: Aries, Sagitario, Capricornio, Leo.

Roxana

El Ángel de las ceremonias: Genera propiedades curativas muy poderosas, transmutando males corporales y reconstituyendo las partes afectadas. Cura la tristeza. Es armonizante para todos los asuntos del corazón. Su energía nos permite tener un sentido sagrado de la vida.

Personalidad: Roxana es estable, perseverante, con una firme voluntad y capaz de llevar a buen término metas que requieran tiempo. Tiene un gran sentido del deber. Prefiere figurar y ocupar los primeros lugares, apreciando el lujo y los honores. Es autoritaria y a veces rencorosa. Profesionalmente es capaz de destacarse en actividades creativas. Busca una pareja de igual condición tanto en lo económico, como en lo afectivo.

Compatibilidad astrológica: Acuario, Leo, Libra, Cáncer.

Rubén

El Ángel de la percepción: Permite poner en marcha todo su poder y energía. Otorga la expansión de la conciencia y registro correcto de las ideas que se precipitan desde la mente superior, o incluso desde los niveles más elevados de su ser.

Personalidad: En el amor incorpora a su idealismo y romanticismo una buena dosis de exigencia, pasión y celos. Es más práctico que intelectual. Es emprendedor, activo y dinámico. Rechaza toda clase de autoridad y jerarquía a pesar de que es enérgico y obstinado y nunca pierde de vista el provecho que puede sacar de las oportunidades que se le presentan.

Compatibilidad astrológica: Capricornio, Tauro, Escorpión.

Ruth

El Ángel que obtiene: Posee un efecto sorprendente y maravilloso. Trae tranquilidad y paz. Permite que la luz celestial descienda sobre todo aquello que sea luminoso, haciendo que todas las dudas encuentren respuesta, volviendo todo más claro y luminoso. Cuando lo invoca, aumenta la seguridad personal y disminuye los miedos hasta hacerlos desaparecer.

Personalidad: Ruth es enigmática y algo singular. Es tímida y reservada a veces se muestra inquieta y nerviosa. Duda de sus propias capacidades y sopesando el pro y el contra de las cosas antes de decidirse. Puede encerrarse en sí misma al menor contratiempo.

Compatibilidad astrológica: Piscis, Libra, Cáncer.

S

Sabrina

El Ángel de la memoria: Permite una mayor concentración, rapidez de reacción para capacitar la comprensión en la realidad. Ayuda a aprovechar las posibilidades que se presentan y a enriquecer el conocimiento.

Personalidad: Es práctica, adaptable, seductora, comprensiva y muy independiente. Es inteligente y posee una memoria que le permite destacarse en la comunicación y la creatividad. A medida que va avanzando su vida tiende a crecer su ambición y su originalidad. En el amor no se preocupa tanto de su pareja, como de su profesión.

Compatibilidad astrológica: Sagitario, Piscis, Acuario.

Salomón

El Ángel de la candela: La invocación del Ángel es inmensamente curativa. Su energía es portadora de luz cósmica. Atrae lo divino y lo superior en nuestra vida. Su vibración positiva eleva los sentimientos espirituales. Orienta la fuerza creativa interior para el logro de bienestar en todos los ordenes de la vida.

Personalidad: Salomón es organizado, elegante y con gran facilidad para asimilar conocimientos y experiencias; es dócil y dúctil. Defiende sus ideas con firmeza. Tiene sentido de la cooperación y de buen humor. En el amor es muy exigente y perfeccionista con su pareja, también se ocupa de sus hijos y familia en forma muy aplicada.

Compatibilidad astrológica: Capricornio, Piscis, Tauro.

Salvador

El Ángel de las intenciones: Actúa directamente sobre cualquier obstáculo para destrabar el accionar físico y mental de la persona. Su invocación es indispensable en el caso de realizar purificaciones ya que permite mantener el equilibrio y la fuerza necesaria para toda actividad.

Personalidad: Salvador irradia una sensación de paz y tranquilidad que lo hace muy apreciado por quienes le rodean. Es detallista en extremo y muy consciente de sus responsabilidades. Es romántico y sensual. Desea hallar un alma gemela para formar un bello hogar y una familia perfecta.

Compatibilidad astrológica: Libra, Escorpión, Géminis.

Samantha

El Ángel del resguardo: Acciona generando las "coincidencias" necesarias para facilitarnos todo aquello que es complicado en la vida cotidiana. Nos guía y resguarda de todo mal. Su contacto sugiere que, a través de la intuición, podemos conocer los caminos más seguros para evitar conflictos o errores en las decisiones.

Personalidad: Samantha es una mujer misteriosa. Puede ser reflexiva, reservada y algo dubitativa, pues antes de decidir o realizar una acción necesita informarse bien y sopesar el pro y el contra de la situación. Su vida sentimental no es fácil. Guarda para sí sus íntimos sentimientos sin expresarlos, por lo que tiende a sentirse incomprendida por sus seres amados.

Compatibilidad astrológica: Piscis, Libra, Cáncer.

Samuel

El Ángel del esmero: Detiene los estados de perturbación emocional causados por la pérdida de vitalidad física o psíquica. Es útil para mejorar el flujo energético por agotamiento espiritual. Permite superar las emociones de negatividad, desesperación y sufrimiento.

Personalidad: Posee una fuerte personalidad, es estricto y autoritario. También es muy independiente y oportunista. En el trabajo tiende a ocupar cargos directivos. En el amor es tierno, emotivo, generoso y muy sensible.

Compatibilidad astrológica: Aries, Sagitario, Capricornio, Leo.

Sandra

El Ángel de los pensamientos: Logra una profunda armonía para conectarte con la naturaleza y con la esencia de la vida, permitiendo sentir con su presencia una gran energía renovadora.

Personalidad: Sandra desea gustar y relacionarse socialmente. Es muy rápida y apresurada en lo que hace. Es hábil manualmente. No sabe estarse quieta, todo quiere verlo, conocerlo y probarlo. No tolera el menor impedimento a su libertad personal. Quizás su mayor defecto sea el egocentrismo.

Compatibilidad astrológica: Géminis, Sagitario, Virgo.

Sandro

El Ángel de los valores: Puede expresar lo que somos capaces de lograr en las relaciones utilizando nuestros propios recursos.

Personalidad: Sandro es un idealista que precisa de apreciación y amor. Cuando se siente querido y respaldado es capaz de dar lo mejor de sí mismo. Necesita hallar un alma gemela. Profesionalmente tiene el deseo de ser independiente. Su mayor atracción es hacia la vida interior, la reflexión e incluso la religión. En el amor necesita de mucha ternura y es muy sensual, pero su compleja naturaleza dificulta las relaciones.

Compatibilidad astrológica: Cáncer, Capricornio, Piscis, Tauro.

Santiago

El Ángel de lo desconocido: Permite tener otra idea sobre lo que es realmente nuevo, como comprender los ciclos y cambios. Proporciona acceso al verdadero yo interior para reconocer la misión y propósitos en la vida. Ayuda a liberarse de viejos patrones y formas de comportamiento negativos.

Personalidad: La bondad y la amabilidad unidas al placer de compartir son sus claves emocionales. Tiene buena capacidad para la controversia intelectual debido a su mente observadora, penetrante y bien capacitada. Tiene una gran ambición para convertir en realidad sus deseos o ideas. No lo limita los obstáculos. En el amor tiene un gran sentido de idealismo y romanticismo.

Compatibilidad astrológica: Capricornio, Escorpión, Tauro.

Santos

El Ángel de la invocación: Ayuda a atraer personas comprensivas, tolerantes, amables, compasivas y con buen humor. A personas que saben decir la verdad y que son responsables.

Brinda atención, aceptación, absoluta confianza y abnegación. Comunica a las personas correctas.

Personalidad: Santos es tranquilo y trata de mantener la armonía en sus relaciones. Conoce muy bien la psicología de
quienes lo rodean y es muy detallista. Suele ser un buen
negociante o un buen socio. Prefiere trabajar en equipo.

Compatibilidad astrológica: Cáncer, Capricornio, Piscis, Tauro.

Sara

El Ángel de los privilegios: Nos libera de los sentimientos
confusos que nos hacen sufrir. Protege de las energías agre-
sivas. Su energía renueva la mente y el alma. Nos pone en
contacto con nuestra misión de servicio en la vida. Ayuda
a aceptarnos a nosotros mismos.

Personalidad: Sara posee voluntad y decisión. Carece de su
agresividad y ambición. Para conseguir sus fines y asegurar
su libertad se limita a usar las armas de la feminidad y su facilidad en adaptarse a todas las circunstancias. Es curiosa y
amante de los cambios. A pesar de su inestabilidad posee
una cualidad innata que la impulsa a ser útil a los demás.
En el amor le gusta llevar la relación a su manera.

Compatibilidad astrológica: Géminis, Sagitario, Virgo.

Saúl

El Ángel de las intensidades: Disminuye el miedo a lo desconocido. Estimula la inspiración y fortifica la capacidad de
tomar decisiones, logrando resultados positivos. Su energía
atrae amistades, aleja la soledad, fortifica vínculos amorosos. Induce a estados de paz interior.

Personalidad: Es un hombre con una fuerte personalidad, estricto, autoritario y dominante. En el fondo es tierno, emotivo, generoso y tiene facetas religiosas o místicas que hace que sólo se sienta realizado siendo útil. Ocupa cargos importantes o directivos en el campo profesional o humanitario. En el amor es exigente. Es muy generoso y amante de los niños.

Compatibilidad astrológica: Aries, Capricornio, Leo.

Sasha

El Ángel de las elecciones: Permite comprender la verdadera esencia de las cosas más allá de lo superficial e intrascendente. La mirada de este Ángel es envolvente y magnética. Su color es parecido al azul del mar y tiene un vuelo dulce sobre nosotros con un ritmo lento que acompaña nuestro descanso.

Personalidad: Es una mujer alerta, hábil, ingeniosa y de rápida inteligencia. Físicamente es más fuerte y resistente de lo que parece. Puede trabajar en equipo o en asociaciones. Es muy independiente y amante de la aventura. Su vida puede convertirse en apasionada como su ambición. Su mayor defecto es la tozudez. En el amor es apasionada y está expuesta a flechazos.

Compatibilidad astrológica: Géminis, Sagitario, Virgo.

Sebastián

El Ángel de los sucesos: Acelera las vibraciones energéticas del cuerpo y de la mente. Su energía brinda alegría, optimismo, disminución de dolores físicos y protección. Provoca desbloqueo emocional.

Personalidad: Sebastián es comunicativo, encantador, adaptable, simpático y le encanta conversar y discutir. Es elegante, hábil, estudioso y con gran facilidad para asimilar ideas y conocimientos. Es muy respetuoso con los derechos de los demás. En el amor tiene cierto miedo de atarse para siempre.

Compatibilidad astrológica: Sagitario, Piscis, Acuario, Aries.

Sergio

El Ángel guardián: Se invoca para ayudar a vencer sentimientos negativos. Ayuda a controlar los temores que paralizan o bloquean cuando se valoran las oportunidades imprevistas.

Personalidad: Sergio posee un discreto encanto y una actitud estricta y selectiva. Exteriormente parece frío y altanero, pero en realidad es inquieto y reservado, y si se muestra distante es para esconder su pudor o desconfianza. Es racional y lógico y sabe organizar, dirigir y administrar. En el amor es egoísta, dominante, posesivo e íntegro y como no es sentimental ni sabe expresar sus sentimientos, a veces la convivencia le resulta problemática.

Compatibilidad astrológica: Acuario, Leo, Libra, Cáncer.

Silvana

El Ángel de la placidez: Restablece la armonía y libera tensiones. Aplaca el estado agresivo y permite ver la solución de los problemas con mayor claridad. Brinda paz espiritual. Genera un campo positivo que pone fin a la tristeza. Restablece el ánimo, brinda fuerza, temple y empuje para realizar cualquier tarea que se emprenda. Aumenta la vitalidad y la energía. Actúa contra las fluctuaciones de ánimo, produciendo un campo mental y una actitud positiva.

Personalidad: Silvana es una mujer nacida para triunfar. Es obstinada, imaginativa y de rápidos reflejos. Posee una gran fuerza interior. Es reflexiva, sólida, constante y más práctica que intelectual. Quizás le falte algo de espontaneidad. En el amor es una mezcla de brusquedad, exigencia, intolerancia y fidelidad. Posee gran pasión y celos por su pareja.

Compatibilidad astrológica: Capricornio, Escorpión, Tauro.

Silvia

El Ángel que activa: Proporciona la capacidad de aprender a comunícanos en la forma más correcta y efectiva para generar una energía amorosa en todo lugar. Da claridad para la actividad comercial.

Personalidad: Silvia en la vida social es seductora, tranquila, afable y protectora. En su vida privada es dura como el acero. En el terreno sentimental es sensible y emotiva, pero tiende a ocultar sus emociones que considera debilidades. Por tal motivo su vida matrimonial casi nunca resulta satisfactoria debido a su lucha interna entre la dependencia de su pareja y el ansia de libertad.

Compatibilidad astrológica: Cáncer, Capricornio, Piscis.

Simón

El Ángel del origen: Brinda un orden cósmico con sabiduría y precisión. Favorece nuestro equilibrio interno, integridad y salud. Genera un impulso de disciplina y un espíritu de creatividad en el trabajo o para desarrollar un talento.

Personalidad: Simón es emotivo y abnegado, con un profundo sentido de la justicia, un íntimo deseo de evolución interior. Su interés por los derechos humanos lo hace participar en eventos humanitarios, sociales y públicos. Su extrema sensibilidad y emotividad le conducen a encerrarse en su vida íntima, a estudiar y meditar hacia el universo de lo irracional en búsqueda de las verdades profundas. En el amor es tierno, romántico y sensual. Busca una compañera con quien compartir ilusiones.

Compatibilidad astrológica: Aries, Sagitario, Leo, Libra.

Sofía

El Ángel que canta: Genera un desbloqueo total en los antiguos patrones que una persona pueda poseer sobre la desesperanza o desconfianza. Ayuda a superar la falta de amor. Permite la creación y mantenimiento de los mecanismos que genera los estados de animo como la felicidad, la paz, y la bienaventuranza.

Personalidad: Sofía es activa y dinámica, intentando dar una impresión de fortaleza a quienes la rodean. En el amor es enigmática y a veces poco comprendida. Es amable y generosa, y también dura y amargada. Es una romántica que necesita amar y ser amada, con sentimientos sólidos y estricta moral.

Compatibilidad astrológica: Piscis, Libra, Cáncer.

Sonia

El Ángel de la aceptación: Su energía es radiante como el Sol. El color de su luz es el naranja brillante. Puede invocarse para renovar la belleza y restaurar la salud. Su calor provoca una fuerte circulación de la sangre, como acelerando los procesos vitales para sentirte mejor.

Personalidad: Sonia posee un aspecto reservado y secreto gracias a su timidez. Tiene deseos de agradar. Le atraen los asuntos familiares, sociales y afectivos. Es muy prudente y tranquila. Tiene deseos de mantener su independencia y triunfar en el mundo gracias a sus condiciones de sacrificio. En el amor es muy amorosa y apasionada.

Compatibilidad astrológica: Libra, Escorpión, Géminis, Tauro.

Sol

El Ángel que revela: Brinda un verdadero impulso para aprender. Tiene grandes deseos de servir a otras personas y el bienestar de la humanidad. Mejora relaciones con los demás.

Personalidad: Sol es adaptable, seductora, comprensiva y muy independiente. Es inteligente y con una memoria que le permite destacarse en cualquier profesión relacionada con la expresión. En el amor es apasionada, tierna, sensual y seductora. Es posible que sacrifique su vida afectiva por la profesional.

Compatibilidad astrológica: Sagitario, Piscis, Acuario.

Soledad

El Ángel de los sobresaltos: Puede lograr encuentros favorables, a veces fortuitos o aparentemente por obra de la casualidad. Puede invocarse para entrevistas de trabajo y exámenes. Puede disfrutar de sorpresas agradables, aún en el plano económico. Es indicado para emprender los grandes cambios positivos, sobre todo los relacionados con la casa.

Gracias a su aplicación es posible cambiar la suerte de manera rápida y en el momento menos pensado.

Personalidad: Siente una gran atracción hacia las actividades artísticas y creativas. Su inteligencia es muy inquisitiva y despierta. Se relaciona con los demás de una forma armónica. Emocionalmente, su rapidez y precipitación le pueden tornar más distante de lo que es en realidad. En el amor necesita mantener su independencia.

Compatibilidad astrológica: Capricornio, Aries, Tauro.

Susana

El Ángel que invita: Ayuda a mantener una actitud positiva con las personas que tiene contacto. Ayuda a conocer qué influencia se tiene sobre los demás. Ayuda a mantenerse firme en una posición sin parecer obstinado, pero teniendo conocimiento de las situaciones.

Personalidad: Susana es una mujer nacida para amar, seducir y derramar alegría a su alrededor. Es coqueta. Sabe hacer frente a sus responsabilidades. En el trabajo se muestra ordenada, meticulosa y perfeccionista. Es sensible, emotiva y con mucha imaginación y a veces lo hace para evadir la realidad. En el amor es tierna y espera al príncipe encantador que la colme de felicidad.

Compatibilidad astrológica: Libra, Escorpión, Géminis.

T

Tatiana

El Ángel que crea: Puede captar la verdadera energía del cosmos. También activar el poder del mundo interno, le incentiva la inteligencia y el discernimiento en la comunicación cotidiana. Para atraer a fuerzas angélicas y seres de luz para recibir ayuda espiritual. Para detectar centros energéticos dentro de un ambiente determinado.

Personalidad: Para sentir seguridad emocional necesita sentirse protegida y amada por los demás. Tiene más confianza en su intuición que en su lógica. Sabe unir sus intereses con los de los demás para desarrollar sus proyectos. Le gusta dejarse guiar por los razonamientos y en el terreno profesional es una persona metódica y ordenada; en general, no comete imprudencias.

Compatibilidad astrológica: Géminis, Sagitario, Virgo.

Tamar

El Ángel que ejecuta: Permite comprender hasta que punto somos responsables de nuestro comportamiento psicológico. Esto incluye comprender profundamente por qué se crean las emociones como el miedo, la furia, la avaricia y las más nobles como la comprensión, compasión y amor. Puede cambiar las motivaciones psicológicas de su existencia con la llamada de este Ángel.

Personalidad: Tamar posee una fuerte personalidad. Es capaz de asumir toda clase de responsabilidades y decidir cómo ha de ser su propia vida. Es individualista, orgullosa, nerviosa, imaginativa y con excelentes reflejos. Más que intelectual es una mujer de acción con un elevado sentido práctico. En el amor es ardiente, apasionada y posesiva.

Compatibilidad astrológica: Aries, Sagitario, Capricornio, Leo.

Tamara

El Ángel que dirige: Genera plenitud inyectando un sentido nuevo al trabajo, volviendo a despertar la romántica comunión, creativa o espiritual. Este Ángel puede tener distintos aspectos y en general su apariencia es muy similar a la nuestra. Su energía es de color celeste como construido de algodones y luces celestiales. Su mirada es tierna y muy penetrante. El sonido de su canto es susurro que nos ayuda automáticamente a centrarnos en nuestro corazón. Responde cuando simplemente practicamos cualquier gesto que puede parecerle una llamada.

Personalidad: Es noble y no tolera los engaños y la injusticia. Normalmente es agradable y conciliadora, pero capaz de grandes cóleras cuando se la provoca o discute su autoridad. Tiene un profundo sentido de la amistad y le gusta participar en grupos de amigas con las que se muestra charlatana y espontánea. Puede ser pasiva y adaptable, pero no tardará en salir a flote su verdadera naturaleza autoritaria, por no decir tiránica, y al menor fallo de su pareja tomará las riendas.

Compatibilidad astrológica: Cáncer, Capricornio, Piscis, Tauro.

Thelma

El Ángel de la rectitud: Además de ayudarse a sí mismo, puede realizar un servicio hacia las personas que te rodean. Genera un estado de total armonía y equilibrio psicofísico y espiritual. Al recuperar la energía vital podrá asistir y aconsejar en forma positiva a los demás.

Personalidad: Thelma es muy compleja bajo una apariencia tranquila. Es sosegada y autoritaria, nerviosa, cerebral, curiosa, crítica, analítica y algo escéptica. En el amor vivirá las mismas contradicciones internas. Cuando siente la atracción de cambios y aventuras, su necesidad de estabilidad le impide lanzarse a ellas. Entre querer y temer su pareja, nunca sabrá a qué atenerse.

Compatibilidad astrológica: Piscis, Libra, Cáncer.

Teo

El Ángel de la adoración: Hace que trate de expresar lo más elevado que hay en su ser. Tiene gran compasión y hondo sentido de responsabilidad y humildad. Ayuda a ser honrado, generoso, benévolo y noble. Todas sus palabras, modales y relaciones son de elevada calidad.

Personalidad: Serio, trabajador y paciente. Uno de sus fines primordiales es formar un hogar sólido que le sirva de base y punto de apoyo para lanzarse a colmar sus ambiciones. Se concentra en cumplir con sus obligaciones cotidianas. En hacerlo todo lo mejor que sabe y ante todo, lograr que su hogar sea estable y duradero. Su prioridad es el amor, la paz, armonía, los hijos y el incremento del patrimonio familiar.

Compatibilidad astrológica: Libra, Escorpión, Géminis.

Teodoro

El Ángel de la templanza: Interviene en toda purificación o protección de lugares o casas. Trae calma y paz. Permite que la luz celestial descienda haciendo que todas las dudas encuentren respuesta y volviendo todo más claro y luminoso. Combinándolo apropiadamente con otras invocaciones, aumenta la seguridad personal y disminuye los miedos hasta hacerlos desaparecer.

Personalidad: Teodoro es pasivo, reflexivo, sensible y contemplativo. Le agrada la buena vida, el poder y la riqueza. Es enérgico, obstinado, imaginativo, rápido y autoritario. Tiene capacidad intelectual para diversas actividades. Es un hombre justo que desea evolucionar y superarse teniendo muy claros cuáles son sus derechos y sus deberes. En el amor es demostrativo, celoso, posesivo e incluso a veces puede parecer violento o agresivo.

Compatibilidad astrológica: Piscis, Libra, Cáncer.

Teresa

El Ángel de la piedad: Tiene un gran poder curativo y de transformación de todos los aspectos de nuestra vida que merecen perdón y misericordia. Después de su contacto podemos sentirnos totalmente renovados y armonizados. Ayuda a manejar cualquier crisis o cambios repentinos y bruscos que pueden surgir sin rendirnos ni abatirnos.

Personalidad: Teresa es dinámica, emprendedora, ambiciosa y siempre dispuesta a asumir sus responsabilidades. Es generosa y enemiga de engaños e injusticias ante las cuales reacciona violentamente, al igual que cuando está en juego su amor propio. Es muy práctica. Puede convertirse en una excelente mujer de negocios. Más que interesarle la riqueza, busca la amistad y la cooperación de las personas que la rodean.

Compatibilidad astrológica: Capricornio, Escorpión, Tauro.

Terry

El Ángel de los elementos: Es tierno y gentil. Su función es hacerle sentir que cuando camine inseguro o con certeza, sienta que lo hace por una tierra de luz y maravillas, y que nadie puede perjudicarlo. Ayuda a tener los deseos, sentimientos y pensamientos en total coherencia y centralización con su verdadero propósito.

Personalidad: Es emotiva intuitiva, receptiva y llena de encanto y sensualidad. Bajo una apariencia de superficialidad se esconde una idealista, casi una utópica que busca encontrar un sentido a la vida. Puede ser parte de grupos sociales, políticos, artísticos o altruistas, o encerrarse en sueños fantasiosos y quiméricos o el mundo de lo oculto y misterioso. A pesar de tener una mente bien organizada, no ha nacido para una vida prosaica y rutinaria.

Compatibilidad astrológica: Aries, Sagitario, Leo, Libra.

Tobías

El Ángel que apunta: Este Ángel tiene una energía muy directa. Al invocarlo puede mejorar el mal humor. Su energía devuelve la ternura y la finura de sus modales cuando esta enojado. Armoniza el sistema nervioso en forma general. Permite recuperar la voluntad divina en toda su existencia.

Personalidad: Es autoritario, equilibrado, ordenado y metódico. Posee una intensa vida interior y una capacidad de reflexión y análisis que le permiten adaptarse con éxito a las circunstancias más diversas. Si se siente estimulado, puede realizar grandes cosas, aun cuando deba superar bastantes dificultades. En el amor es romántico y sensual.

Compatibilidad astrológica: Libra, Escorpión, Tauro.

Tomás

El Ángel de los misterios: Conoce profundamente todo de nosotros hasta aquellas cosas que no nos animamos a ver o percibir. Todo lo que quiera revelar, saber o decretar será concedido y manifestado.

Personalidad: Tomás es enérgico, viril, combativo y obstinado. Es elegante y distinguido. Sueña con mandar y dirigir, lograr poder y riqueza. Es reservado y desea ser útil ya sea en la política, la religión, el deporte o el arte. Es estricto, leal, franco y directo. No soporta la supeditación, el disimulo ni la falsedad. En el amor es apasionado, exigente, celoso y posesivo, y su brusquedad puede hacerle perder más de una ocasión. En el fondo es tierno y emotivo.

Compatibilidad astrológica: Capricornio, Escorpión, Tauro.

Trinidad

El Ángel de las raíces: Su energía es de un color rosa dorado; su luz expande felicidad y gozo. Su voz es casi transparente; sus consejos son dulces sonidos que curan las heridas del alma y la ignorancia de nuestra personalidad egocéntrica. Otorga una sensación de protección y las emociones se tornan más positivas, equilibradas y estables.

Personalidad: Trinidad es valiente, decidida, detesta la injusticia y es capaz de mandar y dirigir. Es muy sensible y vulnerable, especialmente en el terreno afectivo. En su interior existe una lucha entre su lado egocéntrico y autoritario y su lado altruista y abnegado. En el amor es sensual, fiel y franca. Es dominante y exige ser correspondida de la misma forma en que se entrega a su pareja.

Compatibilidad astrológica: Aries, Sagitario, Leo, Libra.

U

Ulises

El Ángel de los anhelos: Gracias a este Ángel sentimos que la energía divina nos visita nuestro hogar. Brinda la esperanza para experimentar cualquier acontecimiento. Rescatamos la inocencia y la risa. Comenzamos a sentir la integración real de nuestro espíritu divino en cada acción que realizamos.

Personalidad: En este hombre se enfrentan dos influencias: una es cerebral, reflexiva e introvertida, y la otra es soñadora, idealista y con ansias de libertad. Su carácter es cambiante, lleno de dudas y contrastes sobre un fondo de inadaptación. Puede ser agresivo. Si sabe encaminar su idealismo hacia derroteros espirituales, podría superar sus contradicciones internas. En el amor le es difícil comprometerse seriamente.

Compatibilidad astrológica: Piscis, Libra, Cáncer.

Uriel

El Ángel de la luz: Es muy transparente porque refleja nuestra alma. Ayuda en todo sentido a la evolución personal y es el encargado de centrarnos en el eterno aquí y ahora. También trabaja con el centro cardíaco. Los colores son amarillo dorado o celeste intenso. Su presencia se siente como un anclaje profundo en nuestro interior.

Personalidad: Aspira a vivir libremente y sueña con grandes proyectos. Si bien le gusta el cambio, es seguro de sí mismo, de su valor y de la bondad de sus ideas que defiende a todo trance apoyado en su poderosa imaginación y capacidad de reacción y diálogo. En el amor es poco demostrativo de sus afectos y sentimientos pero nunca rechaza sus responsabilidades.

Compatibilidad astrológica: Acuario, Leo, Libra, Cáncer.

Úrsula

El Ángel que emana: Es uno de los más silenciosos entre todos los seres de luz. Está siempre alerta a perfeccionar nuestros actos y puede comprender y asesorarnos con su radiante mirada. Su luz es de varios tonos de amarillo dorado. Nos sentimos ante su presencia como envueltos en una gran voluntad y fortaleza interior.

Personalidad: Úrsula es extrovertida, afectiva, emotiva y necesita gustar, agradar, comunicarse y tener muchas amistades. Le es difícil tomar decisiones debido a su carácter dubitativo e influenciable. Es refinada y perfeccionista. En su interior es abnegada y se siente tentada de huir de la realidad material, por lo que sueño y utopía pueden ser medios para escapar de problemas y conflictos. En el amor es sentimental y romántica en espera de la felicidad.

Compatibilidad astrológica: Libra, Escorpión, Géminis, Tauro.

V

Valentín

El Ángel de los esfuerzos: Permite vencer la falta de aceptación y negación. Libera al espíritu de la "mortificación" repetitiva y obsesiva. Permite superar el exceso de preocupación sobre nosotros mismos, y por nuestras personas amadas. Nos prepara para perder el miedo a no ser dueño de nuestra propia vida.

Personalidad: Es idealista que desea que todo el mundo a su lado sea feliz. Es seductor, sociable y comunicativo. Posee una inteligencia ordenada y metódica y habilidad manual que le permite solucionar cualquier problema. Es muy curioso. Todo le interesa y divierte. Le gusta abordar muchos temas. En el amor es tierno, dulce y muy buen amante.

Compatibilidad astrológica: Aries, Sagitario, Leo, Libra.

Valentina

El Ángel de las aperturas: Permite reconocer nuevas oportunidades en todos los niveles. Ayuda a superar obstáculos y perder el miedo a las relaciones. Enseña a atrevernos y a realizar todo lo que deseamos. Ayuda a creer más en los demás y en nosotros mismos. Hace confiar en que podemos corregir nuestros errores a través de nuevas oportunidades en la vida.

Personalidad: Se inclina siempre a organizar y dirigir. Posee poder de mando y liderazgo, inspiración y gran determinación. Es obstinada y no admite consejos. Es dominante pero generosa; de temperamento enérgico con fuertes explosiones.

Puede cambiar de medio ambiente en varios momentos de su vida. En el amor se entrega a las personas que la admiran y valoran. Sexualmente maneja una energía muy activa. Es comunicativa, abierta y exigente.

Compatibilidad astrológica: Aries, Sagitario, Capricornio, Leo.

Valeria

El Ángel de las flores: Incrementa el control mental de la sensibilidad física para dominar el placer y el dolor. Ayuda a liberarse de los procesos de condicionamiento y repetición de patrones negativos en las relaciones y en las elecciones de vida. Ayuda a la concentración de los procesos de introspección.

Personalidad: Valeria es reservada y secreta. Tiene interés por lo filosófico o espiritual. Posee un agudo sentido de la justicia y procura respetar los derechos de los demás. En el amor está llena de sueños, es muy celosa de su libertad e incluso algo egocéntrica. En los momentos difíciles de la vida trata de encontrar soluciones en su interior.

Compatibilidad astrológica: Piscis, Libra, Cáncer.

Valerio

El Ángel de las letras: Da la energía para aumentar los conocimientos y asimilar las experiencias para aprender en los distintos ámbitos de tu vida. Lo contacta con su propia fuente de sabiduría, extrayendo y aplicando mejor sus conocimientos para expresar la buena voluntad y compartir ricas experiencias. Su función es ayudar a lograr una mayor concentración, rapidez de reacción, capacidad de comprensión de fenómenos y conciencia de la responsabilidad. Ayuda a tener una buena memoria, poder de convicción, aplomo y armonía.

Personalidad: Su temperamento es franco y directo, impulsivo y autoritario. Tiene una extraña mezcla de reserva, autocontrol, constancia y de amor a la faena bien hecha. Por su facilidad en asimilar conocimientos y experiencias, suele triunfar en el mundo material. Ama el poder y el dinero, aun cuando a veces sus cambios de humor desconcierten a quienes la rodean. En el amor es difícil de comprender y soportar, pues quiere mandar y administrar sin admitir contradicciones.

Compatibilidad astrológica: Acuario, Leo, Libra, Cáncer.

Vanesa

El Ángel de la reconstrucción: Libera las tensiones emocionales almacenadas en el inconsciente a través de los sueños. Ayuda a identificar los mensajes y a limpiar los sueños parásitos (pesadillas). Es de gran ayuda para los procesos de desvinculación afectiva, separación o desgaste emocional.

Personalidad: Vanesa es prudente, y bien organizada. Sabe conservar su independencia y lucha para obtener futuros logros. Es intuitiva y clarividente; sueña con lograr un papel destacado en algo creativo e importante. Tiene un gran deseo de ser comprendida. En el amor busca una persona ambiciosa, de buena posición social y especialmente inteligente.

Compatibilidad astrológica: Aries, Sagitario, Capricornio, Leo.

Vanina

El Ángel del rocío: Ayuda a vencer el egoísmo y los sentimientos de posesión. Libera de la necesidad de perseguir "imágenes" de éxito y aprobación. Ayuda a sintetizar informaciones mentales aparentemente antagónicas (lo material de lo espiritual).

Personalidad: Vanina es enérgica y tenaz. Es muy sólida y segura de sí misma. Es ambiciosa y deseosa de conseguir riquezas y poder. Reacciona muy rápido a cualquier circunstancia y la resuelve. En el amor es muy afectiva y sensual pero no demuestra sus sentimientos. Es exigente con su pareja.

Compatibilidad astrológica: Capricornio, Escorpión, Tauro.

Vera

El Ángel de las informaciones: Gracias al contacto con este Ángel logramos calmar la irritabilidad y la agresividad. Incrementando, con su invocación, la capacidad de eliminar energías adheridas al campo electromagnético, emitidas por los demás, o generadas por pensamientos y emociones negativas. Es excelente su contacto para procesos de recuperación energética.

Personalidad: Extrovertida, hábil, adaptable, ordenada y metódica, con un notable sentido crítico y detallista. Necesita rodearse de gente ante la que pueda hacer gala de su alegría. Es sociable y con capacidad de seducción. Es capaz de destacarse en cualquier actividad relacionada con la creatividad, la expresión y la comunicación. También es brillante mentalmente, y puede inclinarse hacia carreras científicas.

Compatibilidad astrológica: Sagitario, Piscis, Acuario, Aries.

Verónica

El Ángel de las imágenes: Abre las puertas de la imaginación y la creatividad en el campo laboral. Su presencia permite que las fuerzas de la naturaleza ayuden en la generación de nuevos proyectos de trabajo. Permite que surjan brillantes ideas donde puede canalizarse los sueños y convertirlas en una fuente de inspiración para el presente y el futuro. Su excelente creatividad puede usarse en cualquier actividad: investigación, desarrollo de proyectos, renovación.

Personalidad: Verónica es emotiva, sensible, inquieta, soñadora e idealista. Busca abrirse camino al mundo y realizarse en todos los niveles de su personalidad. Puede mostrarse abnegada y decidida a realizar tareas sociales, pero siempre que ello no vaya en detrimento de su libertad personal. Tiende a la búsqueda de nuevas experiencias que asimilará y utilizará en su provecho. En el amor es romántica y sensual, por lo que puede aflorar la dualidad entre el pudor y la sensualidad.

Compatibilidad astrológica: Aries, Sagitario, Leo, Libra.

Vicente

El Ángel que regenera: Ayuda cuando afronta obstáculos o limitaciones aparentemente insuperables o ha sido bloqueado por distintas circunstancias. Permite perder el temor a lo desconocido y al dolor. También asiste ante el temor de la pérdida de una relación, o al no sentirse merecedores o no aceptar la propia capacidad.

Personalidad: Vicente tiene una fuerte personalidad, gran concentración y energía. Exige demasiado de sí mismo y también con los demás. Es vehemente y luchará hasta el final sin medir las consecuencias que pueden llevarlo tanto al éxito como al fracaso. Se aísla de la gente que no le interesa. Es rencoroso y rudo y nunca olvida una ofensa.

Compatibilidad astrológica: Aries, Tauro, Escorpión.

Víctor

El Ángel de los juegos: Enseña a tomar la vida con humor sin dejar de lado las responsabilidades y los compromisos. Él es un ejemplo de alegría porque nos recuerda permanentemente que la única forma de evolucionar es aprender a reírnos de nuestros errores o de nosotros mismos.

Personalidad: Víctor es sociable, abierto y muy hábil en dejarse llevar por la corriente cuando las circunstancias le son adversas y así preservar su independencia. Posee una fuerte personalidad. Es un buen comunicador y capaz de asumir responsabilidades de mando y dirección. Es muy prudente, busca la calma, la tranquilidad, la reflexión y la meditación. En el amor es muy reservado y oculta su emotividad bajo una capa de aparente insensibilidad.

Compatibilidad astrológica: Aries, Sagitario, Capricornio.

Victoria

El Ángel que establece: Provee poder y luz. Da apoyo, guía y protección. Para relaciones amorosas significativas. Este Ángel es un canal inefable y perfecto para elevar a la divinidad nuestros pedidos o deseos.

Personalidad: Victoria es dominada más por la emoción que por el intelecto. Se desalienta fácilmente y vive con temor y en desarmonía con su entorno. Secunda a otros en su accionar, pues no le interesa ocupar los primeros lugares. Actúa con reserva y reflexiona antes de tomar decisiones. No es rencorosa. Teme a los inconvenientes. Cae fácilmente en estados depresivos ante situaciones confusas.

Compatibilidad astrológica: Cáncer, Capricornio, Piscis, Tauro.

Victorina

El Ángel de las ganancias: Aleja las preocupaciones. Eleva la autoestima, alivia la ansiedad y el cansancio. Su presencia abre las puertas de nuestro corazón. Su energía regula el metabolismo y estimula el sistema nervioso. Brinda energía y lucidez para lograr el éxito.

Personalidad: Es una mujer que acepta el destino de formas positiva y práctica. Dispone de una gran cantidad de fuerza, pero ésta se manifiesta en ternura, cuidados, empatía, y la capacidad de dar y recibir amor. Tiene bien desarrollada su capacidad de concentración. Posee el poder de comunicar lúcidamente las inspiraciones idealistas y las tendencias prácticas.

Compatibilidad astrológica: Piscis, Libra, Cáncer.

Victoriana

El Ángel de la expresión: Ayuda a trascender los temores que lo bloquean y le permite ser más receptivo respecto de las oportunidades en la vida. Genera coherencia con la divinidad que vive en su interior para cumplir en perfecta armonía todos los deseos y acciones y concretar los compromisos.

Personalidad: Es enérgica, emprendedora, reservada, sólida y muy segura de sí misma. Es deseosa de conseguir poder y riqueza, y aunque a veces pueda dudar de sus capacidades, reacciona inmediatamente haciendo frente a las circunstancias. Por esto necesita motivarse y entregarse plenamente a una empresa donde pueda mostrarse práctica, eficaz, bien organizada y dotada para el trabajo en equipo. En el amor es más afectiva y tierna de lo que parece. Disimula sus sentimientos bajo una apariencia de brusquedad mostrándose exigente, pero cuando siente confianza, deja florecer sus sentimientos y se convierte en una buena esposa y madre.

Compatibilidad astrológica: Capricornio, Tauro, Acuario.

Violeta

El Ángel de las cualidades: Brinda el poder de adquirir libertad a través del compromiso cuando encuentra a la persona, la tarea, el grupo o a la profesión acertada. Libera y desbloquea las energías para ser más eficaces con todas las actividades.

Personalidad: Desprende una sensación de calma y tranquilidad. Es consciente de sus deberes, animada por el deseo de agradar y siempre dispuesta a colaborar con los demás, ya sea en el trabajo o en actos culturales o simplemente lúdicos. Siempre está presente cuando se la necesita. Busca la seguridad y la estabilidad. A pesar de sus innegables cualidades y su sólida apariencia, en el fondo es vulnerable y necesita protección.

Compatibilidad astrológica: Libra, Tauro, Escorpión, Géminis.

Virginia

El Ángel del arco iris: Armoniza todos los niveles sutiles de nuestra existencia. Favorece la apertura y la búsqueda de lo trascendente. Resuelve los conflictos relacionados con el pasad que nos atan a situaciones no resueltas. Enseña a disfrutar el presente.

Personalidad: Virginia es activa, dinámica y emprendedora que adora estar en el escenario de la vida para sentirse admirada. A pesar de su individualismo, su ideal la lleva a superarse. Es capaz de organizar, dirigir y administrar. Es muy sensible, emotiva e intuitiva. Es capaz de servir a un fin elevado y entregarse abnegadamente al servicio de una causa. En el amor necesita un hombre al cual pueda realmente admirar.

Compatibilidad astrológica: Aries, Sagitario, Capricornio, Leo.

Viviana

El Ángel del candor: Ayuda a superar el resentimiento y la amargura. Orienta hacia el camino del triunfo. Enseña a ser fuertes delante de la adversidad. Permite que los esfuerzos, en cualquier circunstancia, se canalicen en forma efectiva y perfecta.

Personalidad: Viviana es decidida, llena de vitalidad y con energía de vivir. Cuando le conviene también sabe mostrarse reservada, obstinada y ambiciosa, que no es obstáculo para que siga siendo femenina. Es consciente de las realidades de la vida y se muestra práctica y eficaz. La verdadera finalidad de su vida es el amor.

Compatibilidad astrológica: Capricornio, Escorpión, Tauro.

W

Waldo

El Ángel de la audacia: Da capacidad para formar estrechas relaciones sin sacrificar la independencia o la separación. Al invocarlo provoca amor, lealtad y devoción a los seres queridos. También genera verdadera compasión por los demás. Ayuda a que sus experiencias sean más significativas y duraderas. Permite expresar y cumplir el propósito de su vida.

Personalidad: Waldo es un hombre organizado, metódico, detallista y muy curioso. Debería dominar su tendencia al narcisismo, ser más tolerante y quizás también más trabajador. A pesar de su autoritarismo y necesidad de figurar, tiende a buscar el camino más fácil.

Compatibilidad astrológica: Sagitario, Piscis, Acuario, Aries.

Walter

El Ángel de los cristales: Capacita para desarrollar la esperanza desarrollando el deseo de evolucionar. Permite reconocer nuestros propios límites. Ayuda a perseverar positivamente en nuestros objetivos, logrando todos los anhelos.

Personalidad: Walter es inteligente e imaginativo y con un sorprendente sentido del humor. Puede pasar repentinamente de amable y agradable a irritable, agresivo e incluso violento. Los sentimientos ocupan un lugar importante en su vida, siendo quizás aquí donde es más estable. Desea fundar un hogar confortable donde reine la paz y la armonía. Es muy protector con su familia.

Compatibilidad astrológica: Cáncer, Capricornio, Piscis, Tauro.

Wanda

El Ángel protector de la familia: Tiene una gran misericordia y está siempre revoloteando cerca de las personas para que todos puedan armonizar. Su canto es muy dulce y permite abrir nuestro corazón a todas las criaturas de la creación. El efecto sobre las personas es trascendental ya que abre el canal de comunicación y lo purifica para recibir rápidamente energía vital para una mejor comprensión.

Personalidad: Wanda es una persona desbordante de vitalidad con ganas de vivir. Cuando le conviene se muestra reservada, obstinada y ambiciosa, lo que no es obstáculo para que sea femenina, maternal e incluso algo coqueta. A pesar de ser generosa e interesarse por quienes la rodean, es consciente de las realidades de la vida y sabe mostrarse práctica y eficaz. Su verdadera finalidad de la vida es formar una familia.

Compatibilidad astrológica: Capricornio, Tauro, Escorpio.

X

Xavier

El Ángel de las defensas: Aumenta nuestra sensibilidad e intuición para defendemos y protegernos en cualquier circunstancia. Permite administrar mejor las energías. Ayuda a ordenar nuestro tiempo y espacio en forma más eficiente.

Personalidad: Xavier posee una fuerte individualidad, capacidad de mando y dirección. Es imaginativo y de rápidas decisiones. Es el hombre ideal para asumir responsabilidades; tiene una gran sensibilidad para comprender a los demás. Es extremista en sus determinaciones y ellas pueden convertirse en defectos. En el amor es concreto y a veces busca ser más libre que amado.

Compatibilidad astrológica: Aries, Sagitario, Capricornio, Leo.

Xaviera

El Ángel de las estaciones: Permite la apertura de los grandes caminos. Es especial para meditar cuando sentimos bloqueos o poco progreso espiritual. Nos libera de estados de apatía, indolencia y confusión, cuando hay pérdida de interés o de motivación.

Personalidad: Xaviera es una persona excepcional. Tiene una fuerte personalidad, es humana y altruista, de gran sensibilidad a la que se une un lado místico y abnegado. Sueña con promover un mundo mejor. En el amor es muy sensible, pero su fragilidad emocional y su dependencia no le molesta a su pareja.

Compatibilidad astrológica: Cáncer, Capricornio, Piscis, Tauro.

Ximena

El Ángel de la objetividad: Excelente para barrer energías oscuras, permitiendo crear soluciones ingeniosas en forma inmediata. Su invocación genera gran confianza en nosotros mismos para dar ánimo, poder, sabiduría y luz a las dudas personales. Los consejos de este Ángel llegan por medio de mensajes de personas allegadas.

Personalidad: Ximena es prudente, puede ser muy intelectual y prefiere apoyarse en su propio juicio. Tiene capacidad de trabajo, organización y disciplina. Es muy independiente, siente una cierta atracción por el pasado, la historia y el arte. En el amor busca ante todo la paz y seguridad en la familia.

Compatibilidad astrológica: Acuario, Leo, Libra, Cáncer.

y

Yamila

El Ángel de los susurros: Es un fiel compañero y conoce profundamente todas aquellas cosas que no reconocemos. Por su intermedio podemos conocer datos ocultos sobre el universo. Su presencia da la sensación de estar acompañado por un amigo de toda la vida. Genera una gran confianza.

Personalidad: Es una mujer nacida para triunfar. Es enérgica, obstinada, imaginativa y de rápidos reflejos. Posee una gran fuerza interior. Es reflexiva, sólida, constante y más práctica que intelectual. Desea ser útil y hallar una finalidad en la vida. No vacila en luchar por lo que cree justo. Pero todo esto lo oculta bajo una apariencia dura, brusca, rebelde, impaciente e irritable. En el amor necesita expresar toda la gama de sus sentimientos.

Compatibilidad astrológica: Capricornio, Escorpión, Tauro.

Yasmina

El Ángel de los tesoros: Su invocación hace perder el temor a equivocarnos, reduciendo el complejo de inferioridad o la falta de auto confianza. Es indicado cuando se culpa por los errores ajenos. Su energía nos libera de los sentimientos negativos.

Personalidad: Yasmina es práctica, complaciente, seductora, comprensiva y muy independiente. Es inteligente y con una memoria que le permite destacar en cualquier profesión relacionada con la expresión. La comunicación y la creatividad son la forma de trabajo que más le atrae.

Compatibilidad astrológica: Sagitario, Piscis, Acuario, Aries.

Yemina

El Ángel de las visiones: Permite traducir las señales externas en forma de presagios. Crea una fuerza para captar y percibir las señales a su alrededor aumentando significativamente la videncia y generando una sabiduría especial para conocer el futuro y dar presagios de alta precisión.

Personalidad: Yemina es una mujer sociable que sabe moverse con desenvoltura. Cuando desea algo hace lo imposible por conseguirlo ya sea mediante sus cualidades de seducción o basándose en obstinación e impulsividad. Es una mujer independiente. En estado de motivación se muestra apasionada e hiperactiva. La falta de ésta la convierte en perezosa e indolente.

Compatibilidad astrológica: Géminis, Sagitario, Virgo.

Yolanda

El Ángel de los acercamientos: Ayuda a acercarse a las personas de una manera especial, y a los acontecimientos como ayuda en el sendero de la evolución. Aporta sentido de la realidad. La vida tiene significado para usted. No acepta lo ilusorio, sino en la realidad. Tiene decisión propia. Vive por una causa, no como un efecto.

Personalidad: Yolanda tiene una buena resistencia física. Es idealista y soñadora con intenciones de ser útil a los demás. Es muy emotiva y sensible. Posee un gran sentido de la cooperación. Es ideal para trabajar en equipo o en colaboración con los demás. Posee gran capacidad para el manejo de los negocios. En el amor es apasionada.

Compatibilidad astrológica: Cáncer, Capricornio, Piscis, Tauro.

Z

Zach

El Ángel de las celebraciones: Hace imaginar que todo el mundo está en una fiesta. Tiene por función específica la diversión y la alegría en todos los órdenes de la vida. La presencia del Ángel termina con el aburrimiento y genera nuevas vías de satisfacción a través de la alegría.

Personalidad: Zach es comunicativo y extrovertido. Es sociable y adaptable, posee la suficiente habilidad manual para realizar infinidad de cosas u oficios cuidando los detalles. Tiene afinidades artísticas.

Compatibilidad astrológica: Sagitario, Piscis, Acuario, Aries.

Zahira

El Ángel de los imposibles: Su energía es una caricia de luz cuando se siente incomprendido o deprimido. Es milagroso para armonizar en situaciones de presión. Es importante también invocar a este Ángel cuando se separa de su ser amado, ya sea por fallecimiento o alejamiento brusco. Da la fuerza necesaria para comprender con piedad divina el motivo real de esta separación.

Personalidad: Zahira es un ser excepcional con una fuerte personalidad. Es humanitaria y altruista. Su intuición está muy desarrollada y posee gran sensibilidad a la que se une un lado místico y abnegado. Sueña con promover un mundo mejor y ocuparse de los desheredados. La abnegación y el soñar despierta son las válvulas de escape que le permiten ocultar su excesiva sensibilidad, fragilidad emocional y dependencia. Sentimentalmente es una romántica, idealista, afectuosa y maternal que vivirá para los suyos, aun cuando a veces se sienta desilusionada.

Zoe

El Ángel del vigor: Restablece el ánimo, da fuerza, temple y empuje para realizar cualquier tarea. Aumenta la vitalidad y la energía. Actúa contra las fluctuaciones de ánimo, produciendo un campo mental y una actividad positiva para recibir fuerza superior que se traduce en lo físico y psíquico de la persona. Es beneficioso para personas que deban soportar viajes largos.

Personalidad: Zoe es voluntariosa, enérgica y decidida, de principios, franca, ingeniosa y directa. Es curiosa, hábil y deseosa de expresar sus ideas y establecer contactos. Es dotada de una buena inteligencia y adaptabilidad. Posee gran iniciativa, es activa y deportista, y le gusta mandar y decidir, a la vez. Tiene interés por el pasado. En el terreno sentimental es posesiva, dominante y celosa, pero puede confiarse plenamente en su amor a la familia, en su sentido moral y en su fidelidad.

Compatibilidad astrológica: Sagitario, Piscis, Acuario, Aries.

Zulema

El Ángel de los inicios: Brinda orden cósmico con sabiduría y precisión. Favorece el equilibrio interno, la integridad y la salud. Incrementa el sentido de la honestidad y la justicia. Genera un impulso de disciplina y un espíritu de ser pioneros o primeros creadores ya sea de un trabajo o de un talento. Ayuda a renunciar a situaciones pasadas que provocaban sufrimiento.

Personalidad: Zulema es una mujer de carácter, ambiciosa y valiente. Es impaciente e incluso autoritaria. Es franca, directa, brusca, orgullosa y testaruda. Desconoce lo que son el tacto, la tolerancia y la debilidad. Es muy apasionada y necesita hallar un sentido a su vida, de aquí su necesidad de triunfar. En su interior es emotiva y sensible, por lo que tiende a encerrarse en sí misma. A pesar de su materialismo y amor al dinero, es generosa y capaz de sacrificarse por quienes ama o por aquellas causas que considera lo merecen. En el amor sabe lo que quiere.

Compatibilidad astrológica: Capricornio, Escorpión, Tauro.

Zulma

El Ángel de las consagraciones: Puede evocarlo para lograr éxitos económicos, personales o afectivos. La conexión con el Ángel genera plenitud y salud. Siente en su interior como fluye su energía angelical inyectando un sentido nuevo a su trabajo, relaciones y volviendo a despertar el romanticismo creativo y espiritual en todo vínculo.

Personalidad: Gusta agradar y saberse querida. Es estudiosa, hábil y adaptable. Desea destacar en cuanto se relacione con la creatividad, la expresión o la comunicación. Puede ser una buena actriz o periodista, o desempeñarse bien en las profesiones que requieran capacidad de expresión. Posee un espíritu crítico. Ella siempre tiene la última palabra.

Compatibilidad astrológica: Sagitario, Piscis, Acuario, Aries.

Capítulo 5

Los cristales, las gemas y las piedras preciosas

Desde tiempos recónditos en todas las culturas los cristales o las piedras preciosas han sido utilizados como símbolo de protección, sanación y poder mágico. Tanto alquimistas, sacerdotes druidas, monjes tibetanos, chamanes y médicos se han interesado en el conocimiento que estos minerales pueden aportar a la humanidad. En la actualidad las técnicas terapéuticas utilizan la energía que irradian y concentran estas piedras.

Las personas que poseen el nombre de la lista de cristales que presentamos, pueden reflejar las fuerzas cósmicas intrínsecas en las mismas.

Ágata

El ágata es bióxido de silicio y la combinación de diferentes minerales como el manganeso, magnesio, selenio, titanio, etc. Existen diversas variedades de ágata. Cada una de ellas tiene aplicaciones específicas, pero en general son muy recomendadas para la absorción de energía negativa. Los artesanos egipcios tallaban en ágata los escarabajos rituales denominados schebo, utilizados por los sacerdotes y por los faraones. Para los romanos y los griegos era la piedra de Mercurio y Hermes y se utilizaba para pedirle fertilidad de la tierra a los dioses. También fue utilizada en la Edad Media como poderosas piedras protectoras que alejaban a espíritus malignos, serpientes y escorpiones.

Aguamarina

La aguamarina es una variedad del Berilo azul, y de un color parecido al agua de mar. Los diferentes tipos de aguamarina son: azul (denominada Bazzita), la rosa o Morganita, amarilla o Heliodoro, la incolora o Goshenita. Esta piedra ofrece serenidad y armonía. Comparte las mismas propiedades que el Berilo por lo tanto se utiliza para todo tipo de heridas y desórdenes de origen nervioso tales como: convulsiones, espasmos, dolores fuertes de cabeza, tensión en las mandíbulas y en los dientes. Es muy utilizada para curar impurezas de la piel y problemas oculares. Es ideal para combatir el estrés y diferentes tensiones ocasionadas por este mal ya que fortalece el sistema nervioso central. La aguamarina refuerza nuestro campo magnético y atrae la buena suerte, aporta felicidad y bienestar a quien la lleva.

Alejandrita

Es una variedad del Crisoberilo de color verde esmeralda con variantes rojas. Esta variación se produce cuando se expone a la luz artificial, presentando un color rojo frambuesa a rojo violáceo. Una variedad de la alejandrita es el Ojo de Gato, cuya coloración es amarillo oro con una raya blancuzca plateada. Es muy utilizada para afecciones óseas como la artritis, artrosis, etc. Debido a su color verde, utilizada para descansar la vista, para meditar y para estabilizar ambientes intranquilos.

Amatista

Es un cuarzo transparente teñido de color violeta debido al óxido de manganeso. Sus colores varían desde el lavanda hasta el púrpura profundo. Su composición es silicato de hierro y manganeso. Cuanto más manganeso posea más oscura será la piedra. Es muy utilizada para problemas de alcoholismo, contra la neuralgia y como purificadora del cuerpo y de la mente. Disipa la angustia, controla y regula el sistema circulatorio. Tiene el poder de influir en los ambientes crispados por la discordia y tornarlos agradables. También se utiliza para favorecer el crecimiento de las plantas y promover las relaciones personales. Tiene vibraciones sedantes y equilibra el cuerpo cuando hay alteraciones del sueño. Se utiliza para dolencias físicas como la artritis, la diabetes y en desórdenes psicológicos como la anorexia y la bulimia. Retarda el envejecimiento y activa el sistema inmunológico. En América se la considera la piedra que brinda paz, equilibrio y atrae la buena suerte. Es la piedra ideal para armonizar el hogar, el lugar de trabajo, previniendo peleas y preservándonos de enfermedades, y es una de las piedras más utilizadas para realizar programación.

Amazonita

Su nombre hace alusión al Río Amazonas. Su color es verde azulado y pertenece al grupo de los feldespatos. Esta piedra se utiliza para problemas óseos como el lumbago, la artrosis, la artritis, el reumatismo, etc. Se indica para afecciones del sistema nervioso como estados ansiolíticos, fobias, miedos. Estimula el fortalecimiento del sistema inmunológico.

Ámbar

El ámbar es una resina fósil de color amarilla más o menos oscuro y electrizable. Cuenta con cuarenta y cinco millones de años de antigüedad. No es un mineral sino que es la resina de una planta conífera perteneciente a la Era Terciaria llamada Pinita que se fosilizó durante millones de años. Sus colores varían desde el blanco amarillento, al color miel o marrón. El ámbar está compuesto por oxígeno, nitrógeno, carbono e hidrógeno. Por su belleza y por el aroma dulce que despide al ser calentado es muy utilizado en aromaterapia. En tiempos antiguos el ámbar era triturado y mezclado con miel para mitigar el dolor de oído. En la actualidad se utiliza para combatir catarros, epilepsia y estados convulsivos. Se lleva en forma de collar para contrarrestar el bocio e inflamaciones de amígdalas. Protege a los niños del dolor de dientes u otras afecciones bucales como las caries, la gingivitis y las encías sangrantes.

Analcima

Su posesión desarrolla la misericordia y la paz interior. Es apropiada para afecciones del hígado, gases intestinales y cálculos renales. Es un buen tratamiento de oído, para los vértigos y mareos. Sana las impurezas interiores y cambios bruscos de humor. Desarrolla la ternura, la dulzura, el altruismo, etc. Ayuda a crecer espiritualmente.

Andalucita

Piedra del coraje. Recomendada para los que sufren de ausencias, amnesia y problemas de memoria. Calma la irritación. Indicada para los que se sienten al límite de la resistencia física, psíquica y espiritual o en estado de extrema desesperación. Es eficaz para tratamientos de dolores de cabeza, migrañas, etc.

Aragonita

La Aragonita es un carbonato de calcio perteneciente a la Era Cuaternaria. Su color puede ser blanco, amarillo, pardo rojizo. Su brillo es vítreo y mate. Es muy utilizada como piedra decorativa. Se la recomienda para personas que necesitan vencer su timidez. También se utiliza para ayudar en tratamientos para trastornos cardíacos y renales. Colóquela en un estante de su casa para contrarrestar la envidia.

Atacamita

La piedra de la indulgencia. Indicada para los que se ven afligidos por un sentimiento de inferioridad y por la falta de seguridad y confianza en sí mismos. Recomendable en afecciones oculares. Aumenta la energía creativa a quién la lleva. Ahuyenta las energías negativas y atrae las positivas, además proporciona equilibrio psíquico y físico. Eficaz ayuda para la meditación. Aplaca la ira y rechaza la melancolía. Sirve para olvidar el pasado.

Aventurina

Es una variedad del cuarzo encontrada por casualidad, de ahí su nombre (ventura). Su color es verde, pardo dorado, irizado, salpicado de laminillas de mica. Es una piedra que absorbe las energías negativas. Es indicada para personas que sufren de estrés, nervios y decaimiento por excesos de trabajo o enfermedades. Produce enormes beneficios en los problemas urinarios, la próstata, la hemorroides, la diabetes, el insomnio y en las neurosis. Como es una piedra que favorece el equilibrio mental es muy recomendada para personas que tienen miedo a perder la razón o a descontrolarse.

Azabache

Es una madera negra fósil alterada química y físicamente por diferentes agentes durante el transcurso del tiempo. No es un cristal sino trozos de madera de una conífera del período terciario llamada pinitas caustifolia. No cristaliza sino que se presenta en capas de dos a cuatro centímetros de espesor. Su color es negro y opaco. El azabache siempre se utilizó como talismán, en la magia y hechizos por su alto poder energético y vibratorio. Es un gran protector contra el mal de ojo, los hechizos y también para el tratamiento de gota, el insomnio, los calambres, la ciática, la tendinitis y diversas neuralgias.

Azurita

También conocida como malaquita azul. De acuerdo a sus propiedades físicas es un carbonato básico de cobre que se encuentra en estado natural y cristaliza en formas prismáticas o tubulares. Su color es verde y tiene brillo vítreo o sedoso. La azurita evita las pesadillas y los malos sueños. Es muy utilizada por su color para adquirir mayor sabiduría espiritual. Simboliza la inteligencia. También se utiliza para curar el mal de ojo, la envidia y los celos. Ayuda a canalizar las propias energías y poder dirigirlas hacia un objetivo preciso. Es una de las piedras de la fortuna ya que atrae la riqueza y hace que quien la elija goce de prosperidad.

Baritina

La baritina está compuesta por sulfato de bario, pertenece a la clase de los sulfatos y al grupo de las baritinas.

Berilo

Existen algunas variedades de berilo. Todas se componen de silicato doble de alúmina y berilio, metal terroso y de sabor dulzón que sólo se halla en compuestos como el berilo. Esta es una de las piedras más importantes y menos conocidas. También se ha encontrado tallado en forma de esfera, en Irlanda, pieza que hoy pertenece a un museo británico. Antiguamente era utilizado en rituales para atraer la lluvia. Es utilizada por los estudiantes para retener la información adquirida.

Blenda

Pertenece a la clase de los sulfuros, y al grupo de las esfaleritas. Puede tener un excelente brillo y se asocia con varios minerales de bellos colores. El color típico es el negro, pero puede presentarse de color marrón, amarillo rojizo, verde y algunas veces blanco o irisado. Es eficaz para el estreñimiento y muy recomendable para las afecciones pulmonares, el asma, el desasosiego, las afecciones renales, los miedos, la neurosis y la locura.

Calcedonia

Es una variedad microcristalina del cuarzo. Sus variedades son utilizadas como piedras semipreciosas y también con fines ornamentales. Conforman una gran familia donde se incluyen variedades de ágata, crisopraso, sardo, heliotropo, cornalina, sardónice y ónice. Está compuesta por anhídrido doble de silicio y aluminio. La común es de color azul, celeste claro, gris claro o blanquecino. Es muy común encontrarla en cuevas formando estalactitas o estalagmitas, provocadas cuando el agua subterránea se evapora. Está asociada al amor maternal y a la caridad, promueve la paz y resulta ideal para utilizarla como piedra personal para defendernos de energías negativas. Psíquicamente es utilizada para proteger a la persona de estados de melancolía, tristeza y miedos provocados por los viajes. En el siglo XVI los magos la utilizaban para disolver fantasías e ilusiones provocadas por algún hechizo. En terapia física es recomendada para cálculos renales, epilepsia, calambres y fiebre.

Calcita

La calcita conforma un grupo de minerales. Pertenece a la clase de los carbonatos y es un espato de calcio. Es uno de los minerales más comunes de la Tierra y se la puede encontrar en más de mil formas diferentes. Es el mineral primario encontrado en cuevas en forma de estalactitas o estalagmitas, vetas subterráneas, etc. Si bien tiene similitudes con la calcedonia, tiene diferencias en su composición química. Las formaciones de calcita en las cavernas son en general muy puras y si están coloridas, es por la acción de cantidades de hierro y otros elementos. El ónix mexicano es una variedad de calcita y es utilizado como adorno, en forma de animales, obeliscos y pirámides. No es el mismo ónix que el que pertenece a la familia de los cuarzos. Otra variedad de la calcita es la llamada Espato de Islandia, cuyo aspecto es parecido al hielo y es también denominada calcita cúbica, por su cristalización. La calcita es muy variable en cuanto al color. Puede ser blanca, incolora, o con vetas amarillas, naranjas, azules, rosas, rojas, marrones, verdes, negras o grises. Es una de las piedras más buscadas como protección para el hogar por su poder de disolver energías negativas. Es la piedra que se utiliza como talismán para generar paz, sosiego y buena suerte. Está asociada a la prosperidad económica y resulta eficaz contra los estados depresivos.

Calcopirita

Es un sulfato de cobre. Su color es amarillo oro. Es muy fácil confundirla con la pirita u oro de los tontos. En terapia física se aconseja para la tuberculosis, enfermedades del bazo, hernia, hemorroides, fístulas.

Casiterita

Es un bióxido de estaño. Pertenece al grupo de los rutilos. La casiterita se destaca por su brillo metálico o diamantino. Pueden ser de color negro, amarillo, gris o pardo rojizo. Es muy utilizada para desarrollar la espiritualidad, la intuición e inspiración.

Celestita

Es un sulfato de estroncio, y pertenece al grupo de las baritinas. Su color, "azul como el cielo", es muy bello y muy buscado por los coleccionistas. Sin embargo se puede presentar con otros minerales de diferentes colores que le dan una coloración blanca, amarilla, incolora, o rojiza. Se utiliza para fortalecer la autoestima, proporciona mayor seguridad a las personas introvertidas. Ayuda a tomar decisiones acertadas. Por su color azul es la piedra ideal para plasmar la creatividad de cada uno. Su color es la concreción visible de la frecuencia espiritual. Ayuda a comprender los principios divinos y las leyes cósmicas proporcionando paz espiritual. En terapias físicas se utiliza para dolencias en el bazo, músculos y articulaciones.

Cerusita

Es un carbonato de plomo y pertenece al grupo de las Aragonitas. Posee un brillo diamantino y puede presentarse en diversos colores: amarillo, pardo, gris, verde azulado, incoloro y negro. Es una piedra muy utilizada para desarrollar sentimientos de aceptación y de cooperación.

Cinabrio

Es un sulfuro de Mercurio. También llamado Cinabarita. Su color puede ser rojo escarlata o pardo rojizo. Es una piedra eficaz para el tratamiento del dolor.

Circón

También llamado Jacinto, es un bióxido de circonio y silicio, con trazas de uranio y cromo. Los de color naranja (jacintos) contienen torio, los amarronados (jargón) óxido de zinc, los verdosos (circón o diamante de Ceilán) hierro y los azulados (estarlita) sulfato de titanio o de cobre. Es el símbolo de la lealtad y desarrolla las actividades mentales. El blanco se utiliza como substituto del diamante y para clarificar los procesos mentales. El amarillo para incrementar la energía sexual y atraer el amor o contra la depresión. El naranja para incrementar la belleza y durante los viajes como amuleto para evitar accidentes. El rojo promueve la riqueza y revitaliza la salud del cuerpo. El marrón y el verde se utilizan para generar prosperidad económica.

Coral

Es un organismo calcificado. Existen corales rojo, blanco y rosado. Se utiliza para alejar la envidia y el egoísmo. Tiene vibraciones positivas y es fuente de vida y acción. Aleja las enfermedades. Estimula la corriente sanguínea en articulaciones endurecidas y dolor en los huesos. El coral blanco simboliza la modestia; el rosa el pudor; el rojo el valor; el negro la fuerza.

Cornalina

Pertenece a la familia de las calcedonias. Es de color rojo como consecuencia del óxido de hierro. Los alquimistas de la Edad Media le conferían a la cornalina roja la propiedad de extraer esquirlas de las heridas, la curación de llagas, la neutralización de los efectos de algunos venenos y la curación de infecciones. Las más oscuras eran utilizadas para el control de la presión arterial, las rosas para la anemia y las blancas para afecciones en los ojos y oídos. En Egipto la utilizaban para promover la paz y la armonía, contra la depresión, incrementaba la energía sexual y para prevenir enfermedades de la piel. En la actualidad la cornalina rosa tiene efectos relajantes y optimizadores del ánimo. Desde el punto de vista psicológico nos ayuda a hallar nuestro lugar en el universo.

Crisocola

Es otra variedad de calcedonia, hidrosilicato de cobre, que le da un color entre azul profundo y celeste verdoso. Se extrae de las minas de cobre de Argentina, México, Montes Urales e Italia. Antiguamente los griegos le adjudicaban la propiedad de ayudar a encontrar el oro. Los alquimistas de la Edad Media la administraban pulverizada para aliviar dolores menstruales, de parto y en prevención de abortos. Es la piedra de la feminidad por sus propiedades para los problemas típicos de la mujer.

Crisopraso

También llamada prasio. Es la variedad verde manzana o verde esmeralda de la calcedonia. Se la llama la piedra de la esperanza. Se utilizaba para las personas con problemas sentimentales o incluso físicos sin esperanzas de solución.

Cristal de roca

Es el cuarzo incoloro. Carece de impurezas que afecten su transparencia. Este cristal puede canalizar la energía de la luz blanca que es la suma de los siete colores cósmicos y la puede distribuir en los cuerpos sutiles, armonizarlos y contrarrestar energías negativas. Por eso se dice que el cuarzo hialino es el más útil de todos los cristales. Se utiliza para todo tipo de curaciones, programación y reprogramación de otros cristales, para protección del hogar y personal. Ayuda a pensar positivamente y refuerza el cuerpo energético. La presencia de cuarzo hialino es positiva en el ambiente promoviendo la relajación necesaria para la meditación e introspección. Se puede utilizar eficazmente para recordar algún sueño. Existen variedades de estas piedras como el Cuarzo rosa. Se lo conoce también como Rubí de Transilvana. Su color va de la rosa pálida al rosa fuerte debido a las inclusiones de manganeso. En el antiguo Egipto era considerada la piedra del amor sagrado.

Cuarzo

El cuarzo es el mineral más común del planeta y es componente de casi todos los tipos de roca. Está compuesto por anhídrido silícico cristalizado a altas presiones y temperaturas. Presenta un brillo vítreo y en su estado más puro es totalmente incoloro. Aunque se tiñe de diversos colores cuando contiene inclusiones de otros minerales mezclados durante el proceso de cristalización. Los cuarzos pueden encontrarse como cristales sueltos, agrupados en drusas o encerrados en geodas dentro de cubiertas de ágata, cornalina o jaspe.

Diamante

Esta piedra es el resultado de trozos de carbono cristalizado en su forma más pura. Se presenta en diferentes colores. Los incoloros, que poseen una transparencia perfecta son denominados "de primer agua". Sin embargo existen piezas coloreadas en rosa por las inclusiones de bióxido de manganeso; amarillas, por la inclusión de óxido de cromo; verdes, por el sulfato de cobre y las piezas de color negro que son completamente opacas. El diamante simboliza la búsqueda de la perfección. Es muy utilizado para aumentar el poder de otras gemas. Desde el punto de vista psíquico se utiliza para quienes necesiten superarse espiritualmente y que por razones de bloqueos o traumas no pueden lograrlo. Se utiliza para meditar y también para discernir entre lo positivo y negativo. En la salud, es muy utilizado para la epilepsia, la menopausia y la diabetes.

Epídoto

Es un mineral estructuralmente complejo. Pertenece a la clase de los silicatos. Su color es verde "pistacho". Su lustre es vítreo y sus cristales son transparentes o translúcidos. En el plano físico calma los nervios y se utiliza también para el agotamiento muscular, dolor de cabeza y todos los síntomas provocados por el estrés.

Esfalerita

Indicada para personas que sufren de calambres y espasmos en manos y piernas. Se dice que atrae el éxito y la fama. Es adecuada para artistas, ejecutivos y en general para todo el

que busca una excelente imagen pública. Favorece la digestión. Es imprescindible para los que sufren de digestiones
lentas y gases intestinales.

Esmeralda

Es una variedad del Berilo. Es un silicato doble de berilio y
aluminio coloreado por hierro, vanadio, cromo, berbelio,
etc. que le dan diferentes tonalidades verdosas. Ayuda a disi-
par miedos, angustias, tristezas y estados de ansiedad. Se
cree que es la piedra preciosa que otorga juventud y felicidad
a quien la posee, siempre que la utilice con fines honestos.
En terapias físicas se la recomienda para tratar las siguientes
afecciones: acedía, colitis, problemas hepáticos, digestivos,
renales y también oculares. Como elixir se utiliza para aliviar dolencias cutáneas: forúnculos, herpes, acné, tiña y
melanomas avanzados.

Esteatita

Atrae el éxito, el amor y la constancia. Sube el ánimo (no recomendable para personas nerviosas). Piedra de los comerciantes, les da suerte en sus negocios y lugares de trabajo.
Apropiada para personas que sufren de lesiones de la columna, de vértebras y del esqueleto en general. Fortalece el
sistema inmunológico así como el cuello, las mandíbulas y
los dientes.

Fluorita

La fluorita pertenece al grupo de los halogenuros. Su color es
violeta, verde, amarillo, blanco, rojizo, o azulado. Son rocas
de origen hidrotermal, sedimentarias, y neumatológicas. Se

la suele encontrar junto a la casiterita, la blenda, la galena, la dolomita, la baritina, la turmalina, etc. La fluorita es una piedra que sintoniza la mente con el espíritu, desarrolla la capacidad de comprensión, hace ver la verdad oculta tras la confusión, ayuda en el despertar espiritual y promueve la sabiduría. Beneficia a los que sufren de estrés dando bienestar emocional y mantiene el equilibrio perfecto entre la mente y el cuerpo. Proporciona claridad mental, concentración y serenidad. Para terapias físicas se la utiliza para mitigar la fatiga mental, desequilibrios, reuma artritis, problemas de columna y sinusitis.

Galena

Galena es un sulfato de plomo; su color es gris plomo y su brillo es metálico. Se dice que la galena es la piedra que simboliza el peso de la razón. Es muy utilizada por personas que sufren pérdidas de memoria o amnesia. Ayuda a retener todo tipo de información por lo cual es muy recomendada para estudiantes en época de exámenes. En terapias físicas se utiliza para tratar todo tipo de afecciones en los huesos, indicada para artrosis, reuma, y artritis.

Goshanita

Se característica por su ausencia de color. Puede canalizar todas las gamas del espectro cromático y es un excelente canalizador de las energías cósmicas.

Granate

Conforma un grupo de minerales que según los elementos nativos que contenga recibirá su nombre correspondiente. Por ejemplo el granate con alto contenido de circonio. El granate puro es un hidrosilicato de aluminio y su nombre se debe a que su color rojo sangre oscuro y cristalino se asemeja a los granos púrpuras del fruto del granate. Es la piedra del valor porque proporciona fuerza de voluntad y seguridad en sí mismo. Es el símbolo de la amistad verdadera. El granate retrasa el proceso de envejecimiento y regenera los tejidos y la piel.

Heliotropo

Conocido como Sanguinaria o Jaspe sanguíneo, es una variedad de la calcedonia. En la antigua Grecia las parejas se obsequiaban mutuamente esta piedra para arreglar sus problemas amorosos. Por la combinación de sus dos colores, el verde, color de la curación, y el rojo, color de la sangre, es una piedra ideal para tratar enfermedades del sistema circulatorio y del sistema cardíaco. Puede combinarse con las piedras del Cuarto Rayo, como esmeralda, malaquita, cuarzo rosa y rodocrosita. Es eficaz para superar trastornos sexuales y glandulares. Es un excelente limpiador y armonizador del cuerpo físico, eliminando los desechos del hígado, del bazo, y especialmente de la sangre, como la úrea y ácido láctico.

Hematite

El hematite es un compuesto de anhídrido de hierro, en cuyo caso su color es rojo sangre. En la mayoría de los casos se lo encuentra con otros óxidos como el titanio y el manganeso que le dan un color amarronado o con aluminio que le confiere una tonalidad gris oscuro. Sus colores oscilan entre el gris negro, negro, o pardo rojizo. Su brillo es metálico. Se utiliza para activar la circulación de la sangre. Es indicada para enfermedades de la sangre y del sistema digestivo, para tumores de mama, quistes ováricos y cánceres de próstata. Combinada junto al granate y al rubí alivian afecciones del sistema urinario y digestivo. Es una piedra con elevado poder para alejar energías negativas. Generalmente se la utiliza junto a la turmalina negra para dicho fin. Es un amuleto muy poderoso para evitar accidentes. Se le atribuye la capacidad de atraer la buena suerte. Eleva la estima generando mayor confianza en uno mismo, clarificando los pensamientos y mejorando la capacidad intelectual.

Jade

Está compuesta por silicato de magnesia y cal. El jade está íntimamente relacionado con la civilización china en cuanto a las épocas de crecimiento y reposo de la naturaleza. Se dice que el jade o (YU), es la reina de todas las gemas, pues reúne las cinco virtudes cardinales: el amor al prójimo, la modestia, el valor, la justicia y la sabiduría. Simboliza belleza, virtud y tenaz autoridad. Regala paz y tranquilidad. Quien se identifica con ella, recibe fuerza magnética. Prolonga la vida, mantiene la fertilidad. Aumenta el nivel de conciencia. Se usa para curar enfermedades del riñón y epilepsia, así como infecciones contagiosas. Sus vibraciones son limpiadoras porque repelen cualquier tipo de negatividad. Está representada con varios colores: verde, blanco, amarillo, morado, marrón, etc.

Kuncita

Es un compuesto de hidróxido de silicio, arsénico y azufre no cristalizado, con base rosada y estrías de color violeta. La combinación de su color rosa, violeta e índigo, simboliza el equilibrio entre la felicidad eufórica y los estados de regocijos serenos. Por su poder energético acrecienta todas las vibraciones positivas del lugar donde se encuentre. Es ideal para erradicar los miedos y los bloqueos que provienen del pasado, por lo cual es una excelente armonizadora de estados emocionales conflictivos que podrían provocar trastornos mentales de gravedad.

Lapizlázuli —Lazulita—

Es un bióxido de silicio compuesto por varios minerales como hidróxidos de sodio, aluminio, pirita, sodalita, mica, anfiboles y piroxenos. Su color es azul oscuro o verdoso veteado con inclusiones de pirita, en ocasiones tendiente al violeta o al gris mezclado con zonas amarillas doradas o blancas. La coloración azul se debe a la presencia de azufre, el dorado a la pirita y en ocasiones al oro. El lapizlázuli ya era conocido entre la civilización egipcia hace más de tres mil años, con el que se consagraba a la diosa Isis y lo utilizaban para tallar en él escarabajos sagrados y adornos como las tiaras y pectorales de los faraones. Se le conoce como la piedra de la comunicación. Despierta la mente a una conciencia superior por lo cual es muy utilizada para meditar. Es fundamentalmente un purificador mental y espiritual, que refuerza los cuerpos sutiles. Es eficaz para controlar los desajustes emocionales. Junto con el cuarzo amatista, la malaquita, la rodocrosita y el cuarzo rosa, sirven para abrir camino al conocimiento espiritual, para poder expresarlo y a su vez comunicarlo a otras personas.

Magnetita

Proporciona firmeza de carácter a quien la porta. En la antigüedad se la utilizaba para favorecer las cosechas y las siembras, para inflamaciones oculares y en casos de estados febriles y delirios. Recomendada para prevenir contagios y trastornos intestinales. Se utiliza para contrarrestar sentimientos de temor, inquietud, enfado o frustración, contracturas y otros trastornos orgánicos como obesidad.

Malaquita

Posee carbonato de cobre de color verde. Puede ser de color azul, con estrías en blanco o celeste y se la conoce como malaquita azul o azurita. En la antigüedad, los romanos la utilizaban para aliviar los dolores de parto; para dolencias oculares como el glaucoma y cataratas y como talismán para protegerse del rayo, las caídas y los accidentes. La malaquita ahuyenta los malos sueños y las pesadillas. Mejora los estados de ánimo, ayuda a la regeneración de los tejidos. Contrarresta el mal de ojo, la envidia y los celos. Cura las penas de amor y hace volver a los amantes ausentes. Es la llamada piedra del equilibrio porque ayuda a canalizar y a dirigir las propias energías hacia un objetivo.

Marcasita

Es un sulfuro de hierro, de brillo metálico y de color amarillo, que se puede encontrar junto a la galena, pirita, etc. Se la recomienda para personas que sufren de cálculos renales y biliares. Indicada para el tratamiento de la ictericia, problemas cutáneos, eczemas, herpes. Se la considera la piedra del optimismo.

Obsidiana

La obsidiana no es un cristal en el sentido estricto de la palabra. Es un feldespato silícico de aluminio vitrificado por la acción de fenómenos volcánicos bajo condiciones de altas temperaturas. Es una roca eruptiva, de color negro profundo. Se la conoce como la piedra de la justicia. En la antigüedad se creía que era una curiosa bebida cuyos poderes mágicos permitían ver el origen de todas las cosas. En esta bebida se mezclaban polvo de obsidiana, talco y mirra, lágrimas de pino petrificada (ámbar) con vino tinto, y se bebía antes de conciliar el sueño. En Argentina varias poblaciones indígenas la utilizaban para fabricar puntas de flechas, hojas de cuchillos y lanzas.

Ojo de gato

Proporciona serenidad, paz interior e incrementa las fuerzas para superar dificultades. Se utiliza para tratar problemas respiratorios y como un eficaz fortalecedor del cerebro. Es una piedra especialmente indicada para personas que se dediquen a los negocios o empresas.

Ojo de tigre

Es un mineral de la familia del cuarzo con agregados de un mineral de asbesto, que le otorga sus franjas características. Es un limpiador general del organismo. Es recomendada para personas introvertidas para fortalecer el carácter. Favorece los cambios sin rupturas traumáticas y atrae la buena suerte. Se utiliza en el tratamiento de la artrosis y problemas cardíacos y cerebrales. Eficaz regulador del sistema circulatorio. Su propiedad más importante es que reúne el color de la Tierra con el color del Sol. Calma la ansiedad y los problemas ocasionados en el sistema nervioso.

Olivino

También llamado Peridoto. Es un silicato de hierro y magnesio. Es más conocida como la piedra de la fidelidad. Expresa la justicia, el amor y el afecto hacia los demás. Es un eficaz coagulante y regenerador de los tejidos. Recomendable para el tratamiento de depresiones, estados nerviosos y estrés.

Ónice

Es un ágata listada de la familia de las calcedonias que presenta diferentes colores. Generalmente tiene base negra, marrón oscuro o verdosa, con estrías blancas, doradas o amarillas. Antiguamente los romanos lo utilizaban para fabricar prendedores y sellos grabados con los signos del zodíaco. En la gemoterapia moderna se considera como la piedra ideal para cicatrizar llagas y heridas y para enfermedades oculares. Es un excelente tónico, fortificante y emoliente.

Muy utilizado para personas que sufren de melancolía. Estabiliza emocionalmente y mitiga el terror a lo desconocido. Favorece a la meditación.

Ópalo

Es un cuarzo compuesto por óxido de silicio hidratado. Su color oscila entre el incoloro, las variedades más puras, y el marrón oscuro, pasando por tonos amarillo, blanco, verde, anaranjado y ocre. Su brillo es vítreo, mate, céreo y graso. Ópalo es una piedra recomendada para personas que necesitan serenarse. Da vigor y alegra el corazón. Actúa sobre la mente y las emociones, calma la depresión y la apatía, incrementa la fuerza del pensamiento. Es indicado para afecciones oculares, como la conjuntivitis, queratitis, glaucoma, cataratas. Mejora la visión para quienes padecen de miopía, astigmatismo o presbicia. Los ópalos nobles contienen agua, por lo tanto es ideal para restablecer el cuerpo emocional. También se lo puede sostener en la mano durante la meditación. Amplifica el estado anímico predominante, ya sea de paz o de dolor, por lo cual es importante que sea utilizada por personas que se encuentren perfectamente alineadas.

Oropimente

Es un sulfuro de arsénico. Su color es amarillo dorado o con tonalidades anaranjadas. Su brillo es graso nacarado. Es la piedra del interés, ya que en la antigüedad se la utilizaba para lograr algún favor de la persona que se la regalaba. Es ideal para prevenir gripes, resfriados y catarros. Es muy utilizado para rituales mágicos y hechizos.

Ortosa

Es un silicato de color blanco, amarillo, incoloro, rojizo y con tonalidades azuladas. Su brillo es nacarado. Se la conoce como la piedra del destino. Es eficaz en el tratamiento para combatir la anorexia y la falta de apetito. También está indicada para los fuertes dolores de cabeza, migrañas y jaquecas. Remedia los dolores ocasionados por los cálculos biliares.

Perla

Se trata de una sucesión de estratos de producto calcáreo, llamado nácar, segregado por un tipo de ostra llamada "ostrea pinctada", conocida bajo el nombre de "madre perla". Generalmente se encuentra en agua salada, sin embargo existen ejemplares de agua dulce que producen perlas nacaradas de gran belleza. La composición química de la perla es la misma que recubre el caparazón interior de la ostra, carbonato cálcico en suspensión en sustancias segregadas por el animal, que al secarse, se transforman en un compuesto inorgánico, de gran consistencia con bellísimos colores opalinos que van desde el blanco, gris y negro, pasando por tonalidades amarillas, rosa azulado y verdoso. Se estima que la vida de la perla alcanza de cien a ciento cincuenta años debido a su composición orgánica. En la antigüedad, los chinos utilizaban el polvo de perlas diluido en agua para los dolores estomacales. Los romanos la utilizaban para ataques epilépticos y los síncopes. En Persia se la recomendaba para contrarrestar enfermedades oculares como el glaucoma, conjuntivitis, cataratas, para blanquear dientes y curar las caries. En Asia se la utilizaba como talismán para favorecer la fecundidad. La perla blanca es la más utilizada, ya que favorece la armonización del cuerpo espiritual con el cuerpo etéreo y el cuerpo emocional. La perla es el símbolo de la amabilidad, de la lealtad, y de la justicia. Tiene el poder de absorber la energía negativa y generar sensación de paz. Indica inocencia, pureza y modestia.

Pirita

Es un sulfuro de hierro, con brillo metálico de color amarillo irisado. Se la conoce con el nombre "Oro de los Tontos", por su similitud con el oro. La Pirita aporta bienestar y paz en el hogar, por lo que se la llama "la piedra del hogar". En la antigüedad se la utilizaba para curar gastritis y todo tipo de dolencias del aparato digestivo. Activa el funcionamiento lento del hígado. En la actualidad se la recomienda para tratar problemas en el sistema circulatorio y para afecciones en los huesos como gota y artrosis.

Prehenita

Es la piedra de la pureza. Representa el poder y la confianza en uno mismo. Elimina la timidez. Indicada para los que sufren de ciática, lumbago y dolores abdominales. Buenos resultados con el acné. Remedia la mala digestión, acidez o gastritis. Eficaz en dolencias del aparato circulatorio. Puede utilizarse en casos de anemia o de debilidad general.

Rodocrosita

Es un carbonato de manganeso, de color rosa, gris, o pardo rojizo. Posee un brillo vítreo y se la suele encontrar junto a la galena, pirita y la blenda. Se la conoce como la piedra de la vitalidad. Despierta el amor y la compasión por nuestros semejantes, induce al altruismo. Es una piedra que genera sentimientos de serenidad y armonía espiritual. En el plano emocional libera los traumas no elaborados y permite manifestar el amor mediante la expresión corporal, asimilar los sentimientos sin perder nuestra propia identidad. Facilita la toma de conciencia de la relación alma-corazón.

Rodonita

Es un silicato de manganeso y calcio. Posee un bellísimo color rosa y un brillo vítreo. Se la suele encontrar junto a la magnetita y el granate. La Rodonita es el símbolo de amistad pura. En la antigüedad se la regalaba a otra persona para expresar este sentimiento. Sus vibraciones regocijan el espíritu y ayudan junto a la rodocrosita a elaborar estados de confusión. Es muy utilizada para combatir el estrés y estados ansiolíticos provocados por éste. Además, ayuda a regularizar los desarreglos menstruales.

Rubelita

Es un silicato de color rosa vivo o rojo. Es eficaz en el tratamiento de afecciones respiratorias. Se utiliza para combatir estados febriles, insomnio y afecciones cutáneas como la psoriasis. Es muy utilizada en meditación porque aporta claridad mental y desarrolla la intuición. Simboliza la estabilidad emocional. Ayuda al funcionamiento de las fuerzas creativas.

Rubí

Pertenece a la familia de los corindones. Es un corindón de color rojo, compuesto por óxido de aluminio con inclusiones de óxido de hierro y cromo que le dan su color rojo carmesí. Se dice que el rubí da inteligencia y honor, contribuye al desarrollo espiritual y sentimental. Genera salud y éxito en el mundo material. Representa la energía positiva por excelencia. Cura el insomnio y fortalece la memoria. De acuerdo al color que posea (ya que existen variedades más pálidas y amarillentas), se lo utiliza como estimulante del apetito y regulariza disfunciones como la anorexia y la anemia. Regula el ritmo cardíaco y la tensión arterial y activa el sistema inmunológico. Elimina los obstáculos emocionales, refuerza la confianza en uno mismo y la relación con los demás. Se la utiliza también para controlar todas las secreciones delgadas del cuerpo como la sangre, el suero, exudaciones, sudor, etc. Actúa sobre disfunciones sexuales, renales y vesiculares. Es portadora de la buena suerte en el juego y en el amor.

Rutilo

Es óxido de titanio, de brillo diamantino, con cristales bien definidos, como agujas o cabellos llamados "cabellos de Venus". Es conocido como la piedra de la creatividad. Es muy recomendada para fortalecer y lograr las metas y proyectos personales. Cuando se encuentra unido al cristal de roca, se denomina Cuarzo rutilado. Es indicada para tratamientos de las enfermedades nerviosas, ya que posee una acción relajante. Genera paz espiritual y fuerza física para lograr los objetivos más deseados.

Selenita

La selenita es una variedad del sulfato de cal, muy común en rocas sedimentarias. Es uno de los primeros minerales en formarse por la evaporación de agua marina en los lagos y mares cerrados. Metafóricamente podríamos decir que la selenita es una extraordinaria "sal de la tierra". Químicamente es sulfato de calcio hidratado. Está asociada al agua, el componente más presente en su estructura. La selenita muestra una transparencia especial, glacial, fina, estriada y muy delicada. Se distingue de los demás minerales por su suavidad. Puede rasparse con la uña. Es extremadamente frágil ante las emociones negativas. Así pues debemos tratarla con mucho cuidado, pues si actuamos movidos con sentimientos negativos podrá romperse en nuestras manos. La mayor parte de los cristales de selenita son estriados. Las largas líneas sobresalientes en toda su longitud animan y canalizan una energía de alta frecuencia a través del cuerpo entero del cristal. La selenita es luz líquida, y las estrías las sendas para la sustancia luminosa del espíritu. La selenita lleva consigo la textura del mundo onírico. Establece un puente para que las frecuencias más elevadas del espíritu y de la luz puedan manifestarse en los planos más sutiles de la materia. Su objetivo es activar ese aspecto de nuestra naturaleza que es sólo "sensación espiritual". La selenita también puede emplearse para aclarar estados mentales problemáticos o confusos. En sus finas estrías se cuentan historias y registros almacenados intencionadamente por magos y alquimistas, cuando su existencia se veía amenazada.

Siderita

Es un carbonato de hierro que posee un brillo vítreo, de color amarillo, pardo o gris, con reflejos metálicos. La siderita es la piedra del entusiasmo. Ayuda a combatir la desesperación. Es ideal para regenerar el flujo energético a lo largo de la columna. Se la recomienda para personas con falta de afecto. Libera la bondad y la generosidad.

Sodalita

Es un sulfato de cobre sobre una base silícica con vetas blancas producto de la presencia de hidróxido de sodio y potasio. Aplicada sobre el tercer ojo aporta serenidad, calma y claridad mental. Ayuda a comprender los problemas ajenos y es útil en conflictos con el ego y en los relacionados con la figura paterna. Despierta los mecanismos de curación que todos poseemos. Se la recomienda en relaciones afectivas basadas en sentimientos de posesión y en separaciones dolorosas. Ayuda a armonizar el cuerpo mental con el cuerpo emocional, por lo tanto es recomendada para personas impulsivas y sensibles ayudándolas a eliminar la dicotomía entre lo emotivo y lo racional. En meditación, ayuda a liberarse de viejos esquemas y dogmas espirituales, mientras que sus estrías blancas simbolizan la luz que llega para reorganizar los pensamientos.

Sugilita

Su color es violeta oscuro, es opaca y de tacto sedoso. Se la utiliza para proteger a los niños junto a la turmalina negra. Aporta calma y valor. Es la piedra de la Nueva Era. Es ideal para meditar ya que concede tranquilidad espiritual. Su

color violeta constituye las tres combinaciones diferencia-
das del azul, símbolo del espíritu, y el rojo, la materia y como tal representan el puente entre lo material y lo inmate-
rial, entre lo físico y lo espiritual, entre lo finito y lo infinito. Su color es ideal para la introspección, y nos ayuda al
ascenso al plano supremo. Es muy utilizada para desarrollar la intuición, la clarividencia y los poderes extrasenso-
riales. En el plano espiritual, limpia y armoniza el subconsciente para permitir una canalización de la intuición.
En terapias físicas se la recomienda para afecciones oculares como miopía, y astigmatismo, hipertensión ocular, ojos
llorosos, cataratas, glaucoma, y cegueras. En su color más
claro, se la utiliza sobre casos de sida, cáncer y todo lo que
concierne a los ganglios, ya que es excelente para activar y
fortalecer el sistema inmunitario.

Topacio

El topacio es fluosilicato de aluminio. Su color oscila entre el
amarillo claro y el oscuro, casi naranja o marrón con inclusiones de cromo, calcio, óxido de hierro, manganeso y vanadio. Cuanto más hierro posea, su coloración será más rojiza.
Generalmente se lo suele clasificar de acuerdo a su color. El
topacio Siberiano es el de color verde azulado, el topacio de
Ceylán es el amarillo rojizo; el topacio Bohemia es el incoloro o amarillo claro y el topacio Brasileño es el amarillo oro
rojizo. Ayuda a canalizar la energía del amor y de la curación. Abre el camino al conocimiento de la dimensión de la
energía y de la luz. Es la piedra de la franqueza y de la verdad. Es indicada para todos aquellos que tengan algo nuevo
en su interior y quieran expresarlo. Aclara la mente en casos

donde uno trata de manifestar algo verbalmente, por eso es muy utilizado por oradores, actores, escritores, etc. Contribuye a liberar energías reprimidas y atascadas vitales, tales como la sexualidad, el instinto de conservación y la agresividad. Acrecienta la esperanza, además se dice que emana una gran fuerza amorosa. Es útil para combatir los dolores de cabeza, para retrasar el envejecimiento y para afecciones del sistema nervioso, gota y hemorroides. Aplicado a los riñones, ayuda a disolver las piedras y cálculos renales.

Turmalina

Existen diferentes variedades cuya base es un silicato de aluminio con diferentes sustancias adicionales que le darán diversas tonalidades de colores. Generalmente cada variedad posee un color determinado, sin embargo existen cristales de dos colores que se denominan "Cabeza de Turco", que pueden ser rojo o rosados en un extremo y verdes en el otro, o transparentes y negros en la misma disposición. Existen otros cristales más exóticos como la turmalina cenicienta que es roja en su interior y verde en la periferia. Es el símbolo de la pasión y posee las vibraciones del amor; una de las más positivas y elevadas. Es la piedra más utilizada como protectora contra las energías negativas. La turmalina no absorbe las energías nocivas sino que las expulsa hacia la tierra descargando y liberando a la persona de ellas. En general representa la amabilidad, la cortesía, el afecto y la convivencia pacífica. Relaja el sistema nervioso y promueve el equilibrio emocional. Es eficaz contra estados de melancolía y depresión. Aumenta la capacidad de discernir y tomar decisiones acertadas. Acrecienta la sabiduría y la agudeza mental. Es portadora de buena suerte y de prosperidad económica. Alivia los dolores provocados por el cáncer y otros dolores agudos, ya que ayuda a detener el crecimiento irregular de células cancerígenas. También se la utiliza para curar cálculos renales y para equilibrar las secreciones hormonales.

Turquesa

La turquesa es un fosfato de aluminio, hierro y cobre, cuya composición le otorga el color azul verdoso que la caracteriza. Actúa sobre la comunicación y la facilidad de palabra, ya que aumenta la capacidad creativa del pensamiento. Es la piedra de la alegría y del bienestar. Se la utiliza como amuleto para prevenir el mal de ojo, los hechizos y la magia. Absorbe la energía negativa. Estimula la glándula pituitaria de un modo muy beneficioso. Aumenta la capacidad de la memoria, mejora la absorción de los elementos nutritivos y es muy útil para combatir la anorexia. Se la recomienda para problemas oculares, para los conductos nasales y las membranas mucosas.

Variscita

Es conocida como la piedra de la sensualidad. Se dice que despierta el lado infantil de las personas, el niño interior, el juego y la risa. Incrementa la capacidad lúdica y relaja las tensiones de la vida. Aporta sensación de ligereza y trivialidad, a la vida cotidiana. Combate el insomnio. Incrementa el sentimiento de virilidad de los hombres. Recomendable para los que sufren de artrosis y de reuma. Ayuda a enfocar las prioridades y a concretar una línea de conducta. Aumenta la lucidez mental y ayuda a resolver problemas enquistados en el subconsciente. Alivia las tensiones y las alteraciones nerviosas por lo cual es muy útil para afecciones provocadas por el estrés. Es de gran ayuda para los que sienten miedo de expresarse o de hablar en público.

Zafiro

El zafiro es un bióxido de aluminio su color varía de azul oscuro a incoloro, pasando por el azul de Prusia y el azul Ultramar. También existen zafiros de color verde y amarillo. Hay una variedad de zafiro que posee pequeñas inclusiones de rutilo que se lo conoce bajo el nombre de "ojo de gato" o "girasol de oriente". El zafiro se conoce como la piedra de los comerciantes, proporciona éxito y fama a quien lo lleva, así como prosperidad económica. Eleva los estados de conciencia y ayuda a conectarnos con nuestro Yo superior, los cuerpos astrales y los emocionales. Es una piedra ideal para desarrollar la concentración y mantener la atención. Su color azul ayuda a desarrollar el sentido de la justicia, verdad y equidad.

Zoisita

Es indicada para combatir la fiebre, la tos, los resfriados, los problemas respiratorios y la debilidad de los huesos. Eficaz para aliviar a los que sufren de reuma y dolores en articulaciones, así como dolores de ciática y lumbago. Es la llamada piedra de los sufridores. Se recomienda para combatir las envidias y los celos infundados. En la antigua Grecia, se obsequiaba a las personas cargadas de problemas y agobiadas por las preocupaciones.

Los cristales y su signo zodiacal

Aries	Rubí
Tauro	Esmeralda
Géminis	Coral
Cáncer	Perla
Leo	Diamante
Virgo	Zafiro
Libra	Jade
Escorpio	Malaquita
Sagitario	Amatista
Capricornio	Turquesa
Acuario	Lapizlázuli
Piscis	Aguamarina

Capítulo 6

*L*os colores y su simbolismo energético

El color es la expresión de la longitud de onda que influye según su frecuencia en el sistema energético del cuerpo humano y en todos los seres vivos (plantas o animales). Los colores influyen en nuestras emociones, carácter y personalidad.

Todos los sistemas del cuerpo se mueven en armonía con los ritmos naturales y estos fluyen en concordancia con ciertas longitudes de onda del color.

A continuación encontrará una tabla de colores y nombres para bautizar a su bebé, o para utilizar como sobrenombre según la vibración del color elegido.

Guía de colores y sus poderes

Amarillo

Es un estimulante natural de las emociones. Funciona perfectamente para armonizar y materializar los deseos y las ambiciones personales.

Azul

Es un color frío y, como tal, contribuye a nivelar los grados de ansiedad y a controlar aquellos ataques de atracción sexual obsesiva.

Blanco

Se utiliza en los rituales de purificación, ya que está relacionado con la limpieza que antecede a una relación sexual o
a una unión amorosa. Rompe con las condiciones adversas
y además incrementa la fe espiritual.

Celeste

Un gran generador espiritual. Magnetiza el entorno de las
personas atrayendo gloriosos estados de paz, protección y
seguridad.

Gris

Color neutro por excelencia, al gris lo podemos usar para
neutralizar y crear ambientes más propicios para entender
más fríamente lo que nos sucede.

Marrón

Está asociado con la constancia y con la amistad de aquellas
personas que nos ayudan a crecer espiritualmente. Se puede utilizar para concretar una relación sexual muy conflictiva. También se usa para atraer dinero y amistad.

Naranja

Tiene efectos sedantes y actúa directamente sobre el sistema nervioso central. Aumenta la capacidad de concentración en una
mentalización, por eso es importante pintar de anaranjado el
centro de un mándala energético.

Negro

Color que absorbe la luz. Se lo asocia con la energía femenina, con el lado oscuro del mándala del Tao, pero su efecto puede ser diferente según se utilice.

Rojo

Simboliza el poder sensual. Aumenta la pasión, brinda fuerza y resistencia. Llena la sangre de oxígeno y la limpia de toxinas. Después de un ejercicio de relajación o visualización, el cuerpo equilibra las secreciones glandulares.

Rosa

Conserva el amor en las relaciones sexuales, sean o no los sentimientos de una pareja estable. Integra el amor con la pasión erótica en un vínculo.

Verde

Color asociado con la naturaleza y la energía viviente. Sus vibraciones son hipnóticas y logran una calma total en todo el sistema vital del organismo, actuando directamente sobre la psique.

Violeta

Es el color de la transformación de las emociones negativas por excelencia, actúa como un multiprocesador de los pensamientos negativos porque corresponde al espíritu manifiesto.

Capítulo 7

Los aceites y aromas esenciales

La emanación de una fragancia deliciosa, o un perfume se utilizaban desde el principio de los tiempos como factor intrínseco seductor y de belleza. El aroma es placer y un arte eterno que brinda en abundancia la naturaleza. Cada fragancia tiene una carga
energética para armonizar. La persona que posee ese nombre tiene las mismas cualidades y poderes.

Azahar

Sedante, relajante. Predispone al estado de ensueño.

Bergamota

Actúa contra los pensamientos negativos. Reduce miedos. Calma la ansiedad.

Canela

Afrodisíaco especial para la falta del deseo sexual.

Cedro

Rejuvenecedor. Estimulante. Suavemente afrodisíaco. Calma
la ansiedad. Eleva el espíritu y purifica la mente.

Hierbabuena

Tónico y estimulante de la apetencia sexual.

Jazmín

Potente curativo de los trastornos emocionales, mejora el estado de ánimo y estimula la erección.

Limón

Es un energético natural, tomarlo ayuda a desinflamar las zonas erógenas.

Naranja

Fortalece el corazón y ayuda al mejoramiento del cuerpo.

Pachulí

Procede de una pequeña planta originaria de Malasia y de la India. Su efecto es sedante y afrodisíaco. Puede usarse en forma de incienso para mejorar la excesiva ansiedad a la respuesta sexual.

Romero

Tanto los griegos como los romanos creían que el romero era una planta sagrada, con poderes mágicos, es un estimulante de las glándulas y de las vías respiratorias para mejorar la energía del ritmo sexual.

Rosa

Los médicos árabes fueron los primeros en utilizarla como medicina en forma de "zuccar", o mermelada de rosas. Esta esencia es por excelencia el regulador de los órganos sexuales femeninos. Funciona como afrodisíaco, antidepresivo, sedante, tónico para el corazón, estómago, hígado y útero.

Capítulo 8

Las flores y su significado

Acacia	Elegancia
Algarrobo	Afecto
Alelí	Fidelidad
Almendra	Imprudencia
Aloe	Curación
Amaranto	Amor duradero
Amapola	Alivio
Amarilis	Satisfacción
Avellano	Acuerdo
Azalea	Moderación
Camelia blanca	Exquisitez
Camelia roja	Delicia
Campanilla	Cumplimiento
Castaño	Lujo
Cedro	Potencia
Crisantemo amarillo	Amor sutil
Crisantemo blanco	Efectivo
Clavel rosa	Amor dulce
Clavel rojo	Apasionado
Clavo de olor	Orgullo
Dalia	Alternativa

Frambuesa	Inquietudes
Genciana	Impresión
Geranio	Elegancia
Girasol	Naturalidad
Gladiolo	Potencia
Hiedra	Amistad
Hortensia	Indiferencia
Jacinto	Combinación
Jazmín	Simpatía
Junquillo	Correspondencia
Laurel	Gloria
Lila	Inquietud
Lino	Cariño
Madreselva	Amor entrañable
Magnolia	Sobriedad
Malva	Esperanza
Margarita	Inocencia
Mimosa	Dulzura
Muérdago	Superación
Naranjo	Alegría
Narciso	Orgullo
Olivo	Paz
Orquídea	Meditaciones
Rosa blanca	Amor espiritual
Rosa francesa	Amor sensual
Rosa Roja	Pasión

Romero	Memoria
Trébol de cuatro hojas	Posesión
Tulipán rojo	Amor expresado
Valeriana	Servicio
Violeta	Reserva

LAS FLORES Y SU PODER SANADOR

Ajo silvestre

Para la turbación y los miedos de carácter general, la inseguridad, la sensación de nerviosismo y la tendencia al temor incontrolable. Estimula la resistencia bioenergética (campo electromagnético), en la medida que rebaja el nivel de incertidumbre y temor en las tensiones a nivel del plexo solar. Externamente es repelente energético de insectos. Ayuda a repeler "energías parásitas". Fortalece la capacidad de destrucción de formas y pensamientos negativos incrementando las positivas a través del entendimiento de la polaridad de ambas.

Amaranto —Amaranthus hipochondriacus—

Flor de primeros auxilios para estados mentales alterados, paranoias, alucinaciones, esquizofrenia, autismo, y otras enfermedades mentales. Para las pesadillas y para el miedo a volverse loco. Epilepsia. Desorientación. Ayuda a recuperar el sistema inmunitario durante y después de infecciones bacterianas o víricas. Ayuda a integrar los cuerpos sutiles y a identificarnos con cada parte de nuestro ser. Estimula la glándula Timo y la glándula Pituitaria.

Consuelda mayor —Simpytum officinalis—

Tonifica y estimula el sistema nervioso y facilita la relajación. Aumenta el control consciente de los procesos fisiológicos y los reflejos. Al revitalizar el sistema nervioso, aumenta la coordinación física y facilita la relajación muscular. Para problemas de coordinación psico-motora. Refuerza la memoria y atenúa el miedo y la angustia que se pueden derivar de problemas motores o descoordinación física. Fortalece la simbiosis cuerpo-mente. Equilibra los hemisferios izquierdo y derecho. Aconsejado para deportistas de alto nivel y personas que practican disciplinas como el hata-yoga, la meditación y las artes marciales. Para las degeneraciones musculares. Permite utilizar partes atrofiadas del cerebro o bien favorece que otras partes asuman estas funciones. Para reposicionar vértebras desplazadas. Fortalece la memoria en situaciones como exámenes o recuerdo de sueños. Excelente restaurador de las células de todo el cuerpo que han sufrido algún tipo de trauma, como cortes o quemaduras. Para situaciones post-operatorias.

Consuelda menor

Estimula los mecanismos autocurativos del cuerpo. Sus efectos resultan impresionantes muchas veces.

Lirio

Para personas que viven de su creatividad y pasan por temporadas poco fructíferas. Ayuda a dar color, creatividad y dulzura a la vida gris y mecánica que llevamos. Ayuda a evitar la monotonía y la frustración alienante.

Lotus —*Nelumbo nucifera*—

Flor originaria de Egipto. Los ejemplares más notables se dan en la India. Su gran flor blanca surge en la superficie de las aguas; hay variedades rosas, violetas o rojas. Floración en verano. El Lotus es la flor por excelencia asociada con el séptimo chakra. Armoniza todos los chakras. Elimina las toxinas que impiden el paso de otros elíxires. Facilita todas las terapias y provoca la emergencia de enfermedades latentes para que puedan ser eliminadas. Armoniza las mezclas de otros elíxires encajando sus niveles vibracionales. Favorece los estados de meditación y la apertura del chakra de la corona, el loto de los mil pétalos; esta apertura sólo puede darse cuando el resto de la personalidad está encajada y el orgullo espiritual da paso a una sincera humildad. Útil en regeneración de tejidos y favorecedor de la longevidad. Recomendado su uso en estados obsesivos.

". . . es un elixir muy poderoso, de valor excepcional. . . .
universal que se dirige a todos los aspectos del individuo. . . .
es muy interesante añadirlo a toda combinación
de elíxires florales y minerales". [1]

No se dirige a estados psico-emocionales específicos y, no obstante, atenúa todos los problemas emocionales. Purifica el organismo de las toxinas que pudieran inhibir los efectos de los remedios vibratorios. Exalta y amplifica el proceso de expansión espiritual. Favorece la evolución de las personas que se hallan en un camino espiritual auténtico. Favorece la asimilación, a nivel físico, de todas las sustancias nutritivas y purifica el organismo.

---

1. Maite Hernández, *Esencias Florales*, ELFOS Ediciones.

Capítulo 9

Nombres de la Virgen María en Hispanoamérica

DEDICADO A TODAS LAS MARÍA

"María, el nombre de mis abuelas paterna y materna.
El nombre del origen más remoto que llegue a conocer
de mi historia de familia de emigrantes.
A la abuela María que inculcó mi fe en lo divino.
A ellas les rindo mi tributo de alegría en este capítulo".

—Para que tu nombre María se asocie con todas las sonrisas.

ORACIÓN A LA VIRGEN MARÍA DE LA SONRISA

María provoca en mí una sonrisa para levantar el corazón, para mantener el buen humor, conservar la paz del alma, despertar buenos pensamientos e inspirar generosas obras. Hazme sonreír hasta que note que mi constante seriedad y severidad se hayan desvanecido. Hasta endulzar mi propio corazón con ese rayo de sol que tu infundes. Haz que esta sonrisa tenga muchos trabajos por hacer y que estén a tu servicio que es el de Dios.

María, yo quiero ser un apóstol de la sonrisa, que ella sea un instrumento para transmitir a los otros ese bien, para sonreír a los tristes, a los tímidos, a los amigos, a los jóvenes, a los ancianos, a mi familia, a mis penas, a tus pruebas. Haz que mi sonrisa pueda llevar esperanza y abrir horizontes a los agobiados, a los deprimidos, a los descorazonados y oprimidos, a los pobres, y sea un instrumento de trabajo en una sociedad más justa para todos.

María, deja que mi sonrisa, sea en definitiva un objeto y acción de paz. Seguro que con tu ayuda, la influencia de mi sonrisa obrará maravillas que he ignorado. Te lo pido por Jesucristo, Nuestro Señor. Amén.

María en Hispanoamérica

Las principales vírgenes patronas de Hispanoamérica.

Argentina: Nuestra Señora de Luján.

Bolivia: Nuestra Señora de Copacabana.

Brasil: Nuestra Señora de la Aparecida.

Colombia: Nuestra Señora de Chiquinquirá.

Costa Rica: Nuestra Señora de los Ángeles.

Cuba: Nuestra Señora del Cobre.

Chile: Nuestra Señora del Carmen.

Ecuador: Nuestra Señora de la Merced, Nuestra Señora de la Presentación del Quinche.

El Salvador: Nuestra Señora de la Paz.

Guatemala: Nuestra Señora del Rosario.

Haití: Nuestra Señora del Perpetuo Socorro.

Honduras: Nuestra Señora de Suyapa.

México: Nuestra Señora de Guadalupe.

Nicaragua: Nuestra Señora de la Asunción del Viejo.

Panamá: Virgen de la Antigua.

Paraguay: Nuestra Señora de Caacupé.

Perú: Nuestra Señora de la Merced.

Puerto Rico: Nuestra Señora de la Divina Providencia.

República Dominicana: Nuestra Señora de Alta Gracia.

Uruguay: Nuestra Señora de los Treinta y tres.

Venezuela: Nuestra Señora de Coromoto.

Capítulo 10

*N*ombres y títulos de Dios

Los nombres de Dios han sido revelados en la Biblia. Los nombres bíblicos son algo más que sílabas con sonidos llamativos. La Biblia revela que Dios tiene muchos nombres y títulos. Podemos entender mejor quién es Dios cuando estudiamos sus nombres revelados en las Escrituras.

Elohim

Es el primer nombre de Dios encontrado en el Tenach (Antiguo Testamento). Está en Génesis, Génesis 1:1 y es la tercera palabra de las escrituras hebreas: En el principio "Elohim", "Dios". Elohim es el nombre más comúnmente traducido como "Dios". Elohim proviene de una raíz que significa "fuerza, capacidad, poder". Se usa más de 2.300 veces en las escrituras para referirse al Dios de Israel. Elohim es inusual puesto que es plural. También puede traducirse como "dioses". Éxodo 12:12 refiere "todos los elohim (dioses) de Egipto. Este nombre plural que se usa para el único Dios de Israel abre la puerta para la revelación de la naturaleza plural, pero sin embargo singular de Dios que se revela más aún en el resto de las escrituras. Elohim se puede combinar con otras palabras. Cuando ello ocurre se enfatizan diferentes atributos de Dios.

Elohay Kedem: —Dios del principio: (Deuteronomio 33:27).

El Todopoderoso siempre fue y es. Él es antes de todas las

cosas en tiempo y en prioridad. Él debe ser primero que todo en nuestros afectos.

Elohay Tz'vaot: —Dios de las huestes, o Dios de los ejércitos: (2 Samuel 5:10). El Fuerte es un poderoso guerrero y es el comandante en jefe de los ejércitos del cielo y de su pueblo en la tierra.

Elohay Mishpat: —Dios de justicia: (Isaías 30:18). El Todopoderoso es perfectamente justo y traerá justicia perfecta al mundo.

Elohay Selichot: —Dios del perdón: (Nehemías 9:17). Los hombres pueden ser lentos para perdonar, pero está en la naturaleza del Todopoderoso el perdonar. El deseo de Dios es concedernos su perdón.

Elohay Marom: —Dios de las alturas: (Miqueas 6:6). Alturas significa supremacía de poder y posición. El Fuerte está supremamente exaltado.

Elohay Mikarov: —Dios que está cerca: (Jeremías 23:23). El Todopoderoso no está distante. Está cerca de su creación. No ha creado el mundo y lo ha abandonado. La encarnación de Yeshua expresa supremamente esta verdad.

Elohay Chasdi: —Dios de mi amabilidad: (Salmo 59:11, 18). El Fuerte es Amable y trabaja para hacernos amables. La vida y sacrificio de Yeshua es el ejemplo supremo de la amabilidad de Dios.

Elohay Mauzi: —Dios de mi fortaleza: (Salmo 43:2). El Fuerte desea hacernos fuertes. Cuando nos damos cuenta que somos débiles, entonces Él puede hacernos fuertes cuando estamos unidos a Él.

Elohay Tehilati: —Dios de mi alabanza: (Salmo 109:1). Dios es supremamente merecedor de nuestra alabanza. Él desea ser el principal objeto de nuestras alabanzas así como de lo que hablamos y pensamos.

Elohay Yishi: —Dios de mi salvación: (Salmo 18:47, 25:5). La salvación está en una persona – Yeshua: —no en un sistema de creencias o de buenas obras. La naturaleza y voluntad de Dios es salvar lo que se había perdido. La salvación debe ser personal. El Todopoderoso debe ser el Dios de mi salvación.

Elohay Elohim: —Dios de dioses: (Deuteronomio 10:17). Hay otros llamados "dioses" y poderes, pero el Fuerte es más poderoso que todos ellos. Aún ellos lo reconocen como el más poderoso.

Elohay Tzur: —Dios de roca: (2 Samuel 22:47). Una roca es fuerte, sólida, confiable, duradera, útil como arma o para la defensa. El Todopoderoso es nuestra defensa eterna de la cual podemos depender puesto que Él es fuerte y confiable.

Elohay Kol Basar: —Dios de toda carne: (Jeremías 32:27). El Todopoderoso ha creado a todos los seres sobre la tierra y demanda que se conformen a sus planes para ellos.

Elohay HaRuchot LeKol Basar: —Dios de los espíritus de toda carne: (Números 16:22). Dios nos ha creado con dimensiones físicas y espirituales. Él clama soberanía sobre cuerpo y alma, carne y espíritu.

Elohim Kedoshim: —Dios santo: (Levítico 19:2, Josué 24:19). El Todopoderoso es único, especial, singular. No hay nadie ni nada como Él, ni nunca lo habrá. Él es distinto de todos y de todo. Él es puro y libre de error.

Elohim Chaiyim: —Dios viviente: (Jeremías 10:10). El Fuerte está vivo y es el dador de vida. Él ha creado la vida y todo lo que vive. Él quiere dar vida eterna y abundante.

Él

"Él" es otro nombre que se traduce como "Dios". Él es una forma simple relativa a Elohim. Se usa 200 veces en las escrituras. "Él" es frecuentemente combinado con palabras que enfatizan diferentes atributos de Dios.

El HaNe'eman: —El Dios fiel: (Deuteronomio 7:9). Todo lo que el Todopoderoso dice y hace es cien por ciento confiable. Él es completamente confiable.

El HaGadol: —El Gran Dios: (Deuteronomio 10:17). Él es grande en muchas maneras. Su naturaleza, sus atributos, sus obras, su grandeza.

El HaKadosh: —El Dios Santo: (Isaías 5:16). El Fuerte es único. Él es distinto de la creación. No hay nadie ni nada como Él.

El Yisrael: —El Dios de Israel: (Salmo 68:36). El Todopoderoso escogió a Israel y está para siempre conectado singularmente a su pueblo elegido.

El HaShamayim: —El Dios de los cielos: (Salmo 136:26). El Fuerte ha creado los cielos. Su trono está en los cielos y Él reina sobre las huestes celestiales.

El Sali: —Dios de mi roca: (Salmo 42:10). El Todopoderoso es mi defensor, mi refugio, mi protección de todo ataque.

El Simchat Gili: —Dios la alegría de mi exaltación: (Salmo 43:4). El Fuerte es la fuente de tremenda alegría para mí.

El Rah'ee: —El Dios que ve: (Génesis 16:13). El Todopoderoso ve y conoce todo.

El HaKavod: —El Dios de gloria: (Salmo 29:3). Dios mismo es hermoso y es la fuente de toda belleza y la creatividad.

El De'ot: —El Dios del conocimiento: (1 Samuel 2:3). El Todopoderoso conoce todo y es la fuente de todo conocimiento. Cualquier conocimiento que el hombre tenga, proviene de Él.

El Olam: —El Dios de la eternidad, o el Dios del universo: (Génesis 21:33). El Todopoderoso es eterno. Él ha hecho el tiempo, la eternidad y el universo. Él no tiene ni principio ni fin.

El Emet: —El Dios de la verdad: (Salmo 31:6). El Todopoderoso es la fuente última de la realidad. Todo lo que se relaciona con Él es verdad y es real.

El Emunah: —El Dios fiel: (Deuteronomio 32:4). El Fuerte es completamente confiable. Uno puede confiar en Él completamente, en esta vida y en el destino eterno.

El Yeshuati: —El Dios de mi salvación: (Isaías 12:2). Dios mismo es la fuente de salvación. Él quiere salvar a su creación. Cada individuo debe personalmente conocerlo como el Dios de mi salvación.

El Chaiyai: —El Dios de mi vida: (Salmo 42:9). El Fuerte es la fuente de toda vida. Él da vida, incluyendo la vida eterna.

El Echad: —El Dios único: (Malaquías 2:10). Él es el único Dios verdadero, el Todopoderoso.

El Rachum: —El Dios de compasión: (Deuteronomio 4:31). Su naturaleza es de amabilidad. El Todopoderoso está lleno de compasión y sentimiento por su pueblo. Él está completamente libre de crueldad o mezquindad.

El Chanun: —El Dios lleno de gracia: (Jonás 4:2). Su naturaleza está llena de gracia para dar generosamente, aún cuando no lo merezcamos.

El Kana: —El Dios celoso: (Deuteronomio 4:24). El Todopoderoso es extremadamente protector de su pueblo y no quiere compartir nuestros afectos con otros "dioses". Su mismo nombre y carácter es celoso (Éxodo 34:14).

El Tzadik: —El Dios justo: (Isaías 45:21). Todo lo que el Todopoderoso hace y dice es recto. Aunque haya mucha maldad en el mundo, Él es completamente justo en todas sus obras. Eventualmente, Él hará todo justo.

El Shaddai: —Dios el todo suficiente: (Génesis 17:1). "Shad" significa "pecho" en hebreo. Como una madre que amamanta, Dios nutre y satisface completamente a su pueblo y toma cuidado de todas sus necesidades.

El Elyon: —El altísimo: (Génesis 14:18). Altura significa poder y posición. El Todopoderoso está supremamente exaltado.

El Yeshurun: —El Dios de Yeshurun: (Deuteronomio 33:26). Yeshurun significa "recto", y es otro nombre para Israel. El Todopoderoso está para siempre conectado singularmente a Israel. Él es recto y hará que Israel sea completamente recto.

El Gibor: —El Dios Todopoderoso: (Isaiah 9:6). Dios es un guerrero poderoso y la fuerza mayor en todo el universo.

Immanu: —El Dios está con nosotros: (Isaiah 7:14). El deseo de Dios es estar con nosotros. Él nos ha creado de su naturaleza para compartirse con nosotros para siempre.

Es importante notar que Dios es Elohim, Eloah, Elah y Él. Él es la fuente de todo poder, capacidad y fuerza. Él es el más fuerte en el universo. Nadie es más poderoso que Él. Podemos acercarnos al Todopoderoso, al Fuerte, que nos infundirá fuerza y nos capacitará para hacer todo lo que nos llame a hacer.

Elah

"Elah" es otro nombre que se traduce "Dios". Se usa setenta veces en las escrituras. Se puede combinar con otras palabras para que se enfaticen diferentes atributos de Dios.

Elah Yerush'lem: —Dios de Jerusalén: (Esdras 7:19). Dios está asociado de manera singular con Jerusalén. Él está atado por siempre a la ciudad de Jerusalén. Es su capital y habitación eternas. Será el futuro centro del universo.

Elah Yisrael: —Dios de Israel: (Esdras 5:1). Dios está especialmente conectado con Israel y le ha placido llamarse Dios de Israel.

Elah Sh'maya: —Dios del Cielo: (Esdras 7:23). El Fuerte ha creado los cielos. Su trono está en el cielo y Él reina sobre las huestes celestiales.

Elah Sh'maya V'Arah: —Dios del Cielo y la tierra: (Esdras 5:11). El Todopoderoso es el que reina sobre todo el universo. No hay nada que no esté bajo su poder.

Eloah

"Eloah" es el singular para Elohim. Se usa 50 veces en la Biblia. Se traduce también como Dios.

Yhvh

"Yhvh" es un nombre que se traduce como "Señor". Se usa aproximadamente siete mil veces en el Tenach, más que ningún otro nombre de Dios. Se refiere asimismo como el "Tetragrámaton", que significa "Las cuatro letras" porque viene de las cuatro letras hebreas: Yud, Hay, Vav, Hay.

Este es el nombre memorial que Dios le reveló a Moisés en la zarza ardiente. "Y Dios le dijo a Moisés, YO SOY EL QUE SOY; y Él dijo, esto les dirás a los hijos de Israel, YO SOY me ha enviado a ustedes. . . este es mi nombre eterno, y así es como me recordarán por todas las generaciones" (Éxodo 3:14–15). Aunque el nombre Yhvh aparece en Génesis 2, Dios no se reveló a sí mismo como Yhvh hasta Éxodo 3 en conjunción con la creación de Israel.

Este nombre proviene del verbo hebreo que significa "ser". Yhvh enfatiza el Ser absoluto de Dios. Él es la fuente de todo ser, toda realidad y toda existencia. Él tiene el Ser inherente a Sí mismo. Todo lo demás deriva su ser de Él. Yhvh denota la absoluta trascendencia de Dios. Él está más allá de toda su creación. Él es sin principio ni fin. Porque Él siempre es.

Aunque algunos pronuncian Yhvh como Jehová o Yahweh, no conocemos ya más la pronunciación correcta. El pueblo judío dejó de pronunciar su nombre alrededor del tercer siglo d.C., por temor a violar el mandamiento "No tomarás el nombre de Yhvh en vano" (Éxodo 20:7). De acuerdo a los rabinos, el Tetragrámaton no se puede pronunciar bajo ninguna circunstancia. Otro nombre, "Adonai", se sustituye usualmente por el de Yhvh. Cuando Yhvh se combina con otras palabras, se enfatizan los diferentes atributos del Señor.

Yhvh Elohim: —Señor Dios: (Génesis 2:4). Esta es una poderosa revelación de Dios como el Fuerte quien es la totalidad del ser, realidad y existencia. Él es el Todopoderoso que tiene todo el poder y recursos para satisfacer todas las necesidades del hombre.

Yhvh M'kadesh: —El Señor que santifica: (Ezequiel 37:28). Él es santo, único, especial, singular. Hay un solo Dios y nadie ni nada como Él. La santidad viene de acercarse a Adonai M'kadesh. Mientras más nos acerquemos más santos seremos.

Yhvh Yireh: —El Señor que ve: (Génesis 22:14). Adonai todo lo ve y está conciente de nuestros problemas y necesidades. El Señor se ha comprometido a proveer por las necesidades de su pueblo.

Yhvh Nisi: —El Señor es mi milagro, o El Señor mi bandera: (Éxodo 17:15). Si necesitamos un milagro Adonai puede hacer uno para nosotros. Él es nuestra bandera o estandarte. En medio de las batallas de la vida lo vemos alto y levantado. Si mantenemos nuestros ojos en Él y lo seguimos seremos milagrosamente victoriosos.

Yhvh Shalom: —El Señor de paz: (Jueces 6:24). "Shalom" significa totalidad, paz. El Señor es completo en y por Sí mismo. Adonai no necesita añadiduras a su totalidad. Su deseo y propósito son restaurar la paz y totalidad a su creación que ha sido fracturada por el pecado.

Yhvh Tzidkaynu: —El Señor nuestra justicia: (Jeremías 33:16). El Señor es perfectamente justo y recto en todo lo que dice y hace. Al entrar a una relación personal de fe con Adonai es lo que nos hace rectos. La rectitud salvadora última no proviene de guardar mandamientos o hacer buenas obras, sino de tener una relación correcta con Adonai Tzidkaynu y de ser declarados justos por Él.

Yhvh Rofehcha: —El Señor que te sana: (Éxodo 15:26). Adonai es el gran médico y la fuente última de toda sanidad —espiritual, física, emocional, mental, social, ambiental—. Si necesitas alguna de estas sanidades, Él es el primero a quien recurrir.

Yhvh Tz'vaot: —El Señor de los ejércitos: (1 Samuel 1:11). El Señor es el ser más poderoso y el más grande guerrero en el universo. Adonai es el general de sus ejércitos en el cielo y en la tierra. Él es el Supremo comandante en jefe.

Yhvh O'saynu: —El Señor nuestro hacedor: (Salmo 95:6). El Señor es nuestro Creador. Dado que Él es nuestro creador, Él merece todo lo que tenemos y todo lo que somos.

El Mesías Yeshua es Yhvh

El Señor que se reveló a sí mismo como Yhvh en el Tenach se reveló a sí mismo como Yeshua en el Nuevo Testamento. Yeshua comparte los mismos atributos que Yhvh y afirma ser Yhvh.

El Mesías Yeshua tiene el mismo atributo del ser inherente en sí mismo: "Porque así como el Padre tiene vida en sí mismo, así le ha dado al Hijo el tener vida en sí mismo" (Juan 5:26).

El Mesías Yeshua tiene el mismo atributo de sostener el universo: "Y Él es antes de todas las cosas, y en Él todas las cosas permanecen". (Colosenses 1:17). "Él sostiene todas las cosas por la palabra de su poder" (Judíos mesiánicos–Hebreos 1:3).

El Mesías Yeshua afirmó ser Yhvh. En Juan 8:56–9 Yeshua afirmó ser "Yo Soy". Cuando interrogado por algunos líderes judíos cómo pudo haber visto a Abraham, quien vivió dos mil años antes que Él naciera, Yeshua respondió: En verdad, en verdad les digo, antes que Abraham naciese, Yo Soy. Por lo tanto ellos tomaron piedras para apedrearle, refiriéndose a Éxodo

3:14. Aquellos líderes de Israel entendieron que Yeshua estaba afirmando ser Yhvh. Esto se comprueba cuando trataron de apedrearlo por lo que consideraron una blasfemia.

En Romanos 10:9 Pablo declara a la comunidad mesiánica en Roma: "si confiesas con tu boca a Yeshua como Señor. . . serás salvado". Unos pocos versos después, en 10:13, Pablo sustenta esta declaración citando Joel 2:32: "A todo aquel que invoque el nombre del Señor (Yhvh), será salvado". Invocar a Yeshua como Señor es equivalente a invocarlo como Yhvh, porque Yeshua es Yhvh–Señor.

YAH

"Yah" es una forma corta de Yhvh. Significa las mismas cosas que Yhvh, y se usa aproximadamente cuarenta veces en las escrituras. Yah aparece primeramente en el libro de Salmos. El Salmo 122:3–4 dice que "Jerusalén se ha construido como una ciudad que es compacta, a la cual suben las tribus de Yah (el Señor)" También se encuentra en la palabra compuesta "hallelu–Yah", que significa alabado sea Yah (el Señor).

ADONAI

"Adonai" es el sustituto rabínico del Tetragrámaton. Se puede traducir literalmente como "mis señores". Es una forma enfática de la palabra "Adon", que significa "amo" o "señor". Adonai se traduce usualmente como "Señor". Se usa aproximadamente cuatrocientas cincuenta veces. "Vi a Adonai (el Señor) sentado en un trono, alto y levantado, y sus faldas llenaban el templo" (Isaías 6:1).

Adonay HaAdonim: —Señor de los señores: (Deuteronomio 10:17). Nuestro Señor es el amo supremo, el rey, el señor por sobre todos los poderes y autoridades que existen en el universo.

ADON

"Adon" significa "Señor": (Isaías 10:33). Dios es el Amo. Él reina y emite mandamientos. Nosotros debemos obedecer. ¿Es Él tu Señor?

Capítulo 11

ℒa etimología de los nombres

A continuación encontrará cada nombre con la fecha del año que le corresponde. También encontrará los nombres con sus diminutivos, personajes famosos que se relacionan con el nombre, su asociación con otros idiomas, cómo utilizarlos de forma original y su sobrenombre.

A

Aarón —1 de julio

Nombre egipcio que significa "Montaña alta". Es uno de los preferidos entre los árabes en la forma Haroun, Harun, ya que así se llamaba el fabuloso califa de las Mil y una noches. Aarón era hermano de Moisés, y sustituyó a éste en la jefatura del pueblo judío, guiándolo hacia la Tierra Prometida.

Abel —30 de julio, 25 de marzo

Del hebreo *hebel,* que quiere decir "fragilidad". Abel fue el segundo hijo de Adán y Eva, asesinado por su hermano Caín.

Adela —8 de septiembre

Del teutónico adal que significa "noble estirpe". Para los árabes quiere decir "trenzas". Adela es la forma abreviada de nombres como Adelaida. Diminutivo: Lala. Variantes: Adelia, Adelina, Edel y Ethel.

Adolfo —27 de septiembre, 11 de febrero

Procede del germánico athal que significa "noble" y wulf que significa "lobo". Llevaba este nombre San Adolfo, sevillano hijo de padre musulmán y madre cristiana.

Adrián —1 de marzo

Gentilicio de la ciudad italiana de Hadria, importante puerto de mar en tiempo del Imperio romano. Fue tal su relevancia, que dio su nombre al mar Adriático. También hay quien lo identifica con otra ciudad homónima en los Abruzos (región del centro de Italia), de la que procedían los antepasados del emperador.

Agustín —28 de agosto

Del latín Augustus. Significa "augusto", "grande", "magnífico", "ilustre".

Aida —2 de febrero

Inspirado en el francés Haideé, pero es también una variante de Ada, nombre bíblico procedente del hebreo Adah, que significa "bella". Aidan en céltico es una denominación masculina y significa "fuego". Pueden usarse las formas Aida y Aída, que gozan de una gran popularidad en América Latina.

Aitor —22 de mayo

Muy popular en el País Vasco a pesar de que es muy reciente. Inspirado en el vocablo vasco "aita" que significa padre.

Alberto —15 de noviembre

Es una contracción de Adalbertto. De origen teutónico, Adelberht significa "nobleza brillante".

Alejandro —26 de febrero, 26 de junio

Nombre griego que significa "defensor de los hombres". De alexo "ayudar" y de aner "hombre".

Alexis —12 y 17 de febrero

Derivado del griego alexo, que significa "defender, ayudar". Alexo forma parte a su vez de la raíz de otros nombres como Alejandro. Muy difundido en el área de la Iglesia Ortodoxa por San Alejo, penitente del siglo IV. En la actualidad este santo está desterrado del martirio romano y ha sido sustituido por San Alexis Falconeri, uno de los siete fundadores de la Orden de Servidores de María.

Alfonso —1 de agosto

Este nombre es una de las grandes aportaciones españolas a la onomástica mundial, a pesar de ser origen germánico (athalfunsus, que quiere decir "guerrero preparado para el combate"). Fue a través de Castilla como se inició su popularidad universal.

Alfredo —26 de agosto

Del anglosajón Aelfroed, "Consejo de los Elfos" o "Consejo ingenioso", de aelf "Elfo" y raed "consejo". Aelf, al tener el mismo origen que Albus, también significa "blanco" y de los Elfos se dice que eran espíritus blancos. Variantes: Aldofrido, Alfrido. Diminutivos: Fredo, Fredy, All. Catalán: Alfred.

Alicia —23 de junio

Del griego Alikea, significa "la verdad", "la realidad". El Origen etimológico de este nombre también hace referencia al personaje de la mitología griega "Alethia" que representaba a la verdad.

Almudena —9 de noviembre

Nombre árabe: Almedina, que significa "la ciudad".

Alvaro —19 de febrero

Uno de los nombres más genuinamente españoles cuya popularidad sigue en alza, a pesar de las modas.

Amalia —10 de julio

La raíz germánica amal que significa "trabajo", originó el nombre de la tribu de los amalos, del que provienen nombres como Amalatico, Amalasunta, y Amelberga, que se forma con el sufijo berg (amparo), y después evolucionó hacia la forma contemporánea.

Amanda —6 de febrero

Procede del latín amandus, y significa "amaroso", lo que relaciona con numerosos hombres cristianos de idéntico significado: Amable, Amado, Amador, Amancio, Amada. Es utilizado en Francia en su forma femenina que equivale a Amandina.

Amaya —10 de julio

De origen español amaiga cuyo significado es "pasto". Este nombre se cree que procede de la leyenda de caballeros.

Ana —7 de mayo, 9 de junio, 26 de julio, 1 de septiembre y 21 de noviembre

Proviene del hebreo Hannah y sus significados son "Benéfica, favor, gracia". Diminutivo: Anita. Derivados: Anabel, Arabela, Anabella. Catalán: Anna.

Andrés —30 de noviembre

Del griego Andros, que quiere decir "viril, varón, hombre ilustre". Femenino: Andrea

Ángel —5 de mayo, 2 de octubre

Originario del latín angelus y del griego angelos, significa "mensajero de Dios". Derivados: Ángelo, Ángeles, Angelina, Angelines.

Angélica —18 de marzo

Este nombre tiene muchas variantes y es un derivado de Ángela, del latín angelicus, que quiere decir "angelical".

Antonio —13 de junio

Se desconoce su significado exacto pero grandes personajes y célebres santos lo han portado, como San Antonio de Padua que fue canonizado por el Papa Gregorio.

Aránzazu —15 de agosto

Nombre de origen vasco que significa "sierra de abundantes picos" y que corresponde a la realidad geográfica del lugar en el que se ha erigido el famoso santuario de la Virgen de Aaracutenzazu, en la localidad guipuzcoana de Oñate.

Arturo —1 de septiembre

Es uno de los nombres más antiguos. En Grecia fue identificado con arktosouros, que significa "el guardián de la osa" (por la estrella del mismo nombre de la constelación del Boyero, próxima a la Osa mayor). Consiguió un prestigio definitivo con el legendario rey.

Aurora —8 y 15 de septiembre

Del latín "la mañana" y de la voz indoeuropea que aparece en el vérdico, usráh y en el lituano ausrá, derivado del nombre Abauro, que quiere decir "oro que tiñe los cielos cuando sale el sol". Aurora es la diosa de la mañana para los griegos. Variantes: Orora, Zora, y Zorana.

B

Bárbara —4 y 5 de diciembre

Femenino del griego Bárbaros, significa "extranjero" (que no habla griego). Diminutivo: Barb o Babette. Catalán: Bárbara.

Basilio —2 de enero, 30 de mayo

Nombre griego que significa "regio", "principesco". Del antiguo término basileus rey o príncipe, corresponde al latín rex, empleado en griego para dirigirse a un emperador. Diminutivo: Bacho.

Beatriz —29 de julio

Proviene del latín Beatrix, cuyo significado es "bendecidora", es el femenino de Beator, del antiguo verbo beo "bendecir".

Begoña —11 de octubre

Nombre vasco que significa "lugar del cerro dominante".

Belén —25 de diciembre

Del hebreo Betlehem, significa "casa de pan". Fue el nombre de la localidad Palestina en la que nació Jesús. Utilizado por la tradición cristiana.

Benjamín —31 de marzo

Nombre del hijo menor de Jacob. Derivado del hebreo ben-yamin, significa "hijo de la mano derecha".

Bernardo —15 de junio y 20 de agosto

Del teutónico Biornhard o Bernhard, que significa "oso audaz". Diminutivos: Bernar, Nardo. Derivados: Bernadino. Femenino: Bernardette.

Berta —4 de julio, 6 de agosto

Del germánico Berht, significa "famoso", "brillante".

Blanca —5 de agosto

Proviene del germánico blank y quiere decir "blanco, brillante, límpido, noble", este significado se adoptó como traducción de Cándida, que en latín significa lo mismo.

Borja —10 de octubre

Procede de San Francisco Borja, célebre primado valenciano del emperador Carlos V y caballerizo de su esposa Isabel de Portugal.

Brígida —23 de julio

Del céltico Brigh, que significa "fuerza". Es uno de los nombres favoritos de los irlandeses y uno de los pocos célticos populares en Europa. Brighid era la diosa de la sabiduría, de la canción y de la poesía.

Bruno —6 de octubre

Derivado de la voz germánica brunne, su significado es "escudo, coraza". Es el diminutivo de nombres como Brunfrido, Brunilda, Brunardo.

C

Carlos —4 de noviembre

Del teutónico Karl, "fuerte, varonil" y también del antiguo alemán charal "hombre en edad viril".

Carmen —16 de julio

En latín significa "canto" para los moros quiere decir "jardín". Diminutivos: Carmina, Carmín, Carmine (en Extremadura) y Carmiña (en Galicia).

Carolina —17 de julio

Es una de las formas femeninas de Carlo, nombre germánico (Karl), cuyo escueto significado es "viril".

Casandra —26 de febrero

Proviene del griego Kassandra, que quiere decir "la que protege a todos los hombres".

Catalina —29 de abril

Del latín Katharina, su significado es "pura".

Cecilia —22 de noviembre

Es un nombre de origen etrusco.

César —15 de marzo, 26 agosto

Derivado del latín de caesaries, que significa "cabello muy largo y abundante".

Clara —12 de agosto

Deriva del latín clarus y quiere decir "claro", aplicado en principio al sentido sensorial, pero derivado posteriormente a la acepción de ilustre.

Claudia —15 de febrero

Nombre de una gran familia romana, Claudius, que ha dado dos emperadores a la historia y que sin duda debe su patronímico a un "anciano cojo", significado primero de este término latino. Variantes: Claudina.

Concepción —8 de diciembre

Del latín Conceptio "concepción", "generación", este nombre es un apelativo a la advocación mariana de la Inmaculada Concepción de la Virgen María.

Cora —14 de mayo y 25 de junio

El nombre de Cora proviene del griego Kóre y quiere decir "virgen, muchacha, doncella". Cora, deidad griega de Démeter y Zeus, fue raptada por Hades (Plutón) para que reinase con él en los infiernos. Personifica la Tierra y la primavera. Derivados: Core, Coralia, Coralie; Corine; Corina.

Cristina —24 de julio

Se considera como la forma femenina de Cristo. Es sinónimo de cristiana. El griego Christós, que significa "ungido, perfumado", se empleaba para designar al Mesías y su uso estuvo proscrito entre los primeros cristianos que consideraban irreverente su utilización.

D

Daniel —3 de enero

El quinto hijo de Jacob recibió el nombre de Dan, que significa "justicia", pues su madre consideró que Jahvé había ejercido la suya al otorgarle este hijo. Diminutivos: Nelo, Dani y Nel.

Darío —25 de octubre, 19 de diciembre

Proviene del persa daryavush, que significa "tener" o "poseer". Por el nombre de Daryavush se conocían las monedas de oro persas que los griegos llamaban Daries.

David —1 de marzo, 29 de junio, 29 de diciembre

Del hebreo Dawidh, significa "amado". El primer portador conocido de este nombre fue el segundo hijo del rey de Israel, que venció a Goliat con una honda y una piedra. Nombre femenino: Davidia.

Débora —1 de septiembre

En hebreo Devorah, cuyo significado es "abeja", derivado del verbo "zumbar". Débora es un nombre con un gran valor representativo en la historia bíblica.

Diana —9 de junio, 10 de junio

Contracción de la palabra Daviana, que quiere decir "divina". Significa "la luz diurna". El divus latino tiene el mismo origen en el sáncrito deva y el griego Zeus; Divus Janus y Diva Jana fueron dos antiguas deidades.

Diego —13 de noviembre

Diego y Jaime son dos nombres derivados de Santiago. Del griego Didakós, su significado es "sabio", y el apellido Díaz es su patronímico.

Dionisio —9 de octubre

Proviene del griego Dionusios y quiere decir "consagrado a Dionusus".

E

Eduardo —13 de octubre

Del anglosajón Eadward, quiere decir "guardián de riquezas", "guardián glorioso". Diminutivos Lalo y Edie. Derivado: Duatte (utilizado también como apellido).

Elena —18 de agosto

Elena (variante Helena) proviene del griego Helena, que quiere decir "antorcha brillante y resplandeciente". Luz, resplandor. Derivados: Eleonor, Leonor.

Elisa —5 de noviembre

Del hebreo Elisha: significa: "Dios de salud". Es una variante de Isabel.

Eloísa —1 de diciembre

Eloísa es la forma femenina de Eloy. Del provenzal Aloyse o Heloise y del teutón Hlodovicia, que dio lugar al nombre de Ludovica.

Emilio —22 de mayo

Del griego Haimulos, significa "astuto, sagaz". Derivado: Emiliano.

Emma —2 de enero, 29 febrero

Su significado en teutónico es "ama, nodriza". Tiene su origen en los balbuceos de los niños.

Enrique —13 de julio

Del teutónico Heimirich o Haimirich, que quiere decir "jefe de la casa". De haim "casa, morada" y de rik "jefe, caudillo, poderoso". Diminutivos: Quique o Kike, Enric.

Ernesto —7 de noviembre

Del germánico Ernest, significa "grande, importante". Forma femenina: Ernestina.

Esmeralda —8 de agosto

Del latín smaragdus y del hebreo barequeth, quiere decir "brillar, destellar".

Esperanza —18 de diciembre

Del latín Spe, su significado es "hermana del sueño y de la muerte". Esperanza es también la segunda de las virtudes teologales.

Esteban —26 de diciembre

Originario del griego Stephanós, que quiere decir "coronado de laurel". Estefanía es su forma femenina.

Ester —1 de julio

Nombre de origen persa que significa "estrella" y que ha tenido gran aceptación entre los judíos.

Estrella —15 de agosto

Del latín Stella "la estrella". Variantes: Estela (Onomástica: 30 de mayo), Asterio y Esterino.

Eusebio —2 de agosto

Derivado de Eusebia (nombre de una diosa griega que personificaba la piedad). Significa "de buenos sentimientos". De esta misma raíz procede también Sebastián.

Eva —26 de mayo, 6 de septiembre

En hebreo quiere decir "vida que da vida". Zoe fue el nombre que le dieron los judíos alejandrinos al hacer la traducción griega del Antiguo Testamento.

F

Fabio —31 de julio

Del latín Fabius, su significado es "cultivador de habas". Es el masculino de Fabiola. Derivado: Fabián.

Federico —18 de julio

Del germánico frithureiks, su significado es "caudillo de la paz" o "jefe pacífico", frithu "paz" y reiks "jefe".

Felipe —3 de mayo

Del griego philos: "amigo", e hippos: "caballo".

Felix —14 de enero, 2 de agosto

El significado original era "fertil" o "fecundo", de la raíz latina felo (amamantar) y filius (hijo). Su forma femenina es Felicia. Derivado: Felicidad.

Fernando —30 de mayo

Del germánico fried ("protector") y nant ("osado", "atrevido"). Variantes: Fernán, Hernán, Hernando.

Francisco —24 de enero, 4 de octubre

Del antiguo italiano Francesco, gentilicio de Francia. Su significado es "hombre libre".

G

Gabriel —29 de septiembre

Del hebreo Gabbriel, que significa "hombre de Dios", de geber "hombre" y el "Dios".

Gema —11 de abril, 19 de mayo

Procedente del latín gemma, que significa "piedra preciosa" y originalmente "brote de una planta". Pueden utilizarse como Gemma, Gema, Xema.

Genoveva —3 de enero

Proviene del galés Gwenhuifar cuyo significado es "Blanca como la espuma del mar". Diminutivo: Veva. Variante: Jennifer o Jenifer, Ginebra.

Gerardo —24 de septiembre, 3 de octubre

Del teutónico Gerhard o Gaviehard y significa "noble por la lanza" o "lanza brillante" (ger, lanza, y hard, atrevido). Variantes: Geroldo, Girardo, Guerao.

Gloria —25 de marzo

Proviene del latín gloria, y quiere decir "honor, fama". Es un nombre místico que hace referencia al cielo y a los lugares en donde residen los bienaventurados. Alude también a la Pascua de Resurrección o Domingo de Gloria.

Gonzalo —21 de octubre, 26 de septiembre

Del teutónico Gundisalv, quiere decir "duende en la batalla". Del gundis "lucha, combate", y de alv, "elfo". En mitología germánica los "elfos" eran espíritus blancos de la naturaleza. Diminutivo: Chalo.

Graciela —25 de mayo, 9 de junio

Graciela es un diminutivo del italiano Gracia. Derivados: Gracián, Grato, Gratiniano, Graciosa, Graciniano, Engrancia, Altagracia. Sinónimos: Carina y Caritina.

Guillermo —10 de enero, 25 de junio

Derivado del germánico willhelm, su significado es "protector decidido".

H

Héctor —7 de enero

Del griego hektoreonz. Significa "persona formada". Es un nombre de origen mitológico portado por el más famoso troyano de la Ilíada: Fue hijo primogénito de Hécuba y Príamo, reyes de Troya.

Humberto —25 de marzo, 14 de julio

Del teutónico Huniberth o Humpreht, que significa "soporte de brillantez", de hun, "soporte o sostén" y de berth "brillante, resplandeciente".

I

Ignacio —31 de julio

La forma latina de este nombre es Ignatius, que quiere decir "ardiente". Uno de sus más destacados portadores fue Ignacio de Loyola, quien durante su larga vigilia de Monserrat, se convirtió en cruzado de la fe y en soldado de Cristo. Diminutos: Iñacio, Iñaki.

Inés —21 de enero

Del griego Hagne, femenino de hagnos, quiere decir "casta, pura".

Irene —5 de abril

Este es uno de los nombres femeninos más bellos, tanto por su eufonía como por su significado, "paz". En griego Eiréne. El tema de la paz se repite también en otros como: Frida, Salomé o Zulima, todos ellos femeninos, pues los masculinos, por el contrario van asociados a "virtudes guerreras". Se utiliza en todo el mundo. Ireneo es su forma masculina y su significado es "pacífico".

Iris —4 de septiembre

Del latín iris, iridis, y del griego Iris o Irido, diosa virgen, veloz como el viento, que personifica el arco iris que une el cielo y la tierra, estableciendo la comunicación entre los dioses y los hombres.

Isaac —27 de marzo, 19 de octubre

Derivado del hebreo Izhakz. Su significado es "reirá".

Isabel —4 de julio

Procede del hebreo isha "salud", y beth, "casa". Significa "lugar de salud".

Ismael —17 de junio

Procede del hebreo Ismael y su significado es "Dios escucha", aludiendo a la oración de Agar, sierva de Abraham, que al ser repudiada por su señor huyó con su hijo Ismael.

Iván —24 de junio

Iván es la forma rusa de Juan. Se cree que su origen es germánico, de Iv (derivado de Eb o Hrod) "glorioso".

J

Jacinto —17 de agosto

Jacinto procede del griego Hyakintos, personaje de la mitología que al igual que Adonis, personifica la vegetación que florece en primavera y se seca con el sol estival.

Jacobo —25 de julio

Del hebreo Ya agoh, significa "aquel que suplanta", "aquel que viene primero". Las dos formas del nombre, Jacobo y Santiago, han coexistido siempre. Variaciones: Diego, Jaime.

Jaime —25 de julio

La más popular derivación de Jacobo. Variantes: Jakóme.

Javier —3 de diciembre

Del vasco, de Etxeberri, que significa "casa nueva". De Etche, "casa", y berri, "nueva", por alusión a Navarra lugar donde nació San Francisco Javier que está considerado el misionero más grande de la Iglesia junto con San Pablo.

Jesús —1 de enero

Del hebreo Yehoshuah, significa "Dios salva".

Joaquín —26 de julio

Nombre hebreo: Yohoyaquim, que significa "Yahvé erigirá". Portado por el padre de la Virgen María y en desuso durante largo tiempo.

Jonás —21 de septiembre

Procede del hebreo Jonah y significa "paloma". Es uno de los nombres bíblicos más populares debido a la leyenda que cuenta cómo Jonás permaneció tres días en el interior del vientre de una ballena.

Jonatan —1 de agosto

Derivado el hebreo Yehonathan. Quiere decir "Dios nos ha dado". Variante: Jonathan.

Jorge —23 de abril

Jorge procede del griego geoergon. Significa "el que trabaja la tierra", "agricultor".

José —19 de marzo

Del hebreo Yosephyah, que significa "regalado por Dios".

Juan —8 de marzo, 24 de junio, 8 de octubre y 27 de diciembre

Juan es el nombre más popular y universal de todas las épocas. Proviene del hebreo Yehohanan y su significado es "Dios es bondadoso".

Judit —6 de mayo, 22 diciembre

Proviene del hebreo Yehudhtih y significa "la alabanza de Dios", es el femenino de lehuda. Variantes: Judita, Judith.

Julio —4 de marzo, 12 de abril, 1 de julio

Del latín lulius, derivado de dyaus, griego Zeus, en sánscrito "cielo", y por extensión "dios". Muy popular en Roma. Yulo era el nombre de Ascanio, hijo de Eneas, supuesto antecesor de la genslulia en Roma.

ℒ

Laia —1 de diciembre

Laia es la forma catalana de Eulalia. Nombre griego, que significa "la que habla bien", y de ladia: "discurso". Variantes: Olea, Olaria, Olalla, Olaya.

Lara —26 de marzo

La diosa romana Lara presidía a sus hijos protectores del hogar del "Lar". Larisa o Larissa fue el nombre de dos localidades en la antigüedad.

Laura —19 de octubre

(Igual que Dafne). Proviene del latín laurus, y significa "coronado de laurel" aludiendo a Apolo ya que sus templos se adornaban con dicha planta.

Lázaro —11 y 25 de febrero, 17 diciembre

Este nombre es la forma latina de Eleazar, que proviene del hebreo Eliezer. Significa "Dios es mi ayuda" o "Dios ayudará".

Leandro —13 de noviembre

Proviene del griego Leiandros, Leandros. Significa "el hombre león". De lean, "león", y de andros, "hombre". Diminutivos: Lea, Andros. Catalán: Leandre.

Lorena —30 de mayo

Del francés Lorraine (al este de Francia) derivado del germánico Lothringen y del latín Lotharingia, se cree que significa "gran ejército".

Loreto —10 de diciembre

Del latín lauretum. Significa "lugar poblado de laureles", de laurus, "laurel".

Lourdes —11 de febrero

La forma original de este nombre proviene de Lorde, topónimo vasco quiere decir "altura rocosa". Diminutivo: Milú.

Lucas —18 de octubre

Loukas, que quiere decir "nacido con la salida del sol", procede de la raíz indoeuropea luc. Significa "luz". Es también una contracción griega de Lucía, Luciano y Lucano.

Lucía —13 de diciembre

Femenino de adjetivo latino lucinus, de lux, lucis "luz" (nacido con la primera luz). Masculino: Lucio.

Luis —21 de junio

Proviene de la forma francesa del teutónico Hluthawig, que significa "guerrero glorios", en el latín Lodovicus y el alemán Ludwing. Lucho y Lili son sus diminutivos.

M

Macarena —18 de julio

Advocación de la Virgen María muy popular en Sevilla, alusiva a un barrio cuyo nombre procede de un antiguo edificio San Macario.

Manuel —1 de enero, 26 de marzo, 17 junio

Del hebreo Immanuel, quiere decir "Dios está con nosotros", de im "con" y anu "nosotros", el sufijo el presente en muchos nombres bíblicos alusivos a Dios. Diminutivos: Manolo, Manel, Manu. Manuela (forma femenina). Catalán: Manel. Gallego: Manoel.

Mar —15 de septiembre

Patrona de marinos y diversos oficios náuticos. De él derivan nombres como el hebreo Marah. Derivados: Marcos, Marcelo, Marcial o Martín.

Marcos —25 de abril

Proviene del latín Marcus que a su vez deriva de Martes (dios de la guerra). Variantes: Marceliano, Marcelino, Marcelo, Marcial. Marco es la variante más utilizada.

Margarita —20 de julio, 16 de noviembre

Proviene del persa margaritis. Significa "perla". Derivados: Rita, Margot.

María —15 de agosto

Del hebreo Myriam, significa "la vidente o la profeta". Variantes: Marina, Mariano.

Marta —29 de julio

Procedente del arameo Martha, su significado es "la que gobierna la casa". Diminutivo: Matty.

Martín —11 de noviembre

Del latín Martinus: Diminutivo del dios Marte, cuyo significado es "hombre genial, belicoso, guerrero.

Miguel —29 de septiembre

Del hebreo Mika El que quiere decir "¿cómo es Dios?".

Mónica —27 de agosto

Femenino del latín monicus, es la forma popular del griego Monachós, que significa "monje". Derivado es Moncha.

Montserrat —27 de abril

Advocación mariana de la Virgen del MontSerrat, que significa en castellano "monte aserrado" nombre que corresponde con la descripción del entorno geográfico en el que se encuentra el santuario de la patrona de Cataluña.

N

Narciso —29 de octubre

Proviene del griego Narkissos, de narke, "sueño profundo". Era un personaje mitológico de gran belleza que desdeñaba a las mujeres. Variantes: Natalia, Natale.

Nerea —12 de mayo

Femenino del Nereo (antiguo dios del mar en la mitología griega). Es un derivado de Nereida, del griego Nereisides, "hija de Nereo". En mitología las nereidas eran cincuenta ninfas del mar y simbolizan la infinita variedad de los fenómenos del mar. Subían a la superficie para auxiliar a los marineros en peligro. Portador de este nombre fue San Nereo, oficial romano en el siglo III.

Nicolás —6 de diciembre

Viene del griego Nikolaos y quiere decir "victorioso en el pueblo", de nike, "victoria", y de "pueblo". Diminutivos: Nico y Colás, y su variante Nicolao.

Noelia —21 de febrero, 25 de diciembre

Noelia es la forma femenina de Noel, y éste proviene del antiguo francés nouel y del latín natalis, cuyo significado es "día natalicio" (aludiendo al día del nacimiento de Cristo). Variantes: Natalia y Noela.

Noemí —4 de junio

Del hebreo naómi. Significa "mi dulzura, mi delicia". La variante Noemía fue popularizada por una obra literaria.

Norma —6 de junio (similitud con Norberto)

Forma femenina del germánico Norman o Normando, procede de northmann, que significa "hombre del norte".

Nuria —8 de septiembre

Advocación catalana del la Virgen María.

O

Olga —11 de julio

Es la variante rusa del escandinavo Helga, y es a su vez el femenino de Oleg. Significa "afortunado".

Oliva —5 de marzo, 3 de junio

Del latín oliva, "aceituna" y del griego elaia. En la Biblia, la rama del olivo es el símbolo de la paz y en Grecia simbolizó la sabiduría y la gloria. Variante: Olivia. Forma masculina: Olivo.

Orlando —20 de mayo

Aunque frecuentemente es asimilado a Rolando, en realidad, ambos nombres son distintos, pues éste deriva del germánico Hrodland que significa "país glorioso". Ortland quiere decir "tierra de espadas".

Oscar —13 de febrero

Nombre de origen germánico que procede de las raíces os "la divinidad" y gari, "la lanza del guerrero".

P

Pablo —29 de junio

Tras su súbita conversión en el camino de Damasco, Saulo de Tarso (del hebreo shaúl, que significa "solicitado, demandado" adoptó el nombre de Pablo (del latín Paulus, cuyo significado es "pequeño". Variante: Paulo. Derivado: Paulino. Forma femenina: Paula.

Paloma —15 de agosto

Del latín palumba. Significa "pichón salvaje de color pálido", quizá por ello este nombre es una alegoría de la dulzura y la suavidad del sexo femenino.

Patricia —17 de marzo

Los patricios eran, en la antigua Roma, los descendientes de sus primeros pobladores, verdaderos padres de la patria. La palabra patricio se oponía a plebeyo y su significado es "casa noble". Diminutivo: Patty.

Paz —24 de enero

Del latín pax, significa paz. Advocación mariana de Nuestra Señora de la Paz. Variante: Pace.

Pedro —22 de febrero, 14 de abril y 29 de junio

Jesús instituyó el papado al decir a Simón, el hermano de Andrés: "Serás llamado piedra (Kefas)". Este apelativo se vuelve Petros en griego y Petrus en latín, al masculinizarse la palabra petra, "piedra".

Pilar —12 de octubre

De origen castellano es un nombre muy extendido en la comunidad autónoma de Aragón. Alude a la tradición cristiana y cuenta cómo la Virgen se apareció al apóstol Santiago, en los márgenes del río Ebro sobre un pilar de ágata. Allí se levantó un enorme santuario en honor a la Virgen del Pilar.

R

Rafael —29 de septiembre

Proviene del Antiguo Testamento y fue portado por el arcángel en el libro de Tobías. Del hebreo Rapha´el. Significa "Dios ha sanado". Femenino: Rafaela.

Raimón —31 de agosto

Al igual que Raimond y Raimund, es la forma catalana de Ramón muy utilizada también en Valencia aunque sin acentuar. Proviene del germánico Raginmund y significa "el que protege aconsejando". De Ragin, "consejo" y de Mund, "protector". Raimundo es su forma antigua.

Ramiro —11 de marzo

Proviene del visigodo Ranamers, de rana, "cuña". Significa "guerrero temerario" y de mers, "ilustre, famoso".

Raquel —2 de septiembre

Derivado del hebreo Rahel. Significa "cordera". La portadora de este nombre fue la esposa preferida de Jacob.

Raúl —30 de diciembre

Proviene de Raoul, forma francesa de Raedwulf o Radulf, del viejo escandinavo Radulfr, de raed, "consejo" y wulf, "lobo". En el francés evolucionó a Raoul y sus diminutivos Raolín y Raoulet. Raúl fue duque de Borgoña y rey de Francia.

Rebeca —25 de marzo

Del hebreo Ribhqah. Significa "vaquilla". Diminutivo: Becky.

René —12 de diciembre

René es la forma francesa y más popularizada de Renato. Proviene del latín Renatus y significa "que renace"; "el que vuelve a nacer". Femenino: Renée.

Ricardo —3 de abril

Procedente del antiguo germánico Richhart que significa "poderoso, fuerte como soberano", de rich, rik, "jefe, poderoso" y de hard, "fuerte, audaz".

Roberto —24 de febrero

Muy popular en España desde hace unos años. Del germánico Hrodbert. Significa "el que luce por su fama". Ruperto es una variante antigua muy corriente y también el hipocorístico Beto.

Rocío —24 de mayo

La Virgen del Rocío, la más popular entre las andaluzas por la famosísima romería que ha ido hallando réplica en otros lugares de España y también de América. Alude al frescor del agua mañanera de condensación nocturna. Del latín ros y del adjetivo roscidus, que quiere decir "cubierto de rocío". Rocío es metáfora por "pureza".

Rogelio —22 de noviembre

Originado en las voces germánicas hroadgair que significan "lanza gloriosa". Utilizado también como Rogers.

Romina —23 de febrero

Los abundantes nombres iniciados en Rom constituyen un verdadero enigma histórico y lingüístico. En ellos suele darse un doble influjo; por un lado la alusión a Roma (Román, Romeo, Rómulo) y por otro lado la procedente del germánico hruomo o hrod, que significa "fama, gloria" y que se puede apreciar en Romilda o Romarico. Romina es una variante de Romana, gentilicio de Roma.

Rosa, Rosario —7 de octubre

Proviene del latín rosarium, que quiere decir "rosal" o "jardín de rosas". Diminutivos: Chayo, Charín, Charo, Sarito, Sario. Catalán: Roser, Rosario.

Roxana —23 de agosto

Del griego Rhoxane y afín al persa Raoxshna, significa "brillante". Diminutivo: Roxy.

Rubén —4 de agosto

Del hebreo Re´uben significa "mira un hijo". De raah "ver, y de benn hijo".

Rufo —27 de agosto, 21 de noviembre

Rufo proviene del latín rufus, cuyo significado es "pelirrojo", "rojo". Variante: Rufino (Onomástica el 19 de julio), gentilicio de Rufinus pero de igual significado que Rufo.

Ruth —4 de junio

De etimología dudosa. Se interpreta como "belleza" o "visión de belleza". Mujer moabita de la Biblia, notable por su piedad filial.

S

Sabina —11 de diciembre

Femenino de Sabino. Es un nombre romano que fue originado en "los sabinos", tribu rival de Roma, cuya unión con los latinos dio origen a la ciudad.

Salomé —29 de junio, 22 de octubre

Del hebreo Shalem. Significa "completo o perfecto". Este nombre está considerado como la forma femenina de Salomón.

Sara —9 de octubre

Del hebreo Sarah. Significa "la princesa". Según cuenta la Biblia, Sara fue la esposa de Abraham y madre en su ancianidad de Isaac.

Sebastián —20 de enero

Proviene del griego Sebastianos, de sebastos "augusto, reverenciado". Sebas, que quiere decir "veneración", dio origen a Sebastos, apelativo equivalente a Augusto, título que el emperador Octavio, forjó para expresar su especial majestad. Diminutivo: Chano.

Serafín —12 de octubre

El nombre de Serafín es de origen hebreo Seraphim, plural de seraph, "querube". Significa "encendido" o también "ardiente o resplandeciente". Los serafines cantaban las alabanzas de Dios.

Sergio —26 de agosto, 7 de octubre

De origen etrusco, derivado del latín Sergius. Su significado es dudoso, pero se cree que quiere decir, "guardián".

Silvia —21 de abril

Uno de los nombres más populares actualmente. Proviene del latín silva y significa "selva". Fue aplicado por primera vez como apelativo a la diosa Rhea. Derivados: Silvestre y Silvana.

Simón —28 de octubre

Del hebreo Simmon. Significa "al que Dios otorga".

Sofía —25 de mayo, 18 de septiembre

Del griego sophia. Significa "sabiduría" y es uno de los apelativos más estrechamente asociados con los divinos atributos. Diminutivos: Chofi, Sofi.

Sol —3 de diciembre

Sol, astro luminoso y centro de nuestro sistema planetario. Es también objeto de adoración de casi todos los pueblos primitivos.

Susana —24 de mayo, 11 de agosto

Del hebreo Shusham o Shoshannah, de shus, "lirio blanco" o "azucena" y de hannah "gracia". Diminutivos: Susi, Sue.

T

Tamara —15 de octubre

Proviene del bíblico Tamar y sus portadoras fueron varias en el Antiguo Testamento, entre las que destaca una hija de David. Variantes: Tamar, Tammy.

Tania —12 de enero

Tania es la forma abreviada del nombre ruso Tatiana, pero procede del latín Taciana (por Tatius, rey de los sabinos).

Teresa —1 y 15 de octubre

El origen de este nombre no está muy claro. Hay quien piensa que viene de theasias, que es como se conocía a los oriundos de la Isla de Tarnre en el Mediterráneo Central. Pero también se cree que pudo derivar de theresos, que significa "animal salvaje".

Thor —8 de julio

En las regiones germánicas, el dios Thor, hijo de Odín y de Jord, desempeña un papel similar a Marte en la cultura latina. Símbolo mágico e invencible (los germanos al oír un trueno decían "el dios Thor lanza su martillo"). Sus numerosas leyendas están muy difundidas por los países nórdicos, contribuyendo a su adopción como nombre de pila en la época romántica. Dio lugar a Thursday, en inglés, "jueves".

Tomás —21 de diciembre

Del arameo toma. Significa "gemelo".

U

Ubaldo —16 de mayo

Proviene del teutónico Hugibald. Significa "pensamiento audaz", de hugo "inteligencia pensamiento, espíritu" y de bald "audacia", de gran popularidad en Italia debido al obispo de Gubbio. Diminutivos: Baldo, Ubaldino.

Úrsula —18 de julio, 21 de octubre

Es un derivado de Ursa (Osa). Ursae Majoris (Osa mayor), y Ursae Minoris (Osa Menor), son los nombres latinos de dos constelaciones boreales. Diminutivo: Ursulina.

V

Valentín —14 de febrero

Del latín Valentinus. Significa "fuerte, saludable", valere "ser fuerte". El nombre de Valente dio origen al de la ciudad de Valencia en España, al distrito de Valence en Francia y a la provincia de Valentia en el sur de Escocia. La tradición anglosajona hace de San Valentín el patrón de los enamorados.

Vicente —22 de enero, 27 de septiembre

Del latín vicens, participio presete de vicenre que quiere decir "vencer, conquistar" y que tiene significado analógico a Víctor. Diminutivo: Chente.

Víctor —8 de mayo, 21 de julio

La evocación de triunfos ha sido siempre un tema grato en onomástica: así en los nombres de origen griego Niceas o Nicanor, o en los germánicos Sgiberto o Sigfrido.

Violeta —3 de mayo

Violeta proviene del latín viola y del francés antiguo violette. Violeta es el color que simboliza la humanidad.

Virginia —14 de agosto

Nombre de una de las familias de la antigua Roma, tomado del apelativo virginis, que quiere decir "virgen". Aplicado a mujeres solteras.

X

Xantipa —23 de septiembre

Del griego Santhippe. Significa "la del caballo amarillo". De xantros "amarillo" y de hippos "caballo".

Xenia —24 de enero

En torno a la palabra griega xenos, cuyo significado es "extranjero". Es el equivalente del latino Bárbara. También es el femenino de Xenius, forma catalana de Eugenio.

y

Yolanda —17 y 28 de diciembre

La forma medieval del Violante.

Z

Zacarías —15 de mayo, 6 de septiembre, 5 de noviembre

Proviene del hebreo Zekharyah, Zekharyabu. Significa "Yahvé se acordó".

Zenaida —11 de octubre

Nombre griego "Hija de Zeus". De ides "hijo de". Popularísimo en Rusia, Francia y Grecia.

Zenobia —20 de febrero, 30 de octubre

Del árabe Zeenab que quiere decir "adorno para el padre" o del griego Zenobia "el que recibe la vida de Zeus". Portadora de este nombre fue la reina de Palmira. Diminutivo: Zizi.

Sandra Kynes

FENG SHUI CON GEMAS Y CRISTALES
Equilibrando la energía natural

El antiguo arte chino del Feng Shui emplea
cristales y gemas para atraer energía positiva y
contrarrestar la negativa en su espacio vital.
Aprenda los conceptos y herramientas básicas
del Feng Shui, las aplicaciones tradicionales
de los cristales y los diferentes atributos
y usos específicos de las gemas.

6" x 9" • 240 Págs.

0-7387-0267-6

Migene González–Wippler

LEYENDAS DE LA SANTERÍA

Pataki

Adquiera mayor entendimiento sobre los orígenes de la Santería. La antropóloga cultural Migene González-Wippler, recopila cincuenta auténticos Patakis (leyendas) en donde los Orishas (deidades de la santería) representan todos los arquetipos que simbolizan la condición humana y describen la creación de la tierra y de la humanidad.

5³⁄₁₆" x 8" • 288 Págs.

1-56718-294-1

MANTÉNGASE EN CONTACTO...

Visítenos a través de Internet, o en su librería local,
donde encontrará más publicaciones sobre temas relacionados.

www.llewellynwespanol.com

CORREO Y ENVÍO

- ✔ $5 por ordenes menores a $20.00
- ✔ $6 por ordenes mayores a $20.01
- ✔ No se cobra por ordenes mayores a $100.00
- ✔ En U.S.A. los envíos son a través de UPS. No se hacen envíos a Oficinas Postáles.
  Ordenes a Alaska, Hawai, Canadá, México y Puerto Rico se envían en 1ª clase.
  Ordenes Internacionales: *Envío aéreo*, agregue el precio igual de c/libro al total
  del valor ordenado más $5.00 por cada artículo diferente a libros (audiotapes, etc.).
  Envío terrestre, agregue $1.00 por artículo.

ORDENES POR TELÉFONO

- ✔ Mencione este número al hacer su pedido: 0-7387-0257-9
- ✔ Llame gratis en los Estados Unidos y Canadá al teléfono:1-877-LA-MAGIA.
  En Minnesota, al (651) 291-1970
- ✔ Aceptamos tarjetas de crédito: VISA, MasterCard y American Express.

OFERTAS ESPECIALES

20% de descuento para grupos de estudio. Deberá ordenar por lo menos cinco
copias del mismo libro para obtener el descuento.

> 4-6 semanas para la entrega de cualquier artículo. Tarifas de correo pueden cambiar.

CATÁLOGO GRATIS

Ordene una copia de Llewellyn Español. Allí encontrará información detallada de todos
los libros en español en circulación y por publicarse. Se la enviaremos a vuelta de correo.

LLEWELLYN ESPAÑOL

P.O. Box 64383, Dep. 0-7387-0257-9
Saint Paul, MN 55164-0383
1-877-526-2442